무용창작의 완성과 조건

박순자 지음

세상에 존재하는 유형·무형의 것들은 창조주 하나님으로부터 말미암은 것이다.

또한, 세상에 존재하는 유형의 것들은 보이지 않는 무형의 생각을 통하여 형성·표출된다.

무용 역시 보이지 않는 무용인들의 생각이 보이는 무용예술로서 표현되는 것이다. 그러므로 모든 인류 역시 기나긴 역사를 통하여 쉬지 않고 다방면으로 생각을 하며 보이는 창작물을 제공하여 온 것을 알 수 있다.

의·식·주와 같은 인류의 실용적인 것을 비롯하여 교육, 사회, 정치, 경제, 문화, 예술 등 모든 분야에 끊임없는 창작을 하여 왔다. 본능적, 의도적, 무의식적으로 가치관의 관심, 욕구와 필요성 등에 의하여 현재도 진행 중인 것이 창작의 현상이다.

이에 인류 역사와 더불어 공존하여 온 무용(춤) 역시 다양한 개인적, 사회적, 국가적, 세계적 변화와 함께 창작되어 왔기에 무용예술로서 오늘에 이르게 된 것이다. 그러므로 본서는 인류의 생각과 무용인들의 생각 가운데 참으로 다양하고 변함없이 추구하려고 하였던 무용 창작의 목표를 이루기 위하여 《성서에 의한 무용창작의 완성과 조건》이라는 책을 출간하게 되었다.

본 글이 무용예술 및 교육적인 측면에서 완전한 만족과 해결책을 제공, 제시하는 것에 미흡함이 있겠지만 무용창작의 발전과 표현, 그리고 이웃들과 소통하고 교육하여 삶을 행복하게 하는 데 일익을 감당할 수 있을 것이라는 믿음을 갖고 부디 여러분들에게 도움이 될 것을 기대한다.

"생명은 또 하나의 생명을 낳습니다."

인간과 인간의 삶, 그 환경 속에 존재하는 모든 것들은 생명을 존중하고 사랑하기 위하여 존재하여야 한다는 생각으로 한 생명을 잉태하여 출산하는 마음으로 이 글을 세상에 내놓습니다.

본 책의 출간을 위하여 수고하여 주신 혜민북스의 진수진사장님을 비롯한 직원 여러분들에게 감사드리며, 항상 한 마음으로 기도하며 함께해준 사랑하는 가족과 제자 김수진, 장유빈, 조선하. 김희성에게도 고마움을 전합니다.

2012. 2. 연구실에서
박순자

차·례

분·별·하·기

본서에 들어가기에 앞서 다음의 질문을 생각하여 봅시다.

1. 개인적 창작의 경험이 있는가?

2. 개인적 창작의 동기는 무엇이었는가?

3. 개인적 창작의 목적은 무엇이었는가?

아침에 일어나 저녁에 잠들 때까지 우리는 늘 창작 속에 살고 있다.

−박순자

Ⅰ. 창작의
이론적 배경

1) 창작의 근원

이 세상에 존재하는 유·무형의 것들은 인간이 만든 것이 아니라 이미 우리가 태어나기 전부터 어떠한 세계가 있었음을 알 수 있다. 즉, 땅·하늘·태양·달·별·물·바람·나무·꽃·육축·조류·어류 등 지하자원과 땅 위의 것, 공중의 것, 물 아래의 있는 모든 것, 그리고 인간에 이르기까지 인간이 스스로가 만든 것이 아님을 알 수 있다.

우리는 미지의 현상과 관념, 보이고 느껴지는 상태에서 선조들이 생활하였던 것들을 습관적으로 모방 또는 재창작 하면서 오늘날에 이르기까지 생활하고 있다고 볼 수 있다.

결국, 창조주가 있으며 우리는 그 창조의 비밀을 깨우치며 우리의 생활을 영위하고 있음을 알 수 있다. 이러한 배경으로 성경에서 창작의 근원을 밝히고자 한다.

창세기 1장 1절에서 31절에 하나님께서 친히 천지 만물과 인간을 만드신 창조의 신비성과 그 능력을 나타내고 있다.

첫째 날 : 낮과 밤을 만드신 하나님.

둘째 날 : 하늘을 만드신 하나님.

셋째 날 : 땅과 바다를 만드신 하나님

넷째 날 : 두 광명을 지으시고 별을 만드신 하나님

다섯째 날 : 물고기와 새를 만드신 하나님.

여섯째 날 : 땅의 생물 곧 육축과 기는 것과 땅의 짐승을 만드신 하나님.

사람을 만드신 하나님.

땅의 씨 맺는 모든 채소와 씨 가진 열매 맺는 모든 나무를 만드신 하나님.

일곱째 날 : 세상을 다 만드신 후 안식하신 하나님.

상기의 창조과정을 분석하면,

하나님께서 천지 만물을 하나님의 창조원리에 따라 6일간 단계적으로 조성하였으며, 전(前) 3일은 각각 우주의 근본 틀과 생명체의 생활배경이 되는 기초조성을 하였고, 후(後) 3일은 우주만물의 배치와 생명체 전체의 창조가 이루어졌다. 이러한 조성에서 나타난 특징은 첫째, 하나님은 질서와 조화의 하나님이시며 둘째, 단계적으로 진행되어 매사에 순서와 차례가 있음을 보여 주셨으며 셋째, 인간을 중심으로 우주를 창조하셨음을 알 수 있다.

인류가 오늘에 이르기까지 다양한 창작을 하고 있지만, 이미 창조주 하나님에 의하여 만들어진 것에 의해 지속적으로 창작하고 있음을 알 수 있다. 겸허하게 만물의 주인을 항상 인식하며 그를 영화롭게 하고, 그 장소의 비밀과 원리를 깨달아, 신성한 인류와 지구의 번영을 위해 창작해야 한다.

2) 창작의 발달 및 본질

우리의 삶 속에서 의복을 풀이나 동물의 털·가죽 등으로 입다가 직물을 사용하여 입는다든지, 가옥도 동굴·나무·얼음 등으로 만들어서 생활을 했었으나 초가집, 기와집, 양옥집, 아파트 등으로 거주를 하고 있다. 또한 교통수단도 도보, 마차, 인력거, 자전거, 배등을 사용하다가 택시, 기차, 버스, 고속열차, 비행기 등을 사용하며 과거 의사전달 및 소통을 봉화나 화살, 자연의 소리 혹은 새들로 하였으나 활자를 만들고 인쇄술이 발달하면서 서신을 교환할 수 있는 통신·전산화가 이루어졌고 더 나아가 삐삐, 컴퓨터, 핸드폰, 태블릿 PC와 스마트폰 등을 통해서 일방적인 소통에서 양방향 소통으로 변화하였다. 이러한 변화 및 발전은 '왜 지속하였는지 그 원인을 분석하고 창작이 우리 인류의 삶에 어떠한 영향을 끼쳤는가' 생각해 보아야 할 것이다.

언제나 많은 변화 속에서 개인의 삶, 이웃과의 삶, 전 인류의 삶에 행복과 평안함, 기쁨, 사랑, 유익함 등을 추구하였기 때문에 오늘날도 과거에 머물지 않고 지속적으로 창작해 나가는 것임을 알 수 있다. 결국, 인류의 생명과 그 존재 그리고 그의 삶의 가치를 중요하게 생각 하는 것에서 기인한 것을 알 수 있다.

성경에서 창작은 하나님께서 가라사대(창세기1:3)…… 라고 하시며 만물을 지으셨는데, 자신의 생각과 의지가 함께 포함된 말씀으로 명하여 지으셨다는 것을 알 수 있다. 즉, 만드는 주체자가 그 목적을 분명히 하였음을 알 수 있으며 마치 모든 상품에 상품소개를 통하여 상품의 가치와 용도, 사용방법을 알려주는 것과 같다.

또한 창세기 1:10, 12, 18, 21, 25, 31절에 "그 지으신 모든 것을 보시니 보시기에 심히 좋았더라"고 하신 것을 보아 만드신 것의 완전함과 아름다움이 하나님의 뜻과 일치하였음을 나타낸 말인 것임을 보게 된다.

우리가 삶을 통하여 자신과 이웃에게 가장 좋아하고, 좋을 것이라고 생각되는 것을 만들고, 선택하며, 나누어 주기도 하고, 매매도 하는 현상일 것이다.

창세기 1장 27, 28절에 "하나님이 자기 형상 곧 하나님의 형상대로 사람을 창조하시되 남자와 여자를 창조하시고, 하나님이 그들에게 복을 주시며, 그들에게 이르시되, 생육하고 번성하여 땅에 충만하라. 땅을 정복하라, 바다의 고기와 공중의 새와 땅에 움직이는 모든 생물을 다스리라 하시니라" 하셨다. 세상의 현상을 잘 살펴보면 진정 좋은 것은 사람에게 해롭지 않은 것이기에 오랜 시간 동안 애용되고 확장되어 가는 것을 알 수 있다. 또한 요한복음 1장 3, 4절에 "만물이 그로 말미암아 지은 바 되었으니 지은 것이 하나도 그가 없이는 된 것이 없느니라. 그 안에 생명이 있었으니 이 생명은 사람들의 빛이라"고 하셨다.

결국 우리가 만들고자 하는 것들 안에는 가장 좋은 생수가 인체의 건강에 좋은 것처럼 인간의 존귀함을 지켜야 한다는 의미이며 그러한 생각과 표현이 곧 빛과 같은 것을 의미한다.

로마서1장 18-23절에 "하나님의 진노가 불의로 진리를 막는 사람들의 모든 경건치 않음과 불의에 대하여 하늘로 좇아 나타나나니 이는 하나님을 알 만한 것이 저희 속에 보임이라 하나님께서 이를 저희에게 보이셨느니라 창세로부터 그의 보이지 아니하는 것들 곧 그의 영원하신 능력과 신성이 그 만드신 만물에 분명히 보여 알게 되나니 그러므로 저희가 핑계치 못할지니라 하나님을 알되 하나님으로 영화롭게도 아니하며 감사치도 아니하고 오히려 그 생각이 허망하여지며 미련한 마음이 어두워졌나니 스스로 지혜 있다 하나 우준하게 되어 썩어지지 아니하는 하나님의 영광을 썩어질 사람과 금수와 버러지 형상의 우상으로 바꾸었느니라" 하였다. 긴 시간, 지속되는 인간의 생각과 그 표현 가운데는 인간의 육체와 영혼, 삶까지도 불행하게 만드는 것에 대한 경고의 말씀이다. 집단자살, 질서파괴, 환경오염, 궁극적으로 인간의 삶을 불행하게 하는 모든 것을 의미한다. 우리의 모든 행위는 인간인 자아로부터 인간인 타인에게까지 미치는 영향력을 고려하여 생명의 존귀함을 인식하고 창작해야 하는 것이다.

온 인류가 쉼 없이 창작하지만 무엇에 기준하여 무엇을 위하여 해야 하는가, 하나님을 욕되게 하며 하나님의 형상으로 지은 바 된 사람인 우리를 오히려 욕되게 하며 하나님의 형상으로 지은 바 된 사람인 우리를 오히려 욕되게 하는 행위로 인간 스스로 무가치한 존재로, 삶으로 만들고 있지 않은가 심사숙고해야 할 것이다.

2 일반적 의미의 창작

1) 창작의 개념

예술에서 창작이라 함은 인간의 감정, 사상, 감각, 기분, 정서 등과 같은 소위 idea를 바탕으로 하고 Phenomenon(표상, 현상 : 어떤 자극이나 어떤 충동을 받았을 때 그것을 자기화시키는 형태와 내용)을 내계충동을 위한 작용인으로 삼아 특정의 의미(내용=주제)와 조형적 형식을 계기 삼아 어떤 물리적 가치(예술품)를 생산하는 과정, 행위 그리고 그 결과를 말한다. 원래 예술에서 창작이라 일컬었던 것은 순수문학만 가리키는 말이었으나 미술, 음악 등의 경우에도 한 인간의 이데아나 정신이 자유롭게 전개되었다는 측면에서 창작이란 말을 적용시켜왔다.

2) 창작의 의미

(1) 일반적 의미

첫째, 창작은 만들어 내는 것이다.

둘째, 창작은 새로운 면을 표현해내는 것이다.

셋째, 창작은 자신의 세계를 표현해내는 것이다.

넷째, 창작은 모방이 아니다.

다섯째, 다른 사람의 작품을 흉내 내지 말고 대자연 속에서 자신이 색출한 새로운 작품을 만들어 내는 것만이 진정한 의미의 창작이다.

(2) 사전적 의미

처음으로 만든다는 의미이다.

첫째, 처음으로 만들어 내는 일이다. 다른 것을 흉내 내지 않고, 순연히 새로 만들어 내는 일이다.

둘째, 창작품(Origination)을 뜻한다.

셋째, 문예 작품을 만들어 내는 일 또는 그 작품을 뜻한다.

넷째, 본래의, 독창적인, 원본의(Original)를 뜻한다.

3) 관련용어

(1) 창작력(creative power) : 창작할 수 있는 능력이다.

(2) 창작품(creative work) : 만들어진 작품이다.

(3) 창조(creation) : 처음으로 생각해 내어 만들다. 조물주(造物主)가 우주를 처음 만들다.

(4) 창조교육(creative education) : 창조성을 길러줌을 중심으로 하는 교육이다.

(5) 창조적 사고(creative thinking) : 기억에 대한 사고를, 과제에 대한 새로운 해결로 이 끌어내는 사고이다.

(6) 창조적 진화(creative evolution) : 만물은 생명의 충동 때문에 유전(流轉)하여 끊임없이 무엇인가를 창조하면서 진화하여 간다.

3 창작의 종류

창작은 하나님께서 지으신 만물의 초인간적 창작과 인간이 재창조 작업을 한 인위적 창작으로 크게 두 가지로 분류 한다.

앞서 밝혔듯이 초인간적 창작은 창조주 하나님께서 만드신 모든 만물을 의미한다. 또한 인위적 창작은 초인간적 창조의 본질을 따라서 시간, 형태, 빛, 색, 소리, 냄새, 움직임, 감정, 감각, 사상 등을 통하여 오늘날 무용, 음악, 미술, 체육, 연극, 문학 등의 예체능 창작과 의복, 식기, 가전제품, 가구, 화병, 화장품, 음식 등 의식주 및 인류의 삶을 위한 실용 창작을 이루고 있으며, 21세기는 정보화 시대로써 최첨단 하이테크 시대로서 유비쿼터스 창작 시대를 이루어가고 있다.

결국 창작은 인간 스스로의 생계와 환경을 유지 보존하기 위한 창작에서 더욱 번영하기 위한 욕구를 충족하고 만족시키기 위한 창작, 자아성취로의 창작, 경쟁과 비교 관점의 수익을 위한 창작, 사명적 창작 등으로 소극적, 적극적 목적으로 그 동기 및 목적에 따른 창작의 다양화를 이루고 있음을 알 수 있다. 즉, 인간의 존엄성을 인식한 순전한 목적을 추구하는 것은 적극적인 창작이며 이타성이 결여되고 자신의 이기적 목적만을 추구하는 것은 소극적 창작이다.

4 창작의 경험과 효과

우리는 늘 창작 속에 살고 있다. 아침에 일어나서 저녁에 잠들 때까지 하는 행위, 만남, 일의 처리 방식, 사고하는 능력에 이르기까지 창작이 아닌 것이 없다.

인간은 만들어 내는 본능적이고 기본적 욕구를 갖고 있으며, 삶에 있어서 모든 환경이 창작을 필요로 하고 있다. 삶의 목적에 따라 필요로 하는 물건(일상용품, 의식주 등)들이 만들어진 것처럼, 이러한 인간의 기본적 욕구에 따라 인간이 삶을 영위하는 한 창작은 지속될 수밖에 없다. 로마서 12장 1, 2절의 "그러므로 형제들아 내가 하나님의 모든 자비하심으로 너희를 권하노니 너희 몸을 하나님이 기뻐하시는 거룩한 산 제물로 드리라 이는 너희가 드릴 영적 예배니라 너희는 이 세대를 본받지 말고 오직 마음을 새롭게 함으로 변화를 받아 하나님의 선하시고 기뻐하시고 온진하신 뜻이 무엇인지 분별하노록 하라"는 말씀처럼 매순간 창작의 기능에는 분명한 동기, 목적, 가치관이 적용되어서 그 효과를 기대하게 된다.

인간은 두 발로 직립하며 사는 유일한 지구촌의 생명체이며 "나는 생각하는 고로 존재하는" 데카르트의 말처럼 그 생각의 순간순간이 창조주 하나님의 선하신 말씀을 적용하여 생명을 보존, 유지, 전승시켜 나가야 한다.

창작을 통해서

1) 자신을 의식하므로 의욕적이고 적극적이며, 진보적인 자아를 형성한다.

2) 자신의 장·단점을 인지하고, 개성을 발휘하므로 긍정적인 생활을 할 수 있다.

3) 자신의 것을 타인에게 전달할 수 있는 기쁨의 생활을 할 수 있다.

4) 행위의 완전성을 도모할 수 있다.

5) 하루의 일과가 창작의 연속이고, 의무적, 필수적 사고의 표출이기에 성실할 수 있다.

6) 창작을 통하여 사랑이 있는 삶을 창출할 수 있다.

7) 창작을 거부하는 것은 생명의 의미, 존재의 확신을 거부하는 것이므로 낙후된 삶을 살 것이다.

인간은 하나님을 본뜨거나, 하나님의 일부를 떼어 내서 만든 모형이 아니다. 그렇다고 하나님으로부터 독립된 존재도 아니다. 인간은 창조주와 관계되고 일치되는 성품을 받았다. 그러므로 인간은 우주 만물을 다스리시는 하나님의 뜻에 참여하고 그와 사귀는 특전과 함께 그의 뜻을 반영하는 책임을 갖고 살아야 한다. 이것이 하나님 형상을 닮은 조건이며 이 조건을 깨뜨릴 때, 인간은 하나님의 뜻을 따라 살 수 있는 능력을 상실하게 되는 것이다.

하나님께서 지으신 모든 것을 통하여 생육하고 번성하여 땅에 충만하고, 또 정복하여 다스리라는 말씀을 이루기 위하여 인류는 제2의 창작, 즉 인위적 창작을 시작했다. 인위적 창작은 창작자인 우리가 하나님의 형상대로 지은 바 된 형상을 잃지 않으며, 하나님의 말씀을 따라 행해야 한다.

하나님께서 창조하신 목적에 따라 인류를 통해서 새롭게 이루어지는 창작은 완전함, 아름다움, 복, 빛 그리고 생명을 통하여 인류에게 행복과 평안함, 기쁨, 사랑, 유익함을 본질로 창작을 해야 함을 알 수 있다.

빅토리아 여왕

영국의 윌리엄 14세가 죽은 뒤 18세의 어린소녀가 대영제국의 여왕이 되어 64년을 통치하였다. 하나님께 무릎을 꿇고 기도할 때, 하나님은 말씀을 통하여 은혜를 베푸셨으며 그녀의 통치기간은 영국사상 가장 휘황찬란한 기간이었다. 그는 평생 말씀을 떠나지 않고 일 년에 한 번은 성경을 반드시 통독하며 인생을 말씀에 투자하였다. 하나님의 계획 안에 있는 인간은 예배해야 하며, 배워야 하며 전하고 실천하여 바르게 서야 한다.

적용하기

1 창작의 방향을 설정하여 봅시다.

2. 사회에서 체험한 창작의 현상을 서술해 봅니다.

3. 사회에 기대하는 창작의 현상에 대해 논의해 봅시다.

4. 역사속에서 오늘날까지 선한 영향력을 끼치는 창작물에는 무엇이 있는지 생각해 봅시다.

> 모든 예술의 창작이란 양양된 욕구를 경험으로써 획득한 상상으로 재구성하여 새로운 형식을 생산하는 것을 말한다.
> – 박순자

생각해 봅시다

1. 창작의 경험과 목적을 기록하여 봅시다.

2. 창작자(발명가)에 대하여 고찰하여 봅시다.

우리는 하나님의 형상대로 창조되었기 때문에 우리 모두가 창조성을 가지고 있다는 것이 또한 내 믿음이다.
-실레스터 스노우버

*실레스터 스노우버 예배무용예술가이자 작가이며 Simon Frazer 대학 교육학과 교수

Ⅱ. 무용의
이론적 배경

1 성서적 배경에서의 무용

1) 무용의 정의

"그러므로 형제들아 내가 하나님의 모든 자비하심으로 너희를 권하노니 너희 몸을 하나님이 기뻐하시는 거룩한 산제사로 드리라 이는 너희의 드릴 영적예배니라"(로마서 12:1)

교회에서는 무용을 너무 세속적이거나 성적인 감각을 불러일으킨다든지, 또는 너무 공연 중심의 것이라고 말하면서 예배의식이나 기독교 의식에는 적합하지 않은 행위로 간주하는 사람들이 많다. 그러나 성경 어디에도 무용 자체를 구체적으로 권장하거나 비난하는 내용은 나타나 있지 않다. 중요한 것은 육적인 형식이 아니라 영적 예배, 산제사를 무용의 목적으로 두는 정신인 것이다. 따라서 성서적 의미에서의 무용이라 함은 예수님을 영접한 후 하나님께로부터 받은 은사 가운데 몸짓, 율동 등 무용적인 요소를 포함한 움직임으로 하나님의 주권 하에 하나님의 영광을 위하여 추는 일체의 것이라 볼 수 있다. 그 예로는 다음과 같다.

(1) 교회에서 예배를 위해 드리는 무용
(2) 교회에서 영적 부흥을 위해 사용되는 무용
(3) 교회에서 성도 간의 교제를 위해 사용되는 무용
(4) 교회에서 영·유아부, 초·중·고등부, 대학 및 청·장년, 노년부에 이르도록 성도의 영적 성장을 위해 교육용으로 사용되는 무용.
(5) 성도 및 일반인들의 건강과 효과적 삶을 영위하게 하기 위한 무용
(6) 예수님을 불신자들에게 증거하기 위해 사용되는 무용
(7) 공연예술무용을 통하여 하나님의 영광을 드러내는 무용
(8) 신학대학 및 신학원 등 기독교적 기관(선교원, 유치원 등)에서 교육되고 있는 무용 등 다양한 범주로 나타난다.

2) 무용의 종류

무용에 대한 말씀은 주로 구약에 많이 나타난다. 각 말씀 속의 춤을 분석하면 다음과 같다.

(1) 출애굽 15:20

아론의 누이 선지자 미리암이 손에 소고를 잡으매 모든 여인도 그를 따라 나오며 소고를 잡고 춤추니……(이스라엘 백성이 애굽으로부터 탈출한 뒤 출애굽한 것을 여성선지자 미리암과 모든 여인들이 즐거워서 춤을 춤).

(2) 사사기 11:34

입다가 미스바에 돌아와 자기 집에 이를 때에, 그 딸이 소고를 잡고 춤추며 나와서 영접하니 이는 그의 무남독녀라(전쟁을 마치고 돌아온 입다의 딸이 아버지의 전승을 기리며 기쁨으로 영접하는 춤).

(3) 사사기 21:21

만일 그 아비나 형제가 와서 우리에게 쟁론하면 우리가 그에게 말하기를 청컨대 너희는 우리에게 은혜를 베풀어 그들을 우리에게 줄지니라. 이는 우리가 전쟁할 때에 각 사람을 위하여 그 아내를 얻어 주지 못하였고, 너희가 자의로 그들에게 준 것이 아니니 너희에게 죄가 없을 것임이니라 하겠노라 하매.

사사기 21:23
베냐민 자손이 그같이 행하여 춤추는 여자 중에서 자기들의 수효대로 아내로 붙들어 가지고 자기 기업에 돌아가서 성읍들을 중건하고 거기 거하니라.

사사기 21:25
그때에 이스라엘 왕이 없으므로 사람이 각각 그 소견에 옳은 대로 행하였더라(사사기를 통해서 알 수 있는 것은 실로의 딸들이 베냐민으로 강제결혼을 하기 위하여 이끌려 갔는데 그 여인들이 춤을 추는 여자였다는 것으로 보아 신분상 보호를 받지 못하는 연약한 신분으로 추정할 수 있으며, 이 시대의 춤은 소견에 옳은 대로 행하던 사회적으로 문란함을 나타내는 한 현상이었음을 알 수 있음).

(4) 사무엘상 10:5

그 후에 네가 하나님의 산에 이르리니 그곳에는 블레셋 사람의 영문이 있느니라. 네가 그리로 가서 그 성읍으로 들어갈 때에 선지자의 무리가 산당에서부터 비파와 소고와 저와 수금을 앞세우고 예언하며 내려오는 것을 만날 것이요(하나님 앞에서 선지자의 무리가 가무를 함).

성서에 의한 무용창작의 완성과 조건

(5) 사무엘상 18:6

무리가 돌아올 때, 곧 다윗이 블레셋 사람을 죽이고 돌아올 때에 여인들이 이스라엘 모든 성에서 나와서 노래하며, 춤추며, 소고와 경쇠를 가지고 왕 사울을 환영하는데……(적군 블레셋을 물리치고 다윗이 입성할 때, 여인들이 춤과 경쇠, 즉, 꽹과리와 같은 악기를 사용하여 기쁨의 춤을 춤).

(6) 사무엘상 18:7

여인들이 뛰놀며 창화하여 가로되 사울의 죽인 자는 천천이요, 다윗은 만만이로다 한지라(다윗의 용맹을 인하여 여인들이 노래를 하며 기쁨의 춤을 춤).

(7) 사무엘상 21:11

아기스의 신하들이 아기스에게 고하되 이는 그 땅의 왕 다윗이 아니니까, 무리가 춤추며 이 사람의 일을 창화하여 가로되 사울이 죽인 자는 천천이요, 다윗은 만만이로다 하지 아니하였나이까 한지라.

(8) 사무엘상 29:5

그들이 춤추며 창화하여 가로되 사울의 죽인 천천이요. 다윗은 만만이로다 하던 이 다윗이 아니니이까(삼상21:11, 29:5는 다윗의 용맹을 인하여 무리가 기뻐 노래하며 춤을 추었다는 것을 강조하는 말씀이 반복하여 나옴).

(9) 사무엘상 30:16

그(전쟁에 참가한 애굽 소년 – 아말렉의 종)가 인도하여 내려가니 그들이 온 땅에 편만하여 블레셋 사람의 땅과 유다 땅에서 크게 탈취하였음을 인하여 먹고 마시며 춤추는지라(아말렉이 그렛 사람의 남방과 유다에 속한 지방과 갈멜 남방을 침로하고 시글락을 불태운 뒤 기뻐하는 장면이며 침략자들의 먹고 마시며 춤을 춘 말씀으로는 처음임).

(10) 역대상 15:29

여호와의 언약궤가 다윗성으로 들어올 때에 사울의 딸 미갈이 창으로 내어다 보다가 다윗

왕의 춤추며 뛰노는 것을 보고 심중에 업신여겼더라(왕이 친히 언약궤의 입성을 기뻐하여 춤을 춘 것과 대조적으로 사울의 딸 미갈이 춤추는 것을 경하게 본 대조적인 모습임).

> 언약궤 하나님의 말씀을 담은 법궤이며 영적인 회복을 의미함. 언약궤는 지성소에 있었으며 이는 하나님이 우리와 함께 계심을 나타내고 우리를 인도하심을 나타냄. 마치 인간이 탕자로 살다가 회개하고 돌아와 마음의 기쁨과 생활의 안정을 얻는 것과 유사함.

(11) 욥기21:11~13

그들은 아이들을 내어보냄이 양떼 같고 그 자녀들은 춤추는구나 그들이 소고와 수금으로 노래하고 피리불어 즐기며 그날을 형통하게 지내다가 경각간에 음부에 내려가느니라(어린 자녀들이 가무를 즐기는 모습을 통해 성실하게 매일 살아야 할 젊음의 때에 가무를 즐기므로 타락의 길로 갈 수 밖에 없는 타락한 사회상을 나타내었으며 절제가 결여된 가무의 끝에는 사망의 길이 있음을 나타냄).

(12) 시편87:7

노래하는 자와 춤추는 자는 말하기를 나의 모든 근원이 네게 있다 하리로다(하나님 나라의 환희를 묘사한 시로써 노래하며 춤추는 것은 구원받은 자의 것이며 하나님께로부터 온 것임을 나타냄).

(13) 시편149:1~2

할렐루야 새 노래로 여호와께 노래하며 성도의 회중에서 찬양할지어다. 이스라엘은 자기를 지으신 자로 인하여 즐거워하며 시온의 자민은 저희의 왕으로 인하여 즐거워할지어다.

(14) 시편 149:3

춤추며 그의 이름을 찬양하며 소고와 수금으로 그를 찬양할 찌어다(우리를 지으신 자로 인하여 즐거워하며 새 노래로 여호와께 노래하고 춤추라고 하셨다. 또한 성도의 회중에서 소고와 수금으로 찬양하라 하셨는데 이 말씀에서 주의하여 볼 것은 춤의 장소가 성전이며 춤의 목적은 여호와를 위한 것이어야 함을 나타냄. 춤을 추고 찬양하는 장소와 여호와를 위한 춤과 찬양임을 구체적으로 선포함).

즉, 우리가 가무를 행하는 장소 및 목적에 반영해야 할 중요한 점이다.

(15) 시편 150:1~6

할렐루야 그 성소에서 하나님을 찬양하며 그 권능의 궁창에서 그를 찬양할지어다. 그의 능하신 행동을 인하여 찬양하며 그의 지극히 광대하심을 좇아 찬양할지어다. 나팔소리로 찬양하며 비파와 수금으로 찬양할지어다. 소고치며 춤추어 찬양하며 현악과 풍소로 찬양할지어다. 큰소리 나는 제금으로 찬양하며 높은 소리 나는 제금으로 찬양하며 높은 소리 나는 제금으로 찬양할지어다. 호흡이 있는 자마다 여호와를 찬양할지어다. 할렐루야!(시편 149장의 말씀처럼 역시 찬양하고 춤추는 장소를 "성소"로 규정한 사실과 하나님의 능하심, 광대하심을 따라 춤추고 찬양하되, 각종 악기(비파, 수금, 현악, 통소, 큰 소리 나는 제금)를 통하여 호흡이 있는 자마다 찬양하게 한 것으로 보아 하나님을 찬양하게 한 절정적 장면임을 알 수 있음).

(16) 전도서3:4

울 때가 있고 웃을 때가 있으며 슬퍼할 때가 있고 춤 출 때가 있으며(춤이 생활의 일면이며 또한 삶임을 나타냄).

(17) 아가서6:14

너희가 어찌하여 마하나임의 춤추는 것을 보는 것처럼 술람미 여자를 보려느냐(마하나임의 춤이 거룩하지 않았으므로 술람미 여자를 바르게 보지 못하는 것을 마하나임의 춤추는 모습으로 비교함. 즉, 춤의 타락성을 나타냄).

(18) 이사야24:8

소고치는 기쁨이 그치고 즐거워하는 자의 노래가 마치고 수금 타는 기쁨이 그쳤으며(소고는 주로 기쁠 때 치고 추었음을 알 수 있고 그 기쁨이 사라지면 소고춤을 출 수 없었다는 것을 알 수 있음).

(20) 이사야 30:32

여호와께서 예정하신 몽둥이를 앗수르 위에 더하실 때마다 소고를 치며 수금을 탈것이며 그는 전쟁 때에 팔을 들어 그들을 치시리라(앗수르는 이스라엘을 대적하는 세력, 즉 어두움, 악이라 볼 수 있다. 그 악이 하나님 앞에서 물러날 때마다 가무를 했다는 것의 의미는 진정한 가무는 깨끗한 심령에서 능력 있게 나타남을 표현한 것임).

(21) 이사야57:3

부녀의 사식, 간음자와 음녀의 씨 너희는 가까이 오라(무당들의 자녀가 이 시대에 타락한 자들과 함께 취급 받았음은 사회적으로 타락했을 때에 무당들이 음성적 역할을 했으며 하나님께서 이를 미워하셨음을 알 수 있음).

(22) 예레미야 31:4

처녀 이스라엘아 내가 다시 너를 세우리니 네가 세움을 입을 것이요. 내가 다시 소고로 너를 장식하고 즐거운 무리처럼 춤추며 나올 것이며(새롭게 하고 회복하는 의미의 춤을 나타내며 회복되었을 때 소고로 장식한다는 말은 춤의 중요성과 능력, 그리고 소고의 역할에 대한 중용성을 나타낸 것임).

(23) 예레미야 32:27

나는 여호와요 모든 육체의 하나님이라 내게 능치 못한 일이 있겠느냐(모든 사람의 하나님, 모든 능력의 주관자로서의 하나님임을 나타낸 말인데, 즉 춤을 출 수 있는 능력까지도 부어주실 수 있는 분임을 알 수 있음).

(24) 에스겔 28:13

네가 지음을 받던 날에 너를 위하여 소고와 비파가 예비되었었도다(출생, 탄생 등의 경사스러움을 춤으로 표현함).

(25) 에스겔 32:10

내가 내 칼로 그들의 왕 앞에서 춤추게 할 때에 그 왕이 너를 인하여 심히 두려워 할 것이며(하나님의 칼을 받은 자가 적국 왕 앞에서 춤을 출 때 두려워함은 그 춤이 능력의 춤, 즉 살게도 죽게도 하시는 전지전능하신 하나님의 신으로 추었음을 나타냄).

이상의 내용을 분석하면 다음과 같다.

1. 모든 육체는, 그리고 예능은 하나님께로 근원이 있다.

2. 남녀노소가 춤을 추었다.

3. 신분의 귀천이 없이 춤을 추었으므로 본디 춤은 누구나 출 수 있는 것이었다.

4. 대체적으로 춤은 기쁨, 환영, 경사스러움의 춤이 대부분이다.

5. 전쟁터에서의 침략자들의 춤, 무속적인 춤, 시대적 부패로 인한 아이들의 춤이 염려스러 웠다는 것과 춤추는 이들이 타락했었던 점이 다소 나타났는데 인간이 부패하면서 춤의 현상 역시 타락의 요인을 제공하였다.

6. 춤의 도구로는 거의 소고를 들고 추었는데 소고의 진정한 의미는 기쁨임을 알 수 있으 며 그 외에 맨손 춤과 경쇠 춤이 있었음을 알 수 있다.

7. 우리나라의 고대 제천 의식과 같이 음주가무, 즉 여흥으로 먹고 마시며 춤을 춘 흔적은 이스라엘 백성에게는 그리 흔치 않으므로 춤은 건전하게 의식적으로 추었던 것으로 볼 수 있다.

8. 하나님은 춤추는 장소를 성전으로 그 목적은 하나님을 경외하고 기뻐함에 있었음을 볼 때 오늘날 춤의 장소, 춤의 목적의 다양성에 대해서 숙고해야 할 부분이다.

9. 끝으로 특이할 만한 것은 구체적으로 적군이나, 어두움의 마음이나, 악한 소행들이 우 리의 영혼과 삶 속에서 물러 날 때마다 하나님의 신은 더욱 충만해져서 기쁨의 춤으로 변화한 점이 기독교적 무용의 관점에서나 일반적 무용의 관점에서 모두 중요한 사실임 을 알 수 있었다.

3) 무용의 특징

성서를 바탕으로 한 무용의 큰 특징은 인간의 감정과 사상, 관념과 감각 등 신체를 매개로 하는 움직임을 통해 예술을 표현하지만 가장 큰 목적은 하나님의 창조, 종교적 사상과 체험, 무용과 더불어 말씀의 의미를 동작에 부여함으로 인간 내면의 영적 체험을 통해 은혜를 표현 하여 추는 자와 보는 자가 종교적 체험이라는 동일한 경험을 통하여 영적 감동을 전하고 함 께 느끼는 것이다.

기본적으로 자신의 신체를 이해하는 것에서부터 시작하는 무용은 고린도전서 6장 19~20절의 말씀에서 우리의 몸이 '성령의 전'이라고 하며 몸은 예배의 장소임과 동시에 오직 하나님께 영광을 돌리는 데에 몸을 사용해야 한다고 밝히고 있다. 기독교적 무용의 의미를 말씀에서 찾아보면 요한복음 6장 63절 말씀에 "살리는 것은 영이니 육은 무익하니라 내가 너희에게 이른 말이 영이요 생명이라"하였다. 무용을 하는 사람의 몸, 그 표현이 거룩한 제사이자 영적 제사이며 생명력을 가지고 하나님을 표현을 해야 한다. 즉, 무익한 육적인 무용이 되어서는 안 되는 것임을 의미한다.

미학적 관점에서의 중심을 성경에 두고 있는 무용은 말씀을 직접적으로 표현하거나 간접적으로 창조하신 모든 것에 대해 나타내고 그에게 영광을 돌리는 것이다. 기독교 예술은 사랑이 가장 큰 목적이며 이를 통하여 그리스도를 실천하는 것이다. 즉, 하나님의 충만한 사랑을 가슴에서 이끌어내어 이를 바탕으로 표현하는 것이다. 요한일서 4장 16절과 21절 말씀처럼 "마음을 다하고 성품을 다하고 뜻을 다하고 목숨을 다하여 주 너희 하나님을 사랑하고 또 이웃 사랑하기를 제 몸같이 하라"는 말씀처럼 무용은 '사랑'이라는 미학적 종교정신을 바탕으로 이루어지는 것이다.

선교의 목적을 가지고 복음을 위하여 사용되어지는 무용은 그 대상자가 일정한 부류의 사람을 위해서가 아니라 어떠한 조건 없이 어려움 없이 관람할 수 있으므로 모든 이들이 향유할 수 있는 것으로 일반무용에 비해 대상자들이 다양하고 넓다는 특징을 갖는다.

일반적인 무용이 테크닉을 통하여 또한 자기 자신을 나타내기 위하여 춤을 춘다면 성서적 무용은 관객을 위한 춤이 아닌 영적이고 진실한 고백이 담긴 몸짓으로 영혼의 소리, 즉 온 인류를 지으시고 온 세상을 다스리시는 하나님을 높여드리며 그의 독생자 그리스도의 사랑의 메시지를 전달하므로 인류의 불순종의 삶으로 세상에서 고통하며 불안해하고 슬퍼하는 가운데에 인생의 참 행복의 길을 잃어버린 영혼을 구원시키는 데 특징이 있다.

2 일반적 의미로서의 무용

1) 무용의 흐름

선사시대와 역사시대를 걸쳐 오늘에 이르기까지 무용은 몸짓으로부터 기인한다. 태어나기 이전, 모태로부터 움직임이 있고 그 움직임 이전에 하나님은 사람에게 움직임을 주셨다. 배우지 않고 훈련하지 않았음에도 목을 들고, 눈을 뜨고 감으며, 입을 열고 닫고, 팔과 다리를 움직이며, 기어가고, 걷고, 집고, 벌리기 등 살아가면서 필요한 기본 몸짓을 허락하였음을 알수 있다. 이러한 근본 몸짓을 통하여 인류는 삶을 영위하기 위해 먹고, 일하며, 쉬고 즐기는 가운데 다양한 움직임을 더욱 향상시켰다. 한편, 만물의 움직임을 통하여 그 움직임을 모방하기도 하는 자연스러운 상태에 이르게 되었다.

더 나아가 감정을 주서서 그에 따른 몸짓이 다양해 졌다. 이에 몸을 보호하기 위한 몸짓, 치료를 위한 몸짓, 성적 몸짓, 동물과 자연 재해로부터 방어하기 위한 몸짓, 일하기 위한 몸짓, 주술적 몸짓, 제례 의식에 의한 몸짓 등 세월이 흘러 환경이 바뀌고 인류가 번성하여 사회 제도가 바뀌어 가는 등, 변화 속에서 자연스러웠던 몸짓, 창조적, 본능적, 모방적 몸짓이 다양한 동기와 목적에 따라서 오늘에 이르는 예술 장르에 속하는 무용으로 발달된 것이다.

2) 무용의 어원

무용이라는 단어가 처음으로 사용된 것은 1914년 매일신보의 기사에서라고 알려져 있다.

이후 서양의 무용 형식이 일본을 통해 조선으로 유입되면서 신무용(新舞踊)이 유행함으로써 이를 계기로 무용이라는 단어가 널리 알려졌다. '무용(舞踊)'이란 합성어를 만들어 낸 사람은 일본인 영문학자 스보우치(1859~1935)이며 1904년인 메이지 37년의 말미에 그의 저서 '신악극론(新樂劇論)'에 처음으로 사용된 이후 보편적으로 받아들여졌다.

사실, 그 이전까지 일본에서는 우리의 '춤'에 해당하는 단어로서, 도약적인 성격의 '용(踊)'과 회전을 대표적으로 하는 형태인 '무(舞)'가 서로 혼용되고 있어 의미의 혼란을 막기 위해 두 단어를 병립해 사용한 것으로 추측하고 있다.

한국에서의 '무용(舞踊)'이란 말은 일본에서의 '춤출 무(舞)'와 '뛸 용(踊)'이라는 단어가 합쳐진 것을 그대로 받아들였다. '무(舞)'는 Tempo가 느린 우아한 상체의 운동으로 그 기능이 표현적인 반면 '용(踊)'은 도약이나 뛰기는 운동을 의미한다.

원래 '무용'에 해당하는 우리나라 고유의 말은 '춤'이었다. 이것을 한자로 표기할 때에는 처용무(處容舞), 승무(僧舞), 학무(鶴舞)의 경우와 같이 '무(舞)'라는 외자를 덧붙여 사용하였다. 부(舞)는 부(巫)에서 유래하였으니 무(巫)는 친지(天地)사이에서 인간(人)이 행하는 무속적인 행위를 의미하는 상형문자이며 '춤'의 어원은 '추다', 즉 '추켜올리다', '받들다'의 의미로서 무(巫)의 의미와도 상통한다.

무용이란 서양어인 댄스(Dance), 탄쯔(Tanz), 당스(Danse), 단자(Danza)로 어원은 산스크리트(Aendic Sanakrit)의 원어인 '탄하(Tanha)'로 "생명의 욕구"를 뜻한다. 'Tanha'는 생명의 욕구를 의미하며, 'danson'은 일상생활의 경험이나 환희 속에서 발현되는 율동, 활동의 욕구, 혹은 생명의 욕구라는 의미를 내포하고 있다. 이것은 중세 영어의 돈스(Dawnce), 옛 독일어의 단손(Danson) 등과도 연결된다.

서양어의 '댄스'는 우리말의 '무용'보다는 오히려 '춤추다'의 춤과 가깝다. "무용(舞踊)의 어원이 '무(舞) – 나비가 나르고, 용(踊) – 새가 뛴다'라는 뜻의 합성어라면 현재 우리가 쓰는 무용(舞踊)은 기쁘고 즐거워서 추는 '춤추다'나, 서양어의 댄스 등과는 다른 신체를 통한 인간의 사상과 감정을 표현하는 예술의 한 분야라고 할 수 있다.

영어의 'dance', 불어의 'danse', 독일의 'tanz'에 해당하는 무(舞)는 느린 박자의 우아한 상체의 운동 혹은 사람이 두 팔로 너울거린다는 팔의 움직임을 상징하는 표의문자로, 정적이고 의식적인 춤을 의미한다. 한편, 용(踊)은 뛰어오르거나 발로 차는 등의 도약을 상징하는 단어로서 발을 구르고 뛰어오르는 다리의 강한 움직임을 통해 이루어지는 역동적이고 열광적인 춤을 의미한다. 굳이 분리하자면 'dance'는 바로 용(踊)의 개념과 더 유사한 것이다.

최근 외래어라고 할 수 있는 무용을 '춤'이라는 우리 고유의 이름을 사용하는 경우도 볼 수 있으나, 대체로 '무용'으로 표기하고 있다.

춤과 무용이라는 두 동의어가 존재하듯, 다른 지역에서도 이와 비슷한 언어적 혼용을 발견할 수 있다. 프랑스의 'danse'와 'ballet', 러시아어의 'tanets'와 'pliaska', 그리고 이탈리아어의 'ballo'와 'dansark'이 그러한 예이다. 영어의 'dance'의 어원은 산스크리트어

'tanha'로, 중세에는 고대고지 독어의 'stretch(늘이다)'와 'drag(끌다)'라는 의미의 'danson'이라는 단어와 연결되는 'daunce'로 사용되었고, 오늘날의 형태는 고대 독어 'danson'과 연관이 있는 불어 'danse'의 영향을 받은 것으로 알려지고 있다. 이들은 모두 'dands', 'danca', 'danza', 'tanza' 등 여러 유럽 언어의 변형 어휘와 긴장(tension)과 이완(extension)을 의미하는 산스크리트어 'tan'이란 어간에 근거하며, 긴장과 이완의 개념은 초창기 서구 문화의 시발부터 무용과 긴밀하게 연관된 것으로 보고 있다.

3) 무용의 정의

일반적 무용의 정의를 종합적으로 기술하자면 상·하지체의 육신적인 몸과 혼, 영으로 우리의 사상과 감정, 또는 표현 가능한 세계에 대한 미적 접근을 통한 창작이며, 그것이 타인에게 전달되어 공감대를 이룰 수 있는 신체 움직임의 언어이다.

- 정신이 음악을 듣고 느끼며 기쁨을 나타내는 아름다운 동작이다.
- 무용이란 감정을 신체적으로 표현하는 예술 형식을 말한다.
- 무용은 영과 육이 결합된 표현이다.

이와 같이 무용은 영성과 음악과 미적 체험이 결합된 통합예술인 것이다. 이를 바탕으로 무수히 많은 사람들에 의해 무용은 음악과 연결된 정의, 동작과 미적 조화의 관계성을 가진 정의, 영적인 면과 관계된 정의 등으로 변화해 왔다.

첫 번째로 음악과 관계된 것은

1) 정신이 음악을 듣고 느끼는 기쁨을 나타내는 아름다운 동작이다.
2) 무용은 음악에 맞추어 스텝들을 우아하게, 정확하게, 솜씨 있게 구성하는 예술이다.
3) 신체의 질서 있는 동작, 악기나 음성의 반주에 맞추어 높이 뛰고 일정한 스텝을 밟는 것이다.
4) 정해진 박자에 맞추어 몸을 움직이는 동작인데, 동작에 주어진 표현을 나타내는 것이다.
5) 일정한 리듬과 의식적인 기교가 일치하여 미리 정해진 공간에서 움직이는 몸의 연속적인 동작이다.
6) 리드미컬한 자연운동이다.
7) 무용이란 음악에 따라서 신체의 표면 운동이 예술적으로 되었을 때 생기는 것이다.
8) 무용이란 음악을 동결시킨 형식의 예술이다.

9) 무용은 음악의 리듬에 맞추어서 자기의 감정을 표현하는 예술이다.

10) 무용이란 음악을 수반하는 형식의 예술이다.

11) 무용은 음악의 리듬에 맞추어 자기의 감정을 표현하는 예술이다.

12) 무용이란 음악에 맞추어서 규칙적으로 움직이는 율동적 동작이다.

13) 무용은 팔다리를 이리저리 움직여 온몸을 율동적으로 우쭐거리며 뛰노는 예술적인 동작으로 흔히 노래나 곡조에 맞추어 동작한다.

14) 무용이란 악기나 음성의 박자 혹은 가락에 의한 기술로 조정되는 기분 좋은 움직임이다.

15) 무용은 음악의 리듬에 맞추어 자기의 감정을 표현하는 예술 형식이다.

두 번째, 동작과 미적 조화와 관계로서의 정의는

1) 무용은 아름다운 자태와 몸의 우아한 자세들을 조화롭게 구성한 규칙적이고 우아한 동작이다.

2) 인간의 신체운동의 공간 형성에 의해서 우리들의 사상이나 감정을 표현하고 또한 미적 가치 판단을 나타내는 예술이다.

3) 형의 연결에 의한 표현이다.

4) 자유로이 움직이는 단체 운동을 사상에 합치시키는 것이다.

5) 인간의 육체를 사용한 표현한다.

6) 미적 요소를 고려한다.

7) 사상과 감정을 창조적으로 표현한다.

8) 예술이다.

9) 무용은 산 예술이다. 그것은 산 회화이고, 산 조각이다. 그것은 원시적 감정을 직접적으로 가장 완전하게 표현하는 예술이다.

10) 무용은 표현적 또는 무표현적 신체의 율동적 운동이다.

11) 무용이란 항상 흐르고 움직이고 그 움직임 속에 멈추고 그리고 또 그 흐름이 독특한 인간의 표현이다.

12) 무용이란 감정을 신체적으로 표현하는 예술 형식을 말한다.

13) 무용이란 인간의 신체 운동의 공간 형식에 의해 우리들의 사상이나 감정 감각을 표현 하고 또한 미적가치 판단을 나타내는 예술이라고 해도 무방할 것이다. 이것이 협의의 예술로써의 무용의 정의라고 한다.

14) 무용이란 인간의 마음속으로부터 춤추지 않고는 견딜 수 없는 내적 운동으로 인해서 표출된 아름다운 움직임이라고 한다.

15) 인간의 마음속에서부터 표출된 아름다운 움직임이라고 한다.

16) 무용과 시란 음악이나 신체의 표면 운동이 예술적이 되었을 때 생겨나는 것이다.

17) 무용이란 항상 흐르듯이 움직이고 움직이는 가운데 멈추고 그리고 다시 미끄러지듯이 라는 독특한 인간의 표현이다.

18) 무용이란 감정을 신체적으로 표현하는 예술형식을 말한다.

19) 무용은 운동의 예술이다.

20) 무용은 인간의 신체가 이룩하는 예술이며, 정지 상태를 포함한 운동예술이다.

21) 무용은 인간의 운동에 의한 공간 형성 예술이다.

22) 무용은 감정이나 감각이나 사상을 인간의 운동에 의한 공간 형식을 통하여 표현하는 예술이다.

23) 무용이란 신체 운동에 의한 공간 형성을 통하여 미적 가치 판단을 나타내는 예술이다.

24) 무용이란 신체를 통하여 인간의 사상과 감정을 표현하는 예술의 한 분야라고 할 수 있다.

25) 무용은 신체를 통해서 표현하는 예술이다.

26) 무용은 자연 운동이어야 하는 것이다.

27) 무용은 영과 육이 결합된 표현이다.

28) 무용은 예술로써의 율주적 질서가 부여되어 있는 운동이 미학적 법칙에 따라 구성되어 사상과 감정을 표현하는 것이다.

29) 무용은 형의 연관이 속도감을 갖고 정리되고 거기에 질서와 의장이 생겨서 예술적 의미를 갖게 될 때 무용이 형성되는 것이다.

30) 무용은 팔다리와 온몸을 율동적으로 움직여 미를 나타내는 동작을 말하는 것이다.

31) 무용은 윗몸과 아랫몸이 같이 어우러져 감정과 의지를 동작선으로 나타내는 예술이다.

32) 무용은 바로 시이다.

33) 무용은 운동이라는 매개를 통한 자연의 모방이요, 시인, 화가, 음악가 그리고 무언극 배우 사이에서 결합을 요구하는 모방이다.

34) 무용은 공간에서 움직이는 몸의 연속적인 동작이다.

35) 무용이란 감정을 신체적으로 표현하는 예술 형식이다.

36) 무용은 단순한 근육의 운동만이 아니라 정신 활동을 포함한 과정으로써 나타낼 수 있는 행동이라 할 수 있다.

37) 무용은 다이내믹한 동작에서 서로 작용하는 온갖 유형의 상징을 통한 이미지이다.

38) 무용은 인간이 하는 자연 운동으로써 자기의 사상 감정을 미학적 법칙에 의하여 표현 하는 예술이라고 할 수 있다.

39) 무용이란 인간의 신체 운동으로써 사상이나 감정, 감각을 표현하고 또한 미적 가치 판단을 나타내는 예술이다.

세 번째, 영적인 것과 관계된 정의는

1) 무용은 신체의 율동과 영혼의 매개체이다.
2) 무용은 육체의 율동과 영혼의 매개체이다.
3) 무용은 자연 운동이어야 하는 것이다.
4) 무용은 영혼이 결합된 신체 운동으로 혼의 외침과 속삭임이며 영의 신체적 표현이다.
5) 무용은 인간의 육체 운동을 통해서 영혼을 표현하는 예술이다.
6) 무용이란 인간의 사상과 감정을 미학적 법칙에 의하여 영혼이 결합된 신체의 자연 운동으로 표현하는 공·시간적 종합 예술이다. 그리고 부수적으로 음악과 미술 등 그 밖의 것들을 동원하여 공동의 협동 작업을 통해 보다 효과적인 표현을 하는 것이다.

이상의 59개의 정의 중 음악과 관계된 정의는 15개, 동작과 미적조화와 관계된 정의는 39개, 영적인 것과 관계된 정의는 6개임을 알 수 있었다.

무용은 본질상 표현하는 몸 또는 동작, 음악과 미적조화와 관련된 것이 많음을 볼 때, 인간이 하나님의 영을 소유한 피조물인 것을 상기하여 무용이 단순한 동작에 의한 표현이 아닌, 영을 포함한 것으로서의 정의에 대한 실현이 일반화되어야 함이 과제임을 알 수 있다.

요한복음 4장 24절에는 "하나님은 영이시니 예배하는 자가 신령과 진정으로 예배할지니라" 로마서 12장 1절에는 "……너희 몸을 하나님이 기뻐하시는 거룩한 산 제사로 드리라, 이는 너희의 드릴 영적 예배니라" 요한복음 6장 63절에서는 "살리는 것은 영이니 육은 무익하니라 내가 너희에게 이른 말이 영이요 생명이라" 하신 말씀을 통하여 무용하는 사람의 몸, 그 몸짓의 표현은 거룩한 산 제사이며, 영적 제사이여야 한다. 또 죽은 것이 아닌 살리는 생명력 있는 하나님의 영으로 표현해야 한다. 그러므로 단지 무익한 육적인 움직임이 무용이 될 수 없는 것이다.

4) 무용의 발생과 특징

(1) 창조설

성서에서는 "할렐루야 그 성소에서 하나님을 찬양하며, 그 권능의 궁창에서 그를 찬양할지어다. 그의 능하신 행동을 인하여 찬양하며, 그의 지극히 광대하심을 찬양할지어다. 나팔소리로 찬양하며, 현악과 퉁소로 찬양할지어다. 큰 소리 나는 제금으로 찬양하며, 높은 소리 나는 제금으로 찬양할지어다. 할렐루야"(시편 150편)라고 하며, '찬양'이라는 말 속에 무용의 의미가 담겨있는 것을 발견한다.

잭. R. 테일러의 《찬양 중에 거하시는 하나님》에서 보면 찬양의 의미로 '춤추다', '경배하다', '즐거워하다', '기뻐하다' 등으로 나타나 있는데, 총 45가지의 찬양의 뜻 중 춤 추거나 행위적 내용이 20회(44. 4%) 기록되어 있는데, 춤춘다는 것은 곧 찬양의 의미요, 하나님을 인정하고 경배하며 하나님으로 인하여 기뻐하는 것임을 알 수 있다.

(2) 본능설

사람은 누구나 움직임을 갖고 태어난다. 삶을 위해 움직이며 감정을 나타내기도 하고 감정이 자연스럽게 몸짓으로 드러나기도 한다. 그리하여 나타나는 움직임은 잘 전달되기도 하고 전달되지 못하기도 한다.

말이 있기 전, 글이 있기 전 막연한 소리와 몸짓이 사람에게는 필수적이었다. 삶 속에서의 움직임은 생활과 함께 존재하였고 발달하였다.

(3) 모방설

인간은 자연이나 자연현상 특히 동물의 모습이나 움직임을 모방한다는 설이다. 파도가 크게 혹은 작게 철썩이는 모양, 나뭇잎이 흩날리는 모양, 꽃 모양, 짐승들의 모양과 움직임 등의 자연현상에서 일어나는 움직임은 무용화가 될 수 있다.

자연이나 동물들은 그 생명력의 약동에 따라서 춤을 춘다. 그것은 인간의 움직임과 다른 것으로 동물의 움직임은 단편적이고 본능 그대로의 표현이지만 인간의 춤은 이러한 본능을 정리하여 의식적으로 율동화하여 인위적 요소를 가미하여 보다 높은 차원에서 만들어 낸다는 점이다.

모방설에 따른 무용은 심미적이거나 심리와는 아무런 관계가 없으며 오직 흉내 내는 것이 무용의 목적이므로 매우 한정적인 의미의 무용이라 할 수 있겠다.

① 따라 하기 시작한다.
② 사람의 몸짓을 흉내 낸다.
③ 만물을 흉내 낸다.
④ 상황을 묘사한다.

(4) 유희설

인간은 본능적으로 자기의 감정을 몸을 움직여 표현하고자 한다. 이러한 감정의 움직임이라는 것은 인간의 몸이 어떤 부담감 없이 자연스럽게 움직일 때 쾌감을 느끼게 되는데, 이러한 쾌감을 느끼기 위하여 신체를 움직이는 데서 무용이 시작되었다는 설이다.

인간은 처음 유희적인 것에서만 율동이 있는 것으로 생각했었다. 그러나 차츰 일상생활에도 이러한 율동이 있다는 것을 발견하게 되었고, 일과 율동을 연결시켜서 마침내는 일을 율동화 시킴으로써 그 일을 용이하고 능률적으로 만들 줄 알게 되었다. 일을 능률적으로 하기 위해서 또는 즐기기 위한 유희로써 무용은 발전을 거듭해 왔다. 그와 동시에 인간은 단순한 유희나 육체적 오락을 목적으로 하는 무용 이외에도 예술적 본능에 따라 높은 미의 세계를 추구해 온 것이다.

(5) 종교설

삶이 전부였던 원시인들에게 자연은 신비 그 자체였다. 천둥, 번개, 태풍 등의 자연요소와 바위나 수목 등의 자연환경을 비롯하여 맹수들, 인간의 생명을 앗아가는 괴질 등은 무엇보다도 두려움의 존재였다. 이는 누구에 의하여, 무엇 때문에 일어나는지도 모르는 채 자신보다 더 큰 힘의 존재에 대하여 생각하였으며 그 존재를 소위 신(神)으로 인식하며 믿게 되었으며 그 대상에 따른 원시종교가 발생하게 되었다.

신과의 대화, 신의 구원, 감사표현, 찬미 등을 언어가 아닌 더욱 강하고 직접적인 표현이 가능한 신체를 통하여 하였다. 이후 주술자 혹은 무당이라는 대리자인 영매를 세워 자신을 대신하여 신에게 봉사하고 제의를 관장하게 하였다. 영매(靈媒)는 대표적인 원시 종교 무용이 변화된 것 중 하나이다.

원시인들의 종교와 밀접한 생활은 그들의 춤이 바로 종교로부터 시작되었다는 것을 뒷받침해 주고 있으며, 오늘날 각종 제례나 의식의 수단으로 무용이 이용되는 것은 이러한 설을 뒷받침해 주고 있다.

원시인들의 춤은 집단의 외부침략을 방어하기 위한 힘의 배양을 위해, 단결과 협동과 용기를 위해, 수렵의 성공, 농경과 수확, 질병의 치유, 성년과 결혼, 방문과 전송에 이용되었다. 그래서 전투무용, 수렵무용, 의식무용, 오락무용 등으로 분리되는 춤의 유형을 낳게 되었다.

5) 무용의 본질

무용의 본질은 인간의 움직임의 미적 표현이다. 나아가 무용의 도구라고 할 수 있는 신체, 즉 인간은 인간의 내면성이 건강하고 긍정적이며 생명력이 충만하도록 늘 관리가 되어야 한다. 또한 신체의 모든 기능을 잘 관리하고 활용할 수 있는 지식과 지혜가 수반되어야 하는 것이다. 이러한 근본적 신체를 통하여 삶의 모든 모습(사상, 감정, 의식, 의지, 윤리 등)을 개별적·보편적 성격요소의 조화를 통하여서 순수한 미를 표출하고 대중과 소통을 이루는 것이라고 볼 수 있다.

즉, 감정을 신체적으로 표현하는 예술형식을 말하는 무용은 인간의 실제운동을 통해 인간의 신체 자체가 포함된다. 소품을 교묘히 움직이는 효과도 있겠으나 근본은 인간의 신체가 일으키는 운동이다. 인간의 사상과 감정을 신체의 운동을 통해 공간 형성을 하는 표현예술인 무용은 "가장 인간적인 예술이다"라는 말 하나로 개별적으로 주관적인 체험을 통해 결론짓고 있다.

신체를 기초로 하여 심간의 심장의 고동에서 시작되는 리듬을 통해 맥박이 약동하여 스스로 리듬을 느낀다면 무용을 하지 않을 수 없을 것이다.

감정이 고조되거나 격노하여 주먹을 휘두르거나 슬퍼서 땅바닥에 주저앉는 등 감정의 표출로 인해 일어나는 움직임이 점차 되풀이되면서 거기에 리듬의 형태가 갖추어지게 되며 점차 동작언어, 표현 언어로 발전을 거듭해 온 것이다.

6) 무용의 목적

춤을 출 때는 목적이 있다. 그 목적에 따라 춤은 다양하게 표출된다. 다양한 표출이 곧 창작성 및 창작형상을 이루게 된다. 목적에 따라 춤을 추기 위해서는 창작의 동기, 창작의 내용, 창작의 요소, 창작의 과정, 창작의 방법, 창작의 결과 등 구체적인 것이 필요하다.

무용은 의식적 구성에 의해 이루어질 때, 즉 형(形)의 연관이 속도감을 갖고 정리되고 그것에 질서와 의장(意匠)이 생겨서 예술적 의미를 갖게 될 때 형성되는 것이다. 무용은 또한 신체 운동뿐 아니라 음악과 극적인 소재인 문학적인 면과 미술·무대장치·조명 등의 미술적인 부분과도 협동하여 이루어지는 작업이므로 종합예술이라고 불려 왔지만 이것은 오히려 무용의 독립예술로서의 위치를 떨어뜨리는 것으로 작용하기도 하는 현상을 일으키기도 한다. 그러므로 음악·문학·미술적 작업은 무용의 효과적 표현 방법으로 이해되어야 하며, 오히려 신체적 표현으로 형성하는 공간 예술인 점과 율동적 표현의 시간적 예술의 종합예술로서의 본질성을 상실치 않도록 해야 할 것이다.

7) 무용의 종류 및 분류

역사의 흐름으로 볼 때 대체적으로 국가를 초월하여 다음과 같은 분류를 할 수 있다.

(1) 신분별 분류
서민들의 무용 : 집단적인 춤(같이 나누고 합력하는 모습)이다.
　　　　　　노동무용, 제례의식무용, 오락무용(사교무용)
귀족들의 무용 : 감상용 춤(연희용 춤), 오락 무용(사교 무용)

(2) 목적별 분류
종교적인 무용 : 불교의 작법·연등회, 유교의 문묘제례악·종묘제례악, 기독교무용, 제천
　　　　　　의식, 무속 등
예술적인 무용 : 한국전통무용, 발레, 현대무용 및 창작무용
　　　　　　마음속의 심상을 몸동작으로 구체화시키는 작업으로 상대에게 자신의 생각
　　　　　　이나 사상을 몸으로 표현하여 전달함을 목적으로 한다.

오락적인 무용 : 포크 댄스, 레크리에이션 댄스, 소셜 댄스 등

교육적인 무용 : 전인격 형성을 목적으로 한 무용으로 예술적 사고 체계를 이해하게 됨으로
써 지적 성장을 자극하여 학생들의 전인적인 발달을 돕는다.
표현의 다양성과 개개인의 창의성을 개발한다.

의료적인 무용 : 주로 우울증 등의 정신 장애나 정신 분열증과 같은 만성정신질환 환자들의
치료에 이용한다.
동작을 심리 치료적으로 사용하여 개인의 감정과 정신을 온전하게 하는
(Integration) 것을 목적으로 하여 무용의 정해진 규칙이나 형태에 얽매이
지 않고 무용의 일반적인 요소들을 사용한다.
치료무용, 교정무용 등

미용적인 무용 : 아름다운 신체 형성 및 생활의 활력과 기쁨을 주는 무용이다.
요가, 태보, 탭댄스, 재즈댄스 등

민족적인 무용 : 특정한 민족, 국민 고유의 무용예술로 각 나라의 민족의 특성을 보존하거나
춤으로 나타내기 위해 전해지는 무용이다.

(3) 시대별 분류

종교적인 무용 : 고대 일체의 의식무용이다.

연희적인 무용 : 국가별로 궁정이나, 귀족들에 의해 이루어진 무용으로 우리나라의 정재, 서
양의 사교무용, 결혼, 회갑연 등 경축해야 할 대 · 소사에서 행하여진 무용
이다.

감상적인 무용 : 일체의 감상을 목적으로 하는 무용이다.

교육적인 무용 : 전인격 형성을 목적으로 하는 무용이다.

예술적인 무용 : 오늘날의 순수예술무용이다.

사명적인 무용 : 무용만을 위한 목적이 아닌 사회와 인류의 복지적 목적을 갖는 일체의 무용
이다. 독거노인, 장애자, 고아, 소년소녀 가장, 노숙자, 특수여성 등

(4) 한국의 지역별 무용

우리 춤은 풍토적인 조건에 따라 지역적으로 다르다. 가령 산악지대의 춤과 평야지대의 춤, 북부, 중부, 남부지역의 춤이 각각 다르다.

① 풍토적 조건에 따른 유형

산악지대 : 타지방과의 교류 없이 그 부락에서 자생한 춤들이 전해져 내려오고 있으며, 춤의 종류가 많지 않고 단조롭고 빠른 춤이 많다.

평야지대: 지역이 넓기 때문에 춤의 종류도 많고 다양하며 예술성이 높고 균형이 잡힌 멋을 가지고 있는 춤이 많다.

또한 우리나라의 춤은 기후에 따라서 비슷한 유형의 춤이 분포되어 있다.

② 기후에 따른 유형

북부지방(관서, 관북, 해서지방) : 평안도와 함경도, 그리고 강원도 일부 지방을 말하는데, 이곳의 춤은 대체적으로 무당춤과 같은 의식무용과 탈춤과 같은 민속무용이 발달되었고 농악이나 소리춤과 같은 것은 빈약하다. 이곳의 춤들은 비교적 활달하고 용맹스러운 춤사위로 구성되어 있어 남쪽의 춤과는 대조적이다.

중부지방(기호, 호서, 관동지방) : 경기도 충청도 일부와 강원도(영서지방)를 포함한 지역을 말하는데, 이곳의 춤 문화권은 경기도가 주축을 이룬다. 이곳의 춤은 서울이라는 양반문화의 영향권에 위치한 지역이기 때문에 성격도 유순하고 섬세하며 모나지 않고 차분하다. 따라서 탈춤이나 농악에서 보듯 섬세한 기교와 모나지 않고 작은 춤사위로 구성된 차분한 춤이라 할 수 있다.

남부지방(호남, 영남지방) : 전라도와 경상도 지방과 같은 온화한 기후를 가진 곳을 말한다. 경상도의 춤은 남성적이고 절도가 있는 춤인데 반하여 전라도의 춤은 부드럽고 유연성이 있는 여성적인 춤이라고 할 수 있다. 또한 경상도가 탈춤이 발달한 곳이라면 전라도는 농악과 소리춤이 발달한 곳이다. 남부지방 춤의 공통점은 춤의 종류도 많고 흥겹고 멋스러운 춤이 많이 분포되어 있다는 사실이다. 북부생활권은 농악무 보다는 탈춤, 무속 무용이 발달했으며 무폭이 크고 활달하며 거칠 고, 중부내륙권은 무폭이 적고, 차분하며 아기자기한 멋이 있으며, 남부해안생활권은 전체적으로 민중적인 춤이 많은 것이 특징인데 영남 지방의 경우 탈춤이, 호남지방의 경우 농악이, 제주도의 경우 굿춤이 성행한다.

■지역별 탈춤의 종류

서울 경기도의 산대놀이	양주별산대놀이, 송파산대놀이
황해도의 탈춤	봉산탈춤, 강령탈춤, 은율탈춤
경상남도의 야류와 오광대	수영야류, 동래야류, 통영오광대, 고성오광대, 가산오광대
경상북도	하회별신굿 탈놀이
강원도	강릉관노가면극
함경남도	북청사자놀음

(5) 나라별 무용

① 세계의 민속무용

개더링피즈코즈 (gathering peascods)	영국의 잉글랜드 지방에 전해지는 포크댄스
고파크(gopak)	우크라이나지방의 민속무용
레공(legong)	인도네시아 발리 섬에서 행해지는 소녀의 무용극
레즈긴카(lezghinka)	러시아 카프카스(코카서스) 여러 민족의 민속무용과 그 음악
렌틀러	18세기 말에서 19세기에 걸쳐 오스트리아 및 독일 남부에서 유행했던 무용과 음악
룸바(rumba)	쿠바에서 알려진 민속무용과 그 음악
리고동(rigaudon)	남프랑스의 프로방스 지방에서 시작된 무용
마주르카(mazurka)	폴란드의 민속무용과 그 무곡

마틀로트(matelotte)	네덜란드 선원의 춤
모리스댄스(morris dance)	영국 민속무용 중 하나인 가장무도(假裝舞蹈)
무드라	인도 무용의 한 종류
바라타나티암	인도의 고전무용으로 여성의 솔로무용
바스크 무용(Basque dance)	피레네산맥에 있는 에스파냐령(領) 바스크 지방의 무용
바투카다(batucada)	브라질 흑인들의 집단적 무도
발리무용극	인도네시아 발리 섬의 전통무용극
벨리댄스(belly dance)	서(西)아시아에서 아프리카 북안에 걸쳐 있는 이슬람문화권 여성들이 추는 배꼽춤
사르다나(sardana)	에스파냐의 북동쪽 카탈루냐 지방의 민족성과 결합된 집단적 민속무용
사파테아도(zapateado)	에스파냐의 남부 안달루시아 지방의 솔로 무용과 무곡
삼바(samba)	브라질 흑인계 주민의 4분의 2박자 리듬을 지닌 춤, 또는 그 음악
선댄스(Sun Dance)	북아메리카의 평원 인디언의 19부족이 행하던 의식
세비야나(sevillana)	에스파냐 안달루시아 지방의 세비야의 민요 및 춤곡
솔레아레스(soleares)	에스파냐의 남부 안달루시아 지방의 민요와 무도(舞蹈)
스테이크댄스(snake dance)	살아 있는 뱀과 함께 또는 뱀의 동작을 모방하여 추는 춤
스퀘어댄스(square dance)	미국의 대표적인 포크댄스
스페인무용	이베리아반도의 대부분을 차지하고 있는 스페인의 무용
인도무용 (Indian dance, 印度舞踊)	인도 전역에서 추는 인도의 민족무용
카르마뇰(Carmagnole)	프랑스의 민족무용
타란텔라(tarantella)	이탈리아 나폴리의 민속무곡과 그 무용
파랑돌(farandole)	프랑스의 프로방스지방에 옛날부터 전승되어 온 민속무곡과 그 무도
호타(Jota)	에스파냐 북부지방의 민속무용과 그 민요
훌라춤(hula dance)	하와이의 민속무용
판당고(fandango)	에스파냐의 남부 안달루시아지방의 무곡 및 그 무도
폴로네즈(polonaise)	폴란드의 대표적인 민족무용, 또는 그로부터 발생한 기악곡의 명칭

플라멩코(flamenco)	에스파냐의 남부 안달루시아지방에서 발달한 집시 기원의 음악과 무용예 능을 가리키는 말
지터버그(jitterbug)	미국의 사교춤
고려무용(高麗舞踊)	고려시대에 일어난 무용
람바다(Lambada)	브라질의 관능적인 춤과 노래
칠석의 밤(七夕一)	일본에서 전해오는 칠석에 대한 전설을 주제로 최승희가 추었던 춤
압사라댄스(apsara dance)	주로 힌두교의 전설을 내용으로 하여 구성된 캄보디아 크메르족의 전통 무용
오키나와 고전무용	일본 오키나와 지방의 전통 무용
메케댄스(Meke Dance)	피지 원주민의 전통춤
포이(poi)	뉴질랜드 원주민인 마오리족(族)의 여성들이 추는 민속춤 손에 둥그런 포이를 들고 흔들거나 원을 그리며 춤을 춤
하카(haka)	뉴질랜드 원주민인 마오리족(族)의 민속춤

이상 43가지의 종류로 나눌 수 있다.

② 세계의 민속무용의 해설

오늘날 세계 도처에 산재하고 있는 민속무용의 종류는 그 수를 4만여 개로 보고 있으며, 특히 미국의 민속무용이 대표적이다.

▶미국

미국의 민속무용에는 스퀘어 댄스(Square dance), 콘트라 댄스(Contra dance), 서클 댄스(Circle dance)로 나뉜다.

▶멕시코

멕시코는 로키 산맥의 연장인 고원지대로 기후는 대부분 아열대이며 강우량이 많은 습지이므로 주민들은 대부분 고원지방에 모여 살고 있고, 현재까지도 전래되는 민속무용이 많은 나라이다. 그들의 문화는 원주민의 문화와 스페인의 문화가 합쳐져서 독특한 문화를 형성하고 있다. 따라서 그들의 민속무용도 경쾌하고 정열적으로 섬세한 발동작, 어깨의 움직임이 특징이다.

영국

영국은 남부 잉글랜드와 북부 스코틀랜드 및 아일랜드 북부 등 주변의 작은 섬을 본토로 한 섬나라이다. 그들 가운데 스코틀랜드인은 강하고 아일랜드인은 완고하고 개성이 강하고, 잉글랜드인은 인습을 존중하는 등 미국과는 대조적인 민족성을 지녔다. 그들의 민족무용은 자세, 스텝, 구성 등을 중요시하면서 전승되어 오고 있는 컨트리 댄스(Country dance)를 지금까지도 계속 주고 있다. 영국은 예부터 귀족 간에 여우사냥이 성행되고 있으며 메이데이(May day)의 축제도 유명한 행사의 하나이다. 영국의 본토는 공업화되어 있지만 여전히 녹색의 목장을 경영하고 종교도 완고하게 가톨릭을 수호하는 철저한 평화주의이다. 이러한 관계로 영국의 민속무용은 품위가 있고, 어깨를 흔들거나 불필요하게 돌거나 대형을 바꾸는 것을 피한다. 발끝의 변화는 많으나 상반신을 곧게 펴서 바른 자세로 힘차게 춘다. 아직도 올드 타임 댄스(Old time dance)라는 춤이 있는데, 이 춤은 고대부터 전해지고 있는 민속무용으로 현대까지도 추어진다.

러시아

러시아의 민속무용에 대해 살펴보면 원래 이 민족은 춤과 노래를 좋아하기 때문에 그들은 고도의 민요, 고도의 민속무용이 많다. 귀족 간에 성행했던 우크라이나의 춤, 코사크의 춤은 현재 세계 각국에서도 호평을 받고 있다. 우크라이나의 춤인 호박크는 젊은이의 힘을 상징하는 것 같은 힘차고 정열적인 춤이다. 마치 젊은이들은 힘자랑하듯이 다투어 열광적으로 춤춘다. 기후가 한랭한 이방의 춤이 대체적으로 템포가 빠르고 스텝이 복잡하여 초심자는 상당한 노력이 필요하다.

-스가니아

러시아민속춤은 마을에 큰손님을 모실 경우 환영을 표현하는 춤이며 경쾌한 노래와 아기자기한 움직임이 알프스 하이디를 연상시키는 귀여운 춤이다.

폴란드와 체코슬로바키아

폴란드와 체코슬로바키아의 민속무용은 다음과 같다.

이들은 러시아인들과 같이 동슬라브족이며 한때 조국을 잃고 독립재건을 위하여 120여 년의 긴 세월 동안 노력 끝에 1919년 그 뜻을 이룬 민족이다. 그간의 비운에도 굴하지 않고 불굴의 정신을 기르며, 조국의 노래와 춤으로 새로운 힘을 얻는 데 힘썼다. 그들은 조국을 잃고 많은 사람들이 프랑스로 망명한 것이 큰 영향을 미쳐 프랑스 문화와 비슷한 점을 볼 수 있는데, 폴란드는 마주르카 춤의 발생지이며 오늘날 민속무용 중에도 폴란드의 마주르카라고 전해지고 있다. 이 마주르카 춤은 프랑스, 이탈리아, 스페인 등지에서 집시들이 손에는 탬버린을 들고 치면서 섬세한 발동작을 하는 춤으로 전하게 되었고, 나아가 세계 각국에 전해졌다. 이들의 춤은 정열적이며 노래를 부르면서 추기도 한다. 체코슬로바키아의 민속무용은 스텝이 복잡하지 않고 소박하고, 폴카 춤은 허리에 손을 대고 무거운 느낌으로 추는 것이 특징이다.

▶독일

독일의 민속무용은 게르만 민족의 중심이 된 독일인들의 춤이다. 독일은 원래 소박한 농업국으로 번영하면서도 음악, 무용 등 예술을 몹시 아끼는 나라로 많은 예술가를 배출하였다. 전쟁으로 폐허가 된 나라를 짧은 시간 내에 부활시켜 공업독일을 재건한 눈부신 발전을 한 나라답게 그들의 춤도 위풍당당한 것이 많다. 항상 상체는 바르게 갖고 높이 쳐든 발은 발바닥을 아래로 향하게 하고 손은 허리에 대는 동작이 특징이다.

-탄젠

의상은 알프스 하이디의 의상을 떠올리면 되고 은은한 선율에 귀여운 율동으로 공중파에서 많이 접한 율동이다.

-왈츠(Waltz)

우아하고 기품이 있는 댄스를 말한다. 왈츠란 독일어로 "파도치듯 떠오르고 내려간다"는 뜻을 가지고 있다. 이 춤은 이미 1789년 독일 농부들이 추던 랜들러라는 민속춤에서 유래하였으나 19세기 초 유럽 사교계에 알려지면서 급속도로 확대되었다.

왈츠에는 총 30개의 스텝이 있으며 다시 4가지 난이도로 나뉜다. 본 프로그램에서 4단계 난이도가 고루 들어가도록 하여 한 라운드를 구성한다.

▶오스트리아

오스트리아는 알프스 산맥의 동부지방의 작은 나라로서 광업, 공업, 방목이 성행하고 있다. 이들도 음악을 사랑하는 국민으로서 오늘날 음악도시인 빈이 유명하다. 유명한 음악가들의 성장지이기도 하고, 특히 비엔나의 왈츠는 세계적으로 널리 알려져 있다. 그들의 민속무용은 독일과 흡사하고 복장도 유사하며, 스텝의 특징은 왈츠로 조용한 느낌을 준다.

스위스

스위스는 알프스 산맥의 중앙부와 북방의 쥬란산지와 그 분지를 포함한 산의 나라이다. 북은 독일, 서는 프랑스, 남은 이탈리아에 접하고 있어 각 민족이 서로 합심하여 평화로운 중립국을 수호하고 있다. 따라서 언어도 3개 국어를 사용하고 풍속, 습관이 그대로 계승되었기 때문에 서로 비슷한 점이 많다. 스위스는 높은 산에서의 생활로 무거운 신을 신고 지낸다. 그러므로 줌농작도 전제적으로 무섭고 느린 템포로 큰 동작의 춤이 많다. 그러니 운동량이 적은데 비하여 표현적인 동작으로 보충하여 경쾌한 리듬에 맞추어서 즐겁게 춤춘다. 알프스 지방 특유의 란도라스텝이며, 첫발에 악센트를 두고 다음 발자국에는 발바닥 전부를 땅에 대고 미끄러지듯이 춤을 춘다. 손은 언제나 주먹을 쥐고, 허리에 붙이는 것이 특징이다.

네덜란드

네덜란드는 독일과 프랑스의 중간에 위치하고 국토의 1/4은 해면보다 얕고 풍차가 동력으로 이용되는 나라이다. 풍차와 튤립이 유명하고, 또 의상에서도 나막신과 투견도 유명하다. 이러한 지역적 배경으로 그들의 춤은 큰 나막신을 신고 추기 때문에 다리 전체를 끄는 듯이 춤추며, 비교적 동작이 크다. 춤은 독일이나 프랑스하고 약간 다르지만 음악이 같은 것을 보면 라인강과 도나우강을 통하여 이동된 민족임을 알 수 있다.

프랑스

프랑스는 북부로 북해, 남부로 대서양, 남은 지중해의 삼면이 바다이고 육지는 벨기에, 독일, 스위스, 이탈리아, 스페인 5개국과 국경을 접하고 있는 예술의 나라, 유행의 나라이면서 라틴문화의 중심국이기도 하다. 민족은 라틴계로 진보적 사상을 갖고 있으며, 종교는 예부터 전통을 지켜온 가톨릭 신앙이다. 기후는 온난하고 평야가 많으며, 토지가 비옥하여 유럽에서는 예로부터 농업국으로 유명하다. 이들은 도시의 화려함과 농촌의 소박함이 한데 어울려 고상한 품위가 몸에 배어 있으면서도 명랑성과 유머를 즐긴다. 그들의 민속무용도 코믹한 편이 많은 것으로 보아 그들의 명랑한 성격을 엿볼 수 있다.

이탈리아

이탈리아는 지중해로 돌출한 반도의 나라이다. 북부의 알프스 산맥이 중부유럽의 경계를 이루고, 천연자원이 부족하여 유럽에서도 빈곤한 나라로 불리고 있다. 국민들은 라틴민족의 특유한 정열, 명랑성을 지니며, 음악, 미술을 즐기는 나라이다. 오페라의 발생지로 수많은 민요가 세계적으로 애창되고 있다. 따라서 풍치가 좋은 관광지로서 현재에도 세계적인 나라이기 때문에 그들의 민속무용도 그 종류가 많다. 그들의 춤은 프랑스, 스페인, 폴란드와 같은 면이 있고, 정열적으로 활발하게 움직이는 것이 특색이다.

▶태국(THAILAND)

-람-옹(Ram-Wong)

태국의 민속춤인 람-옹(Ram-Wong)은 흥겨운 드럼의 리듬에 맞춰 젊은 남녀들이 함께 추는 전통공연예술이다. 남국의 정취가 흠뻑 배어나는 태국의 대중적인 춤으로 남녀 사이의 친목도모에 이용되는 오락이기도 했다.

▶일본(JAPAN)

-가부키(kabuki)

일본의 가부키 춤은 오곡의 풍요를 기원하는 내용을 담고 있다. 정면에는 일본신화에서 신들이 산다는 하늘나라를 나타내는 타카마가하라를 나타내는 신좌를 설치하고, 천장에는 쿠모라고 부르는 천개(덮개)를 늘어뜨린 공간에서 춤을 춘다.

-마스리(matsuri)

일본의 신을 모시는 의식이며 새해를 맞이하여 마을의 풍년을 기원하는 의식이다.

-사자무 미르크(오끼나와)

사자에게 제사를 지내는 형태의 무용
농경신인 미륵신에게 풍년 기원 무용 등

▶중국(CHINA)

-사자춤

탈이 입체적이며 의상이 화려하여 춤사위가 활기 있고 씩씩하여 대륙적인 맛이 짙다.

중국의 사자춤은 묵은 해를 보내고 새해를 맞이할 때나 집안의 혼례가 있을 때 등 경사스러운 날을 축하하기 위하여 연희되었다.

춤사위는 독특한 음악에 맞추어 움직이며 고도의 유연성과 힘찬 동작이 활달하여 마치 쿵푸동작을 연상케 한다.

-용춤

탈이 입체적이며 많은 인원이 한 탈에서 큰 움직임을 보여 화려한 분위기를 연출한다. 용춤은 묵은 해를 보내고 새해를 맞이할 때나 집안의 혼례가 있을 때 등 경사스러운 날을 축하하기 위하여 연희되었다.

춤사위는 독특한 음악에 맞추어 움직이며 많은 인원이 고도의 유연성과 힘찬 동작이 활달하며 거리 행렬 속에 화려함의 극치를 느끼는 춤이다.

- 경극

경쾌한 민속음악에 화려한 의상, 화려한 분장에 경극의 특색인 노래로 관중을 사로잡는다.

- 나희

삼국지를 바탕으로 한 중국역사극이며 노래와 화려한 율동으로 표현하였으며 힘찬 동작과 쿵푸 동작이다.

스페인 (SPAIN)

- 플라밍고(Flamenco)

스페인민속춤인 플라밍고(Flamingo)는 아름다운 여성의 실루엣이 드러나는 화려한 의상과 경쾌한 음악으로 집시들이 한손을 옆으로 세우고 손뼉을 치며 발을 구르는 동작으로 이루어져 있다.

- 살사

'블루스'가 끈적끈적한 춤이라면 '살사'는 건전하고 율동감이 넘치는 춤이며, 남미에서 마을축제나 파티에서 자유롭게 즐기고 가족끼리 일을 하다 잠시 쉬면서 추었을 만큼 대중적이고 공개적인 춤으로서, 기본동작은 남녀가 마주 서서 손을 잡고 밀고 당기는 기본스텝과 손을 엇갈려 잡은 후 복잡한 회전을 섞은 응용동작으로 구성된다.

- 파소 도블(Paso Doble)

이 춤은 스페인에서 유래되었다. 기본스텝은 행진곡 형식이며 투우를 묘사한 춤이다. 남자는 투우사를 나타내며 여자는 투우와 망토를 나타낸다. 유럽의 남쪽 프랑스, 스페인, 포르투갈에서 대단히 인기 있는 춤이다. 스페인어의 파소(paso)는 스텝(step)이라는 의미이며 도블(doble)은 더블(double)이라는 의미이다. 즉, '두 배의 걸음'이라는 뜻이다.

음악 : 2/4박자로 첫 번째 박자에 악센트가 있으며 리듬의 특징은 역동적인 행진곡형이다.

1분간 60~62소절의 템포이다.

도미니카공화국(DOMINICAN REPUBLIC)

- 메렝게(Merengue)

메렝게는 도미니카 공화국의 민속춤이며 또 어느 정도는 그 섬을 공유하는 이웃 나라 아이티의 민속춤이기도 하다. 메렝게의 기원에는 두 가지 설이 있다.

첫 번째는 다함께 쇠사슬에 묶인 채로 드럼소리에 맞춰 사탕수수를 베면서 한쪽 다리를 질질 끌수밖에 없었던 노예들로부터 유래되었다는 설이다. 두 번째는 어떤 위대한 영웅이 도미니카 공화국 내전에서 다리에 부상을 입었는데 한 마을 사람들이 승리축하파티에서 그를 위해 춤추는 사람들 모두 한쪽 다리를 절뚝거리고 끌면서 춤을 춘데서 유래되었다는 설이다.

메렝게는 도미니카 공화국 초기부터 현재에 이르기까지 계속 이어져 오고 있다(아이티에서는 유사한 춤을 메링게(Meringue)라고 부른다).

이 춤의 명칭은 설탕과 흰 계란으로 만든 과자의 이름에서 따온 것이라고 할 수 있다. 가볍고 천박한 춤의 특징과 짧고 간결한 리듬 때문에 이러한 이름이 붙여진 듯하다.

19세기 중반까지 메렝게는 도미니카 공화국에서 매우 대중적인 춤이었다. 현재 이 춤은 도미니카 공화국 내에서 열리는 모든 댄스행사에서 사용되고 있을 뿐만 아니라 카리브해와 남아메리카 전역에 걸쳐 보급되었으며 표준 라틴아메리카 댄스 중의 하나이다.

▶미국 (AMERICA)

-쟈이브(Jive)

1927년경 뉴욕의 하렘(Harlem)이란 흑인 거주지에서 재즈(Jazz)음악의 일종인 스윙(Swing) 리듬에 맞추어 처음으로 추어진 춤이다. 1936년경 전 미국을 휩쓸 정도로 인기가 절정에 달했다. 2차 세계 대전 중 G.I(미국 직업 군인)들에 의해 유럽에 퍼졌고 세계 대전이 끝날 때까지 놀랄 만한 인기는 계속되었다.

-블루스(Blues)

미국의 흑인 노예 사이에서 생긴 달콤하고 애달픈 애수를 띤 블루스의 곡조. 블루스의 음악은 처음에 비트 악센트가 있는 4/4박자로 느린 템포로 연주된다. 스텝이 간단하고 워크와 샤세(chasse)로 이루어져 있기 때문에 초보자에게는 가장 쉬운 종목이다.

-폭스트롯(Foxtrot)

4/4박자 춤으로 1914년 미국 karry far에 의하여 만들어진 춤으로 영국인에 의하여 여러 차례 개정되어 영국적인 춤으로 변화되었다. 왈츠와 같이 rize & fall이 있으나 왈츠와 같이 발을 모으는 동작이 많지 않는 볼룸댄스 중 가장 어렵고 클래식한 댄스로 우아하고 유연하면서 웅대한 격을 가진 멋있는 댄스이다.

▶아르헨티나(ARGENTINA)

단사 폴클로리까(Danza Folklorica), 까르나발리또(carnavalito), 삼바(zamba), 가또(gato) 등이 있는데, 특히 부에노스아이레스에는 세계적으로 유명한 '탱고(tango)'와 '밀롱가(milonga)', 가우초 댄스

-탱고

정열과 애수의 댄스 탱고는 18세기 말 아르헨티나 동해안의 라 프라토 팜파스 지방의 원주민인 가우초족 기바병이 술집에서 쉴 때 들려오는 리듬에 맞추어 춘 춤이라 한다.

초기 탱고는 라틴 아메리카 춤과 가깝지만 영국에서 건너오면서 더욱 세련된 오늘날의 모습을 갖추게 되었다. 낭만적이며 이국적이고 환상적인 레퍼토리를 가지고 있다. 네 단계의 난이도가 고루

들어가도록 하여 한 라운드를 구성한다.

▶영국(ENGLAND)

-모리스 댄스(Morris dance)

영국 모리스 조합(Morris-Gild)이 행진할 때 사용하는 여러 가지 춤의 총칭이다. 이 춤은 오늘날도 행해지며, 가면춤, 장검(長鈴)춤, 단검(短鈴)춤들이 있는데, 초기 형태는 대륙지방의 Moresca로부디 유래한 것으로 보인다. 그러나 영국 고유의 양식을 발전시키며 19세기까지 영국의 전형적인 민속춤으로 남겨진다.

여러 지역적 차이에도 불구하고 모리스 댄스는 일반적으로 6~12명의 남성에 의해 추어진다. 이들은 여러 가지의 의상을 착용하는데, 부분적으로 여성의 옷을 입기도 한다. 이 춤들은 원래 이른 봄에 있는 다산(多産)의 의식과 관련이 있다.

이러한 초기적 형태는 후대의 기독교적 요소와 혼합된다. 음악은 다른 곳에서 빌려온 경우가 흔하다. 전에는 한 손으로 연주하는 플루트와 북을 사용했으나, 오늘날에는 현대적 악기를 주로 사용한다.

▶하와이(HAWAII)

-훌라댄스(Hula Dance)

하와이안 음악의 기원은 폴리네시아 원주민들 사이에서 전해져온 민요나 춤곡으로 19세기에 선교사가 들어오면서 찬미가의 영향을 받게 되었다. 현재 하와이안 기타로 불리는 우쿨렐레(Ukulele)와 더불어 하와이음악을 대표할 만한 곡으로는 '아로하오에'와 '하와이포노', '하와이안 웨딩송' 등이 있다. 훌라댄스(Hula Dance)는 하와이에서 오래 전부터 내려오는 민속춤으로 애초에는 종교예식의 일부로서 추어진 신성한 춤이다.

당시 사람들은 소망을 몸짓으로 나타냄으로써 장래에 그것이 실현된다고 믿었고 풍부한 결실을 기원하며 훌라춤을 추었다. 오늘날은 그러한 종교적 의미는 엷어졌으나 훌라가 동작으로 이야기를 표현하는 춤이다.

▶스리랑카(SRI LANKA)

불춤(뱀과 독수리 싸움묘사) 스리랑카 남부의 전통적인 불 의식으로 대나무 막내를 이용한 민속춤이다. 어린 소녀를 감싸고 있는 사탄의 기운을 없애는 의식인데, 뱀과 독수리의 투쟁에서 독수리의 승리가 묘사된다. 드럼의 합주가 어우러진 스리랑카 젊은 병사의 춤이다.

▶쿠바(CUBA)

-맘보(Mambo)

쿠바의 흑인들로부터 발생한 라틴아메리카의 사교댄스 음악이다. 40년대에 danzon, rumba,

swing이 결합되면서 발생했다. 4/4 혹은 2/4박자와 빠른 템포(MMJ=164~224)가 특징이다.

이 무용곡은 프라도(Perez Prado)와 그의 오케스트라가 연주한 맘보 잠보(mambo jambo)와 파트리시아(Patricia)를 통해 유명해졌다. 맘보는 그 변형인 차차차(Cha Cha Cha)에 의해 유행에서 밀려난다.

-룸바(Rumba)

쿠바의 토인들로부터 시작한 민속무용이다. 룸바는 우여곡절을 거쳐 오늘까지 오는 데는 실로 4세기의 세월이 흘렀으나 세계적으로 가장 많은 사람들에게 애호되어 온 것도 룸바가 아닐까 생각한다. 카리브 해의 쿠바 원주민들에게는 일찍부터 이 섬의 특유한 음악이 있었다. 크고 작은 온갖 타악기로써 이루어진 흑인들의 복잡한 리듬과 스페인 사람들의 정열적인 멜로디가 융합하여 연주한 이상야릇하고도 매혹적인 것이 룸바 음악이다.

룸바 음악이 영국에 처음 소개된 것이 "땅콩장수"라는 음악이었고 이와 함께 룸바의 도법이 소개된 것은 1931년 무렵이다. 이후 영국무도강사협회의 무도연구가들이 이 새로운 댄스에 많은 관심을 가지고 연구를 거듭하여 오늘의 모양을 갖춘 것이 1948년경이었으며 그 후 1950년이 지나서 영국의 라틴아메리카댄스의 연구가인 "무슈 삐엘" 씨가 쿠바를 시찰하였을 때 이미 룸바의 춤이 변화하여 영국에 귀국한 "무슈 삐엘" 씨는 변화하기 이전의 룸바를 '스퀘어 룸바' 또는 '아메리칸 룸바' 라 하였고, 변화된 새로운 춤을 '큐반(CUBAN)룸바' 라 했다(일명 '큐반 뉴 시스템' 이라 함). 전자의 룸바는 사교무도에 적합한 월드스타일이며 후자의 룸바는 주로 무도강사자격시험용 또는 무도경기대회 및 메달테스트에서 사용하는 인터내셔널 스타일이다.

룸바 음악의 타임은 2/4, 또는 4/4박자로 되어 있으나 실제적으로는 4/4박자라고 생각하는 것이 이해하기가 쉽다. 무도 강사자격시험이나, 메달테스트 또는 무도경기대회에서의 표준템포는 1분간에 28~31소절의 속도로 연주하도록 규정하고 있다. 룸바 음악을 잘 들어보면 여러 가지의 리듬악기가 제각기 1소절 중에 다른 비트의 악센트가 곁들여 있는 것이 있으나, 전체를 통하여 볼 때는 2, 3, 4-1 이라는 기본적인 리듬을 들을 수가 있다. 그러나 초심자는 처음 이러한 악센트를 구별하여 듣는 것과 전진과 후진의 스텝이 어떻게 하여 각 소절의 제2박자에 스텝을 밟게 되는가를 이해하기는 어려운 것이다.

-차차차(Cha Cha Cha)

이 춤은 원래 쿠바에서 유래했고 맘보가 그 선구자이다. 봉고 드럼이나 마라카스를 두드리는 음악소리 자체가 차차차로 들린다. 이 춤은 라틴아메리칸 댄스 중에도 가장 인기가 있다. 음악은 4/4박자로 첫째 박자에 악센트가 있으며 1분에 28~30 소절의 템포이다.

브라질 (BRAZIL)

-삼바(Samba)

삼바 춤은 강렬하고 독특한 율동을 지닌 생동감 넘치는 춤이다. 원래 아프리카에서 유래되었으며 사탕수수 농장에서 일하던 흑인노예들에 의해서 브라질 북부의 바히야 지방에서 보급되었고, 마침내 브라질의 대표적인 춤이 되었다.

처음으로 서양인들의 시선을 끈 것은 연례행사로 열리는 리우데자네이루의 카니발에서였다. 지금도 브라질에서는 삼바학교가 번창하고 있으며 독자적인 삼바리듬과 기본동작을 발전시키고 있다.

▶필리핀

필리핀이 민속무용은 대개 두 가지로 분류할 수 있는데, 하나는 부락이나 섬 등 한정된 지역의 고유한 민속무용이며, 다른 하나는 스페인 풍으로 만들어진 민속무용이다.

특히 티니크링이나 코리나사는 세계적으로 널리 알려진 필리핀의 대표적인 춤이다.

▶인도

세계민속무용 중 가장 오래된 민속무용이다. 인도의 민속춤의 특징은 무우토라라는 손가락형에 있다.

▶터키

터키의 민속 무용은 기본이 T자형 춤이라고 할 수 있다. 터키춤은 한 조씩 춤추고 원안으로 차례로 뛰어나가서 유명한 코삭크 춤을 추는 것이다.

(6) 유형별 무용

① 예술무용

▶발레

유럽에서 발생하여 발달해온 무용형식으로 음악·팬터마임 ·의상 ·장치 등을 갖추어서 이야기나 주제(主題)를 종합적으로 표현하는 무용이다. 이러한 의미에서 연극무용·극무용(劇舞踊)·극장예술무용이라고도 할 수 있다. 발레란 '춤을 추다'를 의미하는 이탈리아어의 동사 'ballare'에서 유래되었다.

현재는 다리의 포지션에 기초를 둔 클래식댄스의 정형기법을 기준으로 하여, 그 기법을 사용하는 무용까지를 발레라 하고 이 기법에 구속받지 않는 무용을 모던댄스라고 하여 발레와 구별하고 있다. 또, 파드되(pas de deux) 형식이나 독립된 팬터마임 장면을 쓰는가의 여부에 따라, 이러한 요소가 들어 있는 무용을 클래식발레라 하고 그렇지 않은 무용을 모던발레라고 한다.

현대무용

20세기에 발생한 새로운 무대무용으로 모던 댄스는 창조적이고 개성적인 특성으로 시대마다 양식도 다양하다. 어제의 모던 댄스는 이미 오늘의 모던 댄스가 될 수 없으며 시대와의 적합성이 엄격한 조건이 된다. 이처럼 모던 댄스는 반(反)발레를 출발점으로 20세기에 개발된, 창조성과 현대성을 명제(命題)로 하는 새로운 무대무용이라고 할 수 있다. 금세기 초 처음으로 무대무용 혁신의 횃불을 든 사람은 미국의 두 여성무용가인 이사도라 덩컨과 루스 세인트 데니스였다. 덩컨은 자연과 고대 그리스의 무용에서 자유로운 무용의 영감(靈感)을 얻어, 무용화(舞踊靴)·코르셋을 벗어버리고 해방된 육체로 춤을 추었다. 세인트 데니스는 옛 동양무용에서 자연스러운 무용의 원천을 발견하여, 당시 서양무용이 상실하였던 정신적인 요소의 회복에 노력하였다. 사람들은 여기서 무용예술이 지니는 계시적 의의를 볼 수 있었다. 덩컨은 주로 유럽에 광범한 영향을 주었고, 특히 러시아 발레의 젊은 세대를 감동시켜, 디아길레프의 러시아 발레단에 의한 발레의 현대적 부흥을 가져오게 하였을 뿐만 아니라, 제1차 세계대전 후 독일에서 일어난 노이에 탄츠의 원동력이 되기도 하였다. 세인트 데니스는 주로 미국에서 무용 향상과 보급에 선구적인 공헌을 하였고, 테드 숀과 함께 조직한(1914) 데니숀무용학교에서 마사 그레이엄, 도리스험프리, 찰즈 와이드먼 등 다음 세대를 짊어질 많은 준재(俊才)를 배출하였다.

한국무용

한국 무용(韓國舞踊)은 한국의 전통 문화를 바탕으로 하여 만들어진 모든 종류의 무용을 말한다. 한국무용은 크게 궁중무용·민속무용·가면무용·의식무용·창작무용 등으로 나눈다.

한국무용의 원초적 형태는 국가적 의식 끝에 있는 축제(祝祭)의 흥이 어깨에서 구체화되어, 리드미컬하게 온몸으로 퍼져 멋으로 승화한 것으로 집약할 수 있다. 그러나 삼국시대를 거쳐 고려·조선시대로 내려오면서 이러한 한국무용의 특성은 변형되었다. 고려·조선시대의 윤리와 사상의 근저를 이루었던 불교와 유교의 가르침은 자연스럽게 발로되는 감각적 육체의 미를 부정하였고, 그 때문에 육체의 노출은 금기(禁忌)로 되어 왔다. 이러한 영향 아래 한국무용의 특성이 변형·정형화(定型化)된 것이 궁정무용(宮廷舞踊)이다. 이와는 대조적으로 궁정무용과 함께 한국무용의 양대산맥(兩大山脈)이라 할 민속무용은 한국무용의 고유의 원형(原型)을 살리고, 중국의 무용을 흡수·소화한 것으로 경쾌하고 장중하며, 우아하면서도 변화가 거침없는 무용으로 발전하였다.

-궁중무용

춤의 테마를 동작이 아니라 노래로써 설명한다는 점이 가장 큰 특성이 된다. 여기 사용되는 노래를 창사(唱詞)·치어(致語)·치사(致詞)·구어라고 하는데, 춤이 시작되자마자 제일 먼저 부르는 것을 선구호(先口號)라 하며, 춤이 끝날 무렵 퇴장하기 직전에 부르는 것을 후구호(後口號)라 부른다. 노래는 이 밖에 춤추는 중간에도 부르고 춤추면서도 부른다.

농삭년으로 보닌 춤의 기릭이 우사하고, 선(線)이 그우며 몸가짐이 바르고, 동작의 변화가 적어 다양하지 못하다. 사용되는 장단(長短) 및 박자(拍子)는 매우 유장(悠長)하며, 급하고 촉박한 것은 금기로 되어 있다. 또한 의상(衣裳)이 현란하고 구성이 장대하며 의상의 색조(色調)에 있어서는 오행설(五行說)에 의하여 방위(方位)에 부합되는 것을 입었다.

반주에 사용되는 장단은 20박(拍)을 1장단으로 한 것, 16박을 1장단으로 한 것, 12박을 1장단으로 한 것, 10박을 1장단으로 한 것, 6박을 1장단으로 한 것, 4박을 1장단으로 한 것 등 6종이 있다.

-민속무용

제약을 많이 받아 단조로운 가락으로 고정된 궁정무용과는 달리 원초의 자연스런 가락이 잘 보전된 것이 민속무용이다. 한국의 민속무용은 원시 민간신앙의 잔재인 각종 제사와 서민대중이 즐겨하는 세시풍속(歲時風俗) 중에서 자연발생적으로 싹트고 움터서 그때부터 민중과 결부·밀착되어 민중과 호흡을 같이 하고, 서민대중의 생활환경 속에서 뿌리를 박고 오랫동안을 성장·발육되어 왔다. 민속무용은 어떠한 격식이나 일정한 법도(法度)가 필요치 않고 서민들의 정서와 소박한 감정을 적나라하게 표출한다는 데에 생명이 있다.

한국 민속무용의 특색은 대체적인 형성시기와 발생 장소는 짐작되지만 작자와 창작된 연대가 분명치 않다. 다른 민속예술분야도 대개 그러하지만 민속무용도 어느 한 사람이 창작한 것이 아니라, 오랜 세월이 흐르는 동안 조금씩 틀이 잡히면서 발전하여 오늘에 이른 것이므로 당연한 일이다.

내용이 평민계급의 소박한 생활감정을 묘사했다는 점인데, 민속무용을 창작하고 이어온 것이 서민들이므로 수긍이 간다. 춤을 전개하는 데 있어 기본 되는 가락은 있으나 세부적으로는 개인의 창의성을 자유자재로 구사할 수 있다는 점으로, 이 점은 틀에 박혔다 할 수 있는 궁정무용과 가장 대조적이다.

찬란한 의상이나 복잡한 무대장치가 없어도 적당한 넓이를 가진 장소면 어디에서나 출 수 있다.

장단(長短) 및 박자(拍子)는 염불(6박이 1장단), 타령(12박이 1장단) 등이 쓰이며, 그 밖에 남도지방의 산조곡(散調曲) 장단과 무악(舞樂)인 살풀이장단 등도 사용한다.

▶한국 민속무용의 종류

현재 남아있는 민속무용 중 몇 가지를 들면 다음과 같다.

농악무(農樂舞), 승무(僧舞), 강강술래, 한량무(閑良舞), 남무(男舞) 살풀이춤, 무당춤, 무동

춤, 장고춤, 소고춤

-가면무용

가면무용은 원시적인 신앙행사나 세시풍속의 행위에서 발생되었다고 할지라도 특정된 지역에 기반을 두고 그 지방에 뿌리를 박고 토착화되어서, 오랫동안 그 지역의 범위 안에서만 성행하고 성장되어 현재까지 전해진 춤을 말한다. 현재 각 지방에 남아 있는 탈춤(가면무용)들은 전체적으로 내용에 있어서는 대동소이하지만, 노는 형태에 있어서나 춤가락 면에 있어서는 각각 그 지방대로의 특징이 있다. 멀리 삼국시대에서 근세에 이르는 동안 궁정무인 정재(呈才)에서 서민들의 놀이인 산대춤에 이르기까지 민속예술의 뼈대를 이루어 온 것이 바로 가면무이다.

-의식무용

종묘제례의 일무의식무용은 불교의 재의식(齋儀式)과 문묘·종묘의 제사에서 추는 춤이다. 이외에도 과거에는 원구단, 사직단(社稷壇-地神) 제사에서도 노래와 춤이 있었으나, 오늘날은 제사마저 폐지되었기 때문에 춤은 소멸되었다. 먼저 불교계통의 무용은 5종이 있는데, 나비춤, 바라춤, 법고춤, 목어, 타주(打柱) 등 5가지가 그것이다. 불교 재의식 절차 중에는 '식당작법(食堂作法)'이라고 하는 순서가 있어서, 반드시 상기 5종의 춤을 추는 대목이 있다. 5종의 춤은 불경의 범음(梵音)과 북·징·장구·호적 등이 반주로 사용된다. 이외에 문묘와 종묘에서 추는 일무(佾舞)가 있다.

한국 의식무용의 특색은 의식 절차에 따라 춤이 진행된다는 점, 춤으로서의 독자성·독립성이 희박한 점, 의식의 주체가 되는 사람의 신분직위(身分職位)에 따라 무원수(舞員數)가 결정된다는 점, 무용종류에 따라 무용도구가 달라진다는 점 등이다.

-신작무용

신작무용은 전통무용의 형식이나 현대무용의 형식을 토대삼아 창작되는 새로운 무용을 말하는 바, 이런 의미의 신작무용은 많이 창작된다.

② 오락무용(대중무용)

재즈댄스

다양한 형식의 재즈 반주에 맞추어 자유롭게 감정을 표현하는 춤이다. 미국 흑인들의 아프리칸댄스와 백인들의 댄스가 한데 섞여 이루어진 춤으로 라틴풍의 맘보, 룸바, 삼바와 미국 모던풍의 찰스모던, 모던댄스, 탭댄스, 그리고 클래식풍의 발레와 왈츠 등 여러 가지 춤의 요소가 포함되어 있다. 재즈 리듬에 맞추어 허리 동작을 중심으로 몸을 움직이는 춤은 1910년 무렵부터 백인 사회에도 확산되어, 카슬 부처에 의해 폭스트롯이 고안되었다. 1920년대에는 2박자의 찰스턴이 유행하였다. 재즈댄스라는 말이 쓰이기 시작한 것은 1927년 무렵부터이며, 1920년대 후반부터 1930년대에 걸쳐 탭댄스가 등장, 빌 로빈슨, F. 아스테라 등이 그 명수로서 인기를 끌었다. 일정한 형식과 틀에 얽매이지 않고 자유롭게 춤을 춘다는 점이 특징이다. 발레나 왈츠처럼 정형화된 동작을 보이는 것이 아니라 재즈음악에서 받는 느낌을 자신의 신체로 표현하는 춤이므로 재즈댄스를 배우기 위해서는 재즈음악에 대한 이해가 필요하다.

▸탭댄스

구두 밑창에 탭이라는 징을 박고 밑창의 앞부분과 뒤축으로 마룻바닥을 리드미컬하게 쳐서 소리를 내며 추는 춤이다. 아일랜드와 영국의 랭커셔주 지방의 클록댄스(신발 밑에 나무를 대고 마룻바닥을 빨리 밟아서 소리를 내며 추는 춤)가 미국에 유입, 니그로의 춤과 융합되어 19세기경부터는 주로 흑인 연예인들에 의해 민스트럴과 보드빌 무대에서 추어졌다. 그 당시에는 노래와 코미디가 춤과 함께 펼쳐졌으나 1920년대 재즈의 유행과 더불어 더욱 성행하게 되자 춤만 따로 추게 되었다. 리듬은 더욱 다양해지고 춤의 활동 범위도 넓어져 발레의 기교까지 채용하게 되었다. 탭 댄서로 흑인 빌 로빈슨, 백인 프레드 애스테어, 로저스 등이 유명하다.

▸사교댄스

사교를 목적으로 남녀 한 쌍이 추는 형식의 춤. 오늘날 사교댄스라고 하는 것은 스퀘어 댄스·포크 댄스·올드타임 댄스 등은 포함되지 않으며, 남녀 한 쌍이 자유롭게 춤추며 즐기는 형식의 것을 말한다. 남자가 여자를 리드하고, 여자는 이에 따라가며 음악에 맞추어 스텝을 즐기는 것이다. 가정의 작은 방에서 가족·친지들이 모여서 즐길 수 있으며, 댄스홀과 같은 넓은 장소에서는 운동량도 커서 매우 스포츠적이라고 할 수도 있다. 또, 댄스에 의한 경기나 전시(展示) 댄스는 남녀 한 쌍에 의해서 연출되는 무도예술(舞蹈藝術)임과 동시에 관중에게 즐거움을 주는 것이다.

▸훌라댄스

좁은 뜻으로는 현대의 하와이음악, 넓은 뜻으로는 예로부터 전승되어 온 하와이음악까지를 포함한 음악이다.

▸쇼댄스

음악은 4/4박자에 템포는 48~52소절로 미국의 흑인들이 추었던 독특한 재즈(Jazz)에 맞추어 플로어(Floor)나 무대(Stage)에서 추는 뮤지컬이나 쇼댄스(Show dance)가 이윽고 두 무릎을 붙이고 발을 오른쪽 왼쪽으로 번갈아 차면서 추는 챨스톤(Charleston)으로 연속되는 춤이었는데, 지금은 챨스톤은 사라지고 빠른 템포에 퀵스텝으로 춘다. 경쾌하고 순발력이 있으면서도 흥겹게 춘다.

(7) 종교별 무용

① 범패와 불교무용

불교무용은 범패와 더불어 이루어지며 작법무(作法舞)는 크게 4가지로 바라무, 나비무, 법고무, 타주무이다. 영산재에 있어서 부처님을 찬탄하는 음성공양(音聲供養)과 수행자의 법무(法舞)를 통한 무(舞)공양의 확실한 기록은 찾기 힘들지만 석가모니께서 영취산에서 {법화경}을 설하실 때 천사색(天四色)의 채화(彩花)를 내리니 가섭이 알아차리고 빙긋이 웃으며 춤을 춘 것을 승려들이 모방했다는 설과, 중국의 조자건(曺植)이 천태산에 오르자 범천(梵天)에서 오묘한 소리가 났는데 고기떼가 그 소리에 맞추어 춤을 추므로 그 소리를 모방해 범패를 짓고 고기의 노는 모양을 본떠 만든 것이 승무라는 설 등이 있다.

② 기독무용

하나님을 찬양하는 무용으로 성경을 바탕으로 한 무용인의 신앙고백이며, 온몸과 마음으로 드려지는 예배이다.

③ 바롱댄스

발리의 무용은 성격에 따라 크게 세 가지로 나뉜다. 사원의 가장 깊숙한 경내에서 추는 종교적 색채가 강한 '따리 와리', 사원의 안뜰에서 행하던 의례적인 '따리 브발리', 사원 밖에서 추던 세속적인 무용 '따리 발리발리안'이 그것이다. 바롱 댄스는 이 중 '따리 브발리'에 해당한다. 바롱은 초자연의 힘을 가진 성스러운 짐승으로 발리 힌두교에서 선을 상징한다. 우리의 추석과 비슷한 명절로, 210일마다 찾아오는 가룬강기 약 10일 동안에 악령을 쫓기 위해 마을을 누비고 다니는 고마운 동물이다.

바롱 댄스는 염병 등 이 섬에 횡행하던 질병들을 물리치기 위한 주술적 의미를 담은 힌두 신앙의 대표적인 민속 무용으로 민간에서 널리 추어져 오다, 20세기에 들어서며 관광객을 위한 공연물로 재구성됐다. 종합적인 극의 형태를 지닌 '짜로나란'과 이 중에서 춤 부분만 재구성한 공연물 바롱 댄스가 그것이다.

④ 유교무용

송의 진양은 중국의 아악에서 행해져 왔던 춤으로 크게 악무, 대무 등으로 나누어 설명하고 있다.

▶일무

악무로서 그 뜻은 줄을 지어서 추는 춤으로 일은 열과 같은 뜻이며, 그 종류는 팔일, 육일, 사일, 이일의 무가 있다.

- 팔일 : 8열을 의미하는 것으로, 1열 8인이 나란히 서있기 때문에 "팔일무"라고 하며 8×8=64인이 춤을 추는 것을 말한다. 〈-천자의 경우에만 사용했다.〉
- 육일무(제후) 이하 사일무(대부), 이일무(사)의 무인의 수에 관해서는 현재 두 가지의 설이 전해지고 있는데 진 나라 두예의 설과 후한의 복건의 설이다.

▶문무, 무무

중국에서 주시대의 문무는 문왕의 덕을 말한 것이고, 무무는 무왕의 공을 말한 것이다. 당에서는 문무, 무무가 같이 태종을 칭송하고 있고 송에서는 태조를 칭송하고 있다. 우리나라의 무무는 태조의 칭송을 위하여, 문무는 태종의 칭송을 위하여 만들었음이 『세종실록』에 명시되어 있다. 우리나라의 종묘나 사직, 문묘, 회례연 등에서 모두 문무를 먼저하고 무무를 뒤로 하였는데, 그 까닭은 다음과 같다.

첫째, 고대로부터 제왕이 읍양으로 천하를 얻으면 문무를 먼저 연주하고, 정벌로 천하를 얻으면 무무를 먼저 연주하였다.

둘째, 군신을 모을 때에는 문무를 먼저하고, 무무를 뒤로 하였다.

셋째, 국자를 가르칠 때에는 문무를 먼저하고, 야인을 가르칠 때에는 무무를 먼저 하였다.

▶문무 두 가지 춤곡-보태평(文), 정대업(武)

보태평과 정대업의 창제된 목적은 종묘제향에 쓰기 위함이 아니었고, 세조 9년 이전까지는 주로 회례연에 사용하기 위하여 창제되었다.

좋은 안무에는 보는 이로 하여금 그 속에 빠져들고 싶게 만드는 특별한 면이 담겨 있다. 좋은 무용이란 형태(Shape) 또는 형식(Form)을 가지고 있다는 점이며, 그 형태 또는 형식은 좋은 내용과 함께 균형을 이루어 표현할 때 좋은 무용이라 할 수 있다.

그러므로 형제들아 내가 하나님의 모든 자비하심으로 너희에게 권하노니 너희 몸을 하나님이 기뻐하시는 거룩한 산 제사로 드리라 이는 너희의 드릴 영적 예배니라. 너희는 이 세대를 본받지 말고 오직 마음을 새롭게 함으로 변화를 받아 하나님의 선하시고 기뻐하시고 온전하신 뜻이 무엇인지 분별하도록 하라.

(로마서 12:1~2)

Ⅲ. 무용과 미(美)

인간은 일상생활과 자연현상이나 예술작품 등에서 아름다움을 느낀다. 그러나 그 아름다움에 대해서 아름답다 또 예쁘다 하는 생각에 그치는 사람이 많고 그 미에 대해 깊은 흥미를 갖고 깊이 연구하려는 사람은 극히 드물다.

그러므로 미란 과연 어떤 현상인가 하는 문제에 직면하게 되면 새삼스레 미에 대한 지식이 부족함에 스스로 놀랄 것이다. 그러므로 무용이 추구하는 진정한 미란 어떻게 하여 우리에게 의식되는 것인가에 대해 알아볼 필요가 있다.

그러나 흔히 우리는 사물이 원만하게 조화되어 우리들의 감각이나 감정의 기쁨과 만족을 줄 때 아름답다고 말한다. 그래서 미(beauty)는 추(ugly)에 대한 상대적 개념으로 이야기되지만 그것은 구체적이기보다는 미적인 것의 일반적 추상개념으로 이해되고 있다. 고대 서양에서는 미에 관한 근본적인 이념은 리듬이나 조화나 극 부분 간의 하모니의 개념, 즉 한마디로 말하면 일반적인 공식과 다양함에 있어서 통일(unity in variety)과 결부된 것이다.

근대에 와서는 의의(significance)라든가, 표출(expression)이라든가, 생이 포함하고 있는 모든 것을 표명(utterance of all life contains)한 관념, 즉 다시 말해서 성격적(characteristic)인 개념을 크게 강조하고 있는 것을 볼 수 있다.

1 성서적 배경에서의 미(美)

일반적으로 무용은 아름다운 것, 아름답게 추는 것, 아름다운 신체를 만드는 것, 아름다운 외모를 가진 자들의 것이라는 통상적 관념과 무용은 사상, 감정을 자연스러운 신체의 움직임을 미학적으로 구성, 표현하는 것이라는 정의가 설정되기까지 긴 역사를 거쳤다. 인간의 긴 역사에 따라 형성되어 온 아름다움에 대하여 성서에서도 기록되어 있는데, 성서에 기록된 아름다움은 눈에 보이는 유형의 신체(육체)와 자연의 아름다움과 무형의 영혼의 아름다움을 기록하며 헛된 아름다움에 대하여서도 기록하고 있다.

■육체의 아름다움

창세기	12:11	그가 애굽에 가까이 이르렀을 때에 그의 아내 사래에게 말하되 내가 알기로 그대는 아리따운 여인이라
	24:16	그 소녀는 보기에 심히 아리땁고 지금까지 남자가 가까이 하지 아니한 처녀더라 그가 우물로 내려가서 물을 그 물동이에 채워가지고 올라오는지라
	29:17	레아는 시력이 약하고 라헬은 곱고 아리따우니
사무엘상	16:12	이에 사람을 보내어 그를 데려오매 그의 빛이 붉고 눈이 빼어나고 얼굴이 아름답더라 여호와께서 이르시되 이가 그니 일어나 기름을 부으라 하시니라
	25:3	그 사람의 이름은 나발이요 그의 아내의 이름은 아비가일이라 그 여자는 총명하고 용모가 아름다우나 남자는 완고하고 행실이 악하며 그는 갈렙 족속이었더라
사무엘하	11:2	저녁때에 다윗이 그의 침상에서 일어나 왕궁 옥상에서 거닐다가 그곳에서 보니 한 여인이 목욕을 하는데 심히 아름다워 보이는지라
	14:25	온 이스라엘 가운데에서 압살롬같이 아름다움으로 크게 칭찬 받는 자가 없었으니 그는 발바닥부터 정수리까지 흠이 없음이라
에스더	1:11	왕후 와스디를 청하여 왕후의 관을 정제하고 왕 앞으로 나아오게 하여 그의 아리따움을 뭇 백성과 지방관들에게 보이게 하라 하니 이는 왕후의 용모가 보기에 좋음이라
	2:7	그의 삼촌의 딸 하닷사 곧 에스더는 부모가 없었으나 용모가 곱고 아리따운 처녀라 그의 부모가 죽은 후에 모르드개가 자기 딸 같이 양육하더라
욥기	42:15	모든 땅에서 욥의 딸들처럼 아리따운 여자가 없었더라 그들의 아버지가 그들에게 그들의 오라비들처럼 기업을 주었더라
다니엘	1:15	열흘 후에 그들의 얼굴이 더욱 아름답고 살이 더욱 윤택하여 왕의 음식을 먹는 다른 소년들보다 더 좋아 보인지라
사도행전	7:20	그때에 모세가 났는데 하나님 보시기에 아름다운지라 그의 아버지의 집에서 석 달 동안 길리더니

육체의 아름다움을 구분하면, 여인의 아름다움, 소녀의 아름다움(남자를 가까이 하지 않는), 여인의 아름다움, 다윗의 아름다움, 여인의 총명함과 아름다움, 벗은 여인의 아름다움, 남자의 아름다움, 황후(여인)의 아름다움, 용모, 다니엘의 용모, 세상을 본받지 않은 정욕, 하

나님께 순종함을 아름답다고 하였다.

■자연의 아름다움

전도서	3:11	하나님이 모든 것을 지으시되 때를 따라 아름답게 하셨고 또 사람들에게는 영원을 사모하는 마음을 주셨느니라 그러나 하나님이 하시는 일의 시종을 사람으로 측량할 수 없게 하셨도다
이사야	35:1~2	광야와 메마른 땅이 기뻐하며 사막이 백합화같이 피어 즐거워하며 무성하게 피어 기쁜 노래로 즐거워하며 레바논의 영광과 갈멜과 사론의 아름다움을 얻을 것이라 그것들이 여호와의 영광 곧 우리 하나님의 아름다움을 보리로다
호세아	14:6	그의 가지는 퍼지며 그의 아름다움은 감람나무와 같고 그의 향기는 레바논 백향목 같으리니
마태복음	6:28~29	또 너희가 어찌 의복을 위하여 염려하느냐 들의 백합화가 어떻게 자라는가 생각하여 보라 수고도 아니 하고 길쌈도 아니 하느니라 그러나 내가 너희에게 말하노니 솔로몬의 모든 영광으로도 입은 것이 이 꽃 하나만 같지 못하였느니라

상기의 말씀을 살펴볼 때 자연의 아름다움은 우리의 화려한 의복보다 아름다움을 알 수 있다.

■영혼의 아름다움

에스겔	16:14	네 화려함으로 말미암아 네 명성이 이방인 중에 퍼졌음은 내가 네게 입힌 영화로 네 화려함이 온전함이라 나 주 여호와의 말이니라
에베소서	5:27	자기 앞에 영광스러운 교회로 세우나 티나 주름 잡힌 것이나 이런 것들이 없이 거룩하고 흠이 없게 하려 하심이라
베드로전서	3:3~4	너희의 단장은 머리를 꾸미고 금을 차고 아름다운 옷을 입는 외모로 하지 말고 오직 마음에 숨은 사람을 온유하고 안정한 심령의 썩지 아니할 것으로 하라 이는 하나님 앞에 값진 것이니라
요한계시록	21:2	또 내가 보매 거룩한 성 새 예루살렘이 하나님께로부터 하늘에서 내려오니 그 준비한 것이 신부가 남편을 위하여 단장한 것 같더라
시편	39:11	주께서 죄악을 책망하사 사람을 징계하실 때에 그 영화를 좀 먹음같이 소멸하게 하시니 참으로 인생이란 모두 헛될 뿐이나이다(셀라)

－계속

시편	49:14	그들은 양같이 스올에 두기로 작정되었으니 사망이 그들의 목자일 것이라 정직한 자들이 아침에 그들을 다스리리니 그들의 아름다움은 소멸하고 스올이 그들의 거처가 되리라
시편	149:4	여호와께서는 자기 백성을 기뻐하시며 겸손한 자를 구원으로 아름답게 하심이로다
잠언	11:22	아름다운 여인이 삼가지 아니하는 것은 마치 돼지코에 금고리 같으니라
	31:30	고운 것도 거짓되고 아름다운 것도 헛되나 오직 여호와를 경외하는 여자는 칭찬을 받을 것이라
이사야	28:1	에브라임의 술 취한 자들의 교만한 면류관은 화 있을진저 술에 빠진 자의 성 곧 영화로운 관같이 기름진 골짜기 꼭대기에 세운 성이여 쇠잔해 가는 꽃 같으니 화 있을진저

기록된 말씀을 분석하면, 또한 하나님의 백성, 겸손한 자, 육신적으로 화려한 자도 하나님께서 입힌 영화 때문에 더욱 아름답다고 한다. 외모, 외관의 아름다움보다 내면의 온유, 안정된 심령이 아름답다. 티나 주름 잡힌 것이 없는 거룩한 것이 아름답다. 남편을 위하여 단장한 신부는 아름답다. 남녀가 공의, 지혜, 총명, 용모의 아름다움을 소유한 자가 시대에 드물지 않게 있었으며, 자연의 아름다움은 우리 인간이 지어낸 그 어떤 것보다도 아름답다고 하였다. 하나님의 백성은 겸손하고, 교만하지 않아야 하며 육신적으로 화려한 자일지라도 하나님의 영화로움을 입지 않으면 정녕 아름답지 못하다고 하였다. 외모, 외관의 아름다움보다 내면의 온유, 심령의 평안함을 강조한다. 나아가 죄악과 불의한 것, 정직하지 못하고 절제되지 않은 본분에 어긋나는 것들을 비롯하여 여호와를 경외하지 않는 것은 아름답지 못하다는 것을 알 수 있다.

우리는 아름다움이라는 것이 가지는 외형적임 힘을 볼 수 있다. 그러나 있는 그대로의 아름다움을 볼 수 있고, 발현할 수 있을 때에 아름다움의 영향을 선하고 더욱 아름다워질 수 있다. 아무리 아름답더라도 그 가치를 지키지 못하면 그 아름다움은 이미 영향력을 잃고, 보는 이로 하여금 찌푸리게 하는 추함으로 변하여 그 가치를 잃게 되는 것이다. 즉, 내·외면의 조화가 중요하다는 것을 알 수 있다.

외면적인 요소로서의 육체(신체)의 미학적 가치와 내면적인 요소로서의 영혼의 가치에 대하여 그리스도의 시선으로 바라볼 수 있어야 할 것이다. 창세기 1장 31절 하나님이 지으신 그 모든 것을 보시니 보시기에 심히 좋았더라 하셨던 말씀 그대로 어떠한 거스름이나 막힘이 없어야 할 것이다.

무용에서 신체는 도구요, 목적이고 본질이다. 즉, 인간의 인격체라는 도구와 본질이고 목적이라는 것이다. 세상에 존재하는 모든 유·무형의 현상은 인간으로부터 시작하여 인간을 대상으로 인간을 위하여 나타나는 것이다. 많은 예술 중에서 특히 무용은 유물론적 신체적 특징에 치우칠 수 있는 요소를 지니는데, 항상 인간의 회복을 무용의 어떤 현상, 발전, 기획 보다도 우선시해야 한다. 즉, 몸과 마음의 조화를 통한 무용미의 추구를 지속적으로 견지해야 하는 것이다.

무용은 내·외면적인 구조의 최상의 형상인 신체와 영혼으로 항상 보여주고 드러나는 행위를 지속해야 하는데 인간과 인간과의 갈등은 언제 어디서든지 발발하는 것을 알고 있다. 무용은 많은 사람들에게 감상의 대상이 되고 있으며 전 교육과정, 공연과정 등을 통하여 내적으로 다양한 갈등을 가질 수밖에 없는 독특한 예술이지만 어떤 환경에도 요동하지 않는 순전하고 건강한 영혼에 대한 지속적인 사모함과 훈련이 요구된다.

2 일반적 의미에서의 미(美)

러시아의 대문호 톨스토이는 예술은 선(善)을 촉진하는 것으로 자기가 경험한 느낌을 의식적으로 일정한 외면적인 부호로써 타인에게 전하고, 타인은 이 느낌에 감염되어 이를 경험한다는 것으로 성립되는 인간의 작업이며, 그것은 개개인 및 인류의 생활과 행복의 발걸음에 없어서는 안 될 인간 상호 간의 교류수단이며, 모든 사람을 동일한 사람으로 동일한 감정으로 통일하는 수단이라고 하였다.

각 시대마다 그 시대의 미학의 기준은 달랐다. 우리가 추구하는 진(眞)·선(善)·미(美)를 비롯하여 많은 미학의 정의가 있어 왔으나 톨스토이는 시대마다 그 시대적 배경이나 사회가 가지는 목적에 따라 달라지는 진리와 아름다움, 가치와 관념 등이 아닌 시간의 흐름에 변하지 않는 선(善)을 통하여 많은 사람들에게 종교적 자각성을 통하여 좋은 예술을 감염시켜야 한다고 하였다.

　다음의 표들을 통해서 16세기 처음 미학이 창설되었을 때부터 지금까지의 나라별로 주장이 유사한 학자들을 분류한 내용은 다음과 같다.

■독일의 미의 개념

정의	학자	목적 및 내용
질서	바움가르텐 (Alexander Gottlieb Baumgarten, 1714~62)	쾌감, 자연의 모방
선	줄체르	도덕성의 완성
	멘델스존 (Moses Mendelssohn, 1729~86)	
	모리츠	
미	빙켈만 (Johann Joachim Winckelmann, 1717~68)	외형미, 조형미
	레싱	
	헤르더	
	괴테	
	하르트만 (Eduard Hartmann, 1842~1906)	미는 외견에 존재
	칸트	쾌감, 목적에 조화를 이룬 사물의 형식
	실러 (Friedrich Schiller, 1759~ 1805)	쾌락
조화	피히테 (Johann Gottlieb Fichite ,1762~1814)	아름다운 마음 속 존재하는 인간 전체의 교육
	프리드리히 술래겔 (Friedrich Schlegel, 1772~1829)	예술, 자연, 사랑의 조화
	아담뮐러 (Adam Muller, 1779~1829)	생활의 예술이 최고

－계속

정의	학자	목적 및 내용
조화	셸링 (WF..Joseph Schelling, 1775~1854)	인식의 최고수단이 미
	졸거 (Solger, 1780~1819)	창조와 유사형태
	크라우제 (K.C Friedrich Krause, 1781~1832)	인간 정신 속 존재를 실현. 최고는 생활예술
관념	헤겔 (G.W.Friedrich Hegel, 1770~1831)	정신의 표현
	피셔 (Theodor Vischer, 1807~87)	최고의 인격을 대상으로 표현
진	바이제 (Weisse, 1801~66)	조화를 이룬 진
	루게 (Rrnold Ruge, 1802~87)	조화된 진
판단	헤르바르트 (J.Friedrich Herbart, 1776~1841)	표현하지 않는 사물도 아름다움
	쇼펜하우어 (Arthur Schopenhauer, 1776~1841)	의지의 객관화
자아	슈나제 (Karl Schnasse, 1798~1875)	자연 속에 없는 조화 의식
활동	키르흐만 (Kirchmann, 1802~84)	지식, 부, 윤리, 신앙, 정치, 미 6가지에서 활동
인식	베르크만	주관적으로만 인식, 누구를 즐겁게 하느냐
감각초월	융만 (jungmann, ~1885)	관조에 의한 쾌감 제공, 사랑의 기초

■영국의 미의 개념

정의	학자	목적 및 내용
진	새프츠베리 (A.A.Cooper shaftesbury, 1671~1713)	조화와 균형
	허치슨 (Francis Hutcheson, 1694~1746)	선과 개별적, 반대될 수 있음
쾌	홈 (Lord Henry Home Kames, 1696~1782)	미란 유쾌한 것
자기보존 사회공존	버크 (Edmund Burke, 1720~97)	원천은 자기보존의 숭고와 사회공존의 성욕
취미	리드 (Forrest Reid, 1704~96)	바라보는 사람의 여하
	에라스무스 다윈 (Erasmus Darwin, 1731~1802)	자신과 관련되고 사랑하는 것
	토드헌터 (Issac Todhunter)	문화성에서 발견
	몰리 (John Morley, 1838~1923)	마음속의 존재
	커 (William paton Ker)	객관적 세계를 이해하는 수단
	나이트	주관과 객관의 일치, 자연전반의 공통성
유희	스펜서 (Herbert Spencer, 1820~1903)	실제행위의 모방
생리적 기반	그랜트 앨런 (Grant Allen)	최소의 소모로 최대의 자극

■프랑스의 미의 개념

정의	학자	목적 및 내용
미	페드 앙드레(Pere Andre)	신성미, 자연미, 인공미
	피크테(R.P.Pictet)	감성적 형상 속 신성한 관념의 자유로운 표현
	레베크(Leveque)	자연에 가려져 눈에 띄지 않는 것
	라베송 몰리엥 (Ravaisson-Mollien, 1813~1900)	가장 완벽한 미는 세계의 신비를 포함
관념	덴 (Hippolyte Adolphe Taine, 1828~93)	
	셰르뷜리에 (Victor Chervuliez, 1829~99)	정신작용에 의해 인식
	코스텔 (Charles Coster, 1827~79)	본질의 통일과 구성요소의 다양성
진	라셜리에(Jules Lachelier)	
생리적 기반	마리오필로 (Mario Pilo)	쾌락
모방	바토 (Batteux, 1713~84)	자연미의 모방이자 쾌락
	큐쟁 (Victor Cousin, 1792~1867)	예술-모방, 미-쾌감, 본질-통일성 속 다양성
	주프루아 (Theodore Jouffroy, 1796~1842)	눈에 보이지 않는 것이 자연의 형상으로 표현
종교	피에랑 제바에르 (Fierens Gevaert)	
신	사르 펠라당 (Sar Peladan, 1858~1918)	
외부표현	베롱 (Veron, 1825~89)	선,형,색의 결합, 감정을 외부에 표현
생명표현	귀요 (Marie Jean Guyau, 1854~88)	

정의	국가	학자	목적 및 내용
쾌락	네덜란드	햄스테르휴이스 (Hemsterhuis, 1720~90)	짧은 시간 최대의 지각
자기보존 사회공존	이탈리아	피가노 (Pagano)	미와 선은 융합

이상의 미에 관한 나라별 견해들은 독일은 11가지, 영국은 6가지, 프랑스는 9가지, 기타 2가지의 정의를 살펴볼 수 있었다. 이러한 견해들은 예술의 범주와 미에 대한 견해의 차이라고도 볼 수 있다.

첫째, 진, 선, 미는 각 나라마다 그 개념이 존재하였음을 알 수 있는데, 예술은 선과 미가 결합되어 예술의 목적성을 부여한다는 것을 알 수 있다. 둘째, 선과 미는 개별적인 것으로 미적인 것에서 아름다움을 얻는 쾌로서 순수예술론적 성향으로 나타난다. 이것은 예술이 아름다움을 창조하는 작업으로 귀결할 것인지, 아니면 예술이 특정한 목적을 가지고 표현 수단을 통해 달성하여, 인류에게 미치는 사회적 역할로써 상호 간의 소통과 전달의 매개체로 예술을 바라볼 것인가 하는 견해를 갖게 한다.

1) 미의식(美意識)

미란 아름답다고 느끼는 의식현상으로서 미의 대상을 볼 때 개별적 성격요소는 내용, 형식, 형태, 색채 등 너무나 다양하다. 그렇지만 그로 인해 미의 본질을 찾기가 어렵다. 반대로 보편적 요소는 미를 추구하기 위한 기본적인 조건 요소로 다양한 개별성을 가진 대상에서 보이는 공통된 요소로 미의식에서는 중심적인 요소이며 미적 시각성이 가장 먼저이다.

미를 의식함에 있어 단순히 대상을 눈으로만 보거나 혹여 의식하지 않아도 살아 있음 그대로의 인간의 자유로운 생을 자각하는 것이다.

무용을 예로 들어 살펴보면 다음과 같다.

■무용의 개별성

종류	한국무용	현대무용	발레
의상	코슈즈, 버선, 한복	맨발, 크게 구애받지 않음	슈즈, 토슈즈, 튜튜
움직임의 특징	호흡을 바탕으로 한 정중동의 움직임 추구	규정된 형식, 기교와 자유와 새로움을 추구	정형화된 움직임 속에서 활동
음악	굿거리 등의 한국적 장단	모든 음악이 사용가능함	클래식 위주의 음악
목적	연희, 종교적, 민속적	형식에 매이지 않는 자유	연희를 목적으로 시작하여 몸의 아름다움 표현 추구
무대	궁중, 열린 공간	극장	궁중, 극장

■무용의 보편성

목적	신체를 바탕으로 한 표현
자매예술	세 장르의 무용 모두 음악, 문학, 미술, 분장, 의상, 소품, 조명 등의 자매예술의 협력이 필요
대상	모든 계층에서 이루어졌으나 향유계층의 편중현상을 보임
Staff	인과관계를 형성
무용수	무용수의 기량과 열정 등 고려
행정	기획, 홍보, 매니지먼트 전략이 필요

2) 미의 대상(對象)

고바야시 신지의 「무용미학」에서는 미의 대상을 자연, 운동, 행위, 예술, 의장(意匠)이라는 다섯 가지로 분류하였다.

(1) 자연계의 미

일상생활에서 미적 대상으로 자주 접할 수 있는 것이 자연현상이다.

미의 소재인 대상이 미적 시각성으로 보일 때 비로소 미가 성립되는 것이다.

동일한 대상에 대해서도 미의식의 차이가 존재한다.

(2) 운동의 미

인간의 일상생활 중의 행위나 운동에서의 많은 아름다움을 발견할 수 있다. 운동미의 요소에는 운동의 형식, 형태라는 요소가 표현적 가치를 차지하고 있으나 이것만으로는 운동미를 발견할 수 없다. 운동미에는 표현적인 요소 외에도 정신적인 요소가 더해져야 한다.

일반적으로 볼 수 있는 신체운동의 미는 목적의지와 신체운동이 합치될 때 인정된다.

(3) 생활행동의 미

일상생활의 행동이 미의 대상이 되기 위해서는 정신적인 요소가 중요한 역할을 한다. 그러므로 행동에 대한 정신적인 요소의 바른 자세를 이해하지 않으면 참다운 생활행동의 미를 발견할 수 없다.

생활행동의 미를 일반적으로 도덕미(道德美)라고도 표현한다. 생활행동의 미를 발견하기 위해서, 그리고 생활행동의 미를 형성하기 위해서 미적 시각성을 가지는 것이 그 전제조건이 될 것이다.

(4) 예술의 미

우리들이 예술작품을 볼 때 미를 느낄 수 있다. 예술작품에서 미를 느끼는 상태는 자연현상에서 미를 느끼는 상태와 같다.

예술 활동의 미는 창작의욕에서 출발하여 창작활동의 과정을 거쳐 창조되는 것이다. 창조력을 가진 생명에 의한 미의 창작과정에서 형성된 창조적인 미와 예술작품을 미적 시각성으로 바라보는 감상안의 미, 이 두 가지의 미야말로 예술의 본질적인 미라고 할 수 있을 것이다.

(5) 의장미(意匠美)

의장미는 단순히 생활을 벗어난 추상적인 아름다움만이 아니라 생활의 목적에 적합한 아름다움이지 않으면 안 된다. 의장미란 집이든 가구든 구조역학(構造力學)의 이치에 맞아야 하며, 사람들이 편리하게 사용할 수 있도록 고안된 미적인 조형물(造型物)이어야만 한다.

3) 미적 시각성(視覺性)과 표상성

고바야시 신지는「무용미학」에서 미적 시각성과 표상성에 대하여 다음과 같이 밝히고 있다.

대상을 본다는 것과 대상이 보인다는 것은 같은 현상인 듯하나 정신활동 상태라는 점에서 성격의 차이를 볼 수 있다.

미를 형성하기 위해서는 적극적으로 보려고 하는 미적 태도가 필요하며 이러한 태도는 시각성의 필수조건이자, 무시하고서는 미를 발견할 수 없다.

시각성의 조건은 대상과 살아 있는 인간과의 대결로 인간은 대상을 미적으로 보려고 하는 적극적인 의지를 가져야 한다.

표상성이란 시각성에서 미를 형성하는 활동을 의미하는 것으로 자유로운 생명을 통해, 내·외면적으로 미를 창조해나가는 활동을 말한다. 표상활동에는 내면적인 활동과 외면적인 활동이 있다

표상을 형성하는 형식이란 대상의 형태나 색채 등이 중요한 미적 요소가 되며, 이 요소들이 강조·확대되거나 압축·축소되어 구성되는 것이다.

예술이란 독자적인 생명이 자각한 내용을 미로 형식화한 것으로, 미의 표상성을 표현한 것이 예술이다.

표상활동 안에 존재해야만 재료와 기술이 가치를 인정받을 수 있으며, 표상활동 안에 존재하는 기술에 의해 예술작품이 형성되는 것이다.

■표상활동의 구조

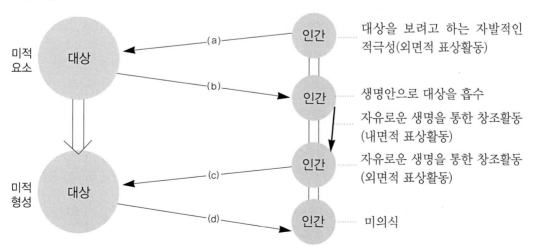

4) 미적 체험

미적 체험(美的 體驗)이란 표상활동이 발전해 나감에 따라 의식활동상에 형성되는 각종의 축적된 경험을 의미한다. 감상하는 입장인 향수적(享受的) 활동과, 작품을 창작하는 입장인 구체적 제작활동으로 나눠진다.

미적 체험에서 미의식은 보편적인 성격과 개별적인 성격을 모두 가지며 인간의 개성과 시 삭성의 싶이와 관계가 있다. 대상을 보는 감정이 생성되고 이러한 감정이 새로운 생명력을 갖게 한다.

미적인 태도로 대상을 시각이나 청각 등 오감을 통해 자신의 내면에서 감각적으로 받아들이는 미적 직관은 직접적인 태도이며 그 바탕에는 생명이 존재한다는 것과 표상활동에 발전적인 방향을 부여한다는 것, 그리고 시간적 단축을 꾀한다는 세 가지 본질적인 요소가 존재한다.

미적 체험의 실제

필자의 무용미학강의 중에서 학생들에게 미적체험을 하도록 하였다. 그중 세 가지 사례이다.

▪음악을 통한 미적 체험
Seulgidoong 중
작곡 : 이준호
해금 : 정수년

미의 느낌에 대한 이유	미의 개념	승화
이 음악은 겨울에 눈 덮인 설악산의 밤을 지내고 동트는 새벽을 맞는 아름다움을 그린 해금 독주곡이다. 신디사이저와 기타의 소편성 반주 위에 해금의 독특한 색깔과 선율이 조화롭게 어우러지는 이 곡은 연주자에게 고도의 기량을 요구하지만 듣는 사람들로 하여금 해금의 매력에 한껏 매료되게 만드는 작품이다. 해금의 소리는 슬픔이 배어 있다. 나는 개인적으로 해금이라는 악기를 좋아한다. 그 이유는 겉으로 표현하지 못하는 나의 가슴속의 슬픔을 대신 표현해주는 것 같기 때문이며 다른 사람들이 마음의 슬픔이나 반성, 기쁨을 저녁에 홀로 앉아 일기를 쓰듯이 나 자신의 마음의 혼란을 정리해주고 나 자신을 되돌아보게 한다. 해금은 새벽의 느낌이다. 새벽은 하루의 시작이며 인생의 시작이기도 하다. 밤은 일이 마무리되지만 새벽은 새로운 시작이며 새벽의 공기와 안개는 오염되지 않은 인생의 깨끗함이라고 할 수 있다.	예술미 자연미 (느낌) 우미 비장미	사랑 책임감 양보 성실성

■미술을 통한 미적 체험

수화 김환기(1936~1974)의 1948년 작품 〈나무와 달〉의 감상

우선 그림을 감상하는 접근 방식이 다분히 나의 주관적 견해임을 밝히고자 한다. 이는 작가의 의도와는 전혀 다른 나의 편협하고 졸렬한 견해가 될 수도 있기 때문이다.

수화 김환기 선생은 우리나라를 대표하는 화가 중 한 사람으로 서양화가이지만 그의 그림에는 한국적 미, 크게는 동양적인 미가 흐른다.

〈나무와 달〉에서도 동양적인 여백과 담채화 같은 거칠지 않은 이미지로 표현하고 있다. 이 그림에서 그는 표현하고자 하는 많은 것들을 과감하게 삭제하고 극히 단순한 선으로 표현했는데, 이 점이 특히 돋보인다. 주제인 나무와 달을 둥근 모양으로, 짙푸른 색조로 강조함으로써 느낌을 강조했다. 그러면서도 나무의 세모 모양이나 색의 농담으로 지루함을 배제했다. 또한 공간의 색을 희게, 나무와 달을 짙푸른 색으로 밤을 강조하여 표현함으로써 작가 자신의 고독함을 말하고 있다. 이는 너무도 감동적이다. 우리가 하고 있는 무용도 미술과 같은 공간예술이다. 공간 속에서 느껴지는 선의 아름다움, 우리의 선은 이조백자의 선처럼 군더더기 없고 간결하고 소박한 선이다. 또한 지나친 다양성을 피하고 통일감을 주어 주제를 강조하되 그 안에서 변화를 추구한다.

이렇게 볼 때 〈나무와 달〉은 내가 추구하고자 하는 예술과 방향을 같이 하고 있다. 극히 한국적인 미로써 화려하지 않은 단순미, 인위적이지 않은 자연미, 간결하게 반복되는 통일미 등이 내가 추구하는 예술미인 것이다.

■생활 속에서의 미적 체험

"아름다움 것이란 무엇인가?", "미적으로 보이는 것은 무엇 때문에 아름다워 보이는가?"에 대한 논제를 받고 일주일 동안 미적인 것을 찾으려고 많은 노력을 했다. 생각할수록 그것을 찾는 것은 잘 되지 않았다. 때에 따라서 주관적일 수도 객관적일 수도 있는 미! 이에 대한 고찰은 해야 하고 머릿속은 복잡해져 온다. 하지만 시간이 지나면서 미에 대해 조금씩 느낄 수 있게 되었다. 그것은 막연하기만 하고 추상적인 것이 아니라 감각을 수용적으로 능동적인 자세에서 받아들일 때 생활 속에서 쉽게 접할 수 있는 것들이었다. 내가 발견하고 느낀 것, 그것에 대한 이론적 분석을 말하고자 한다.

미라는 것은 추상적이고 애매한 단어이다. 그러기에 미라는 것을 찾기 위해선 우선 그것의 적용 범위가 어디까지인가를 알아봐야 했다. 미라는 것은 아름답다, 즉 'beauty'로 그 적용 범위가 매우 넓다. 독일어의 형용사 'schön' 사물, 행위, 사상 및 말, 마음씨, 때로는 실험, 조명, 저작 등에까지 사용된다. 미라는 것이 이와 같이 광범한 대상과 영역에서 이야기되는 것은 그리스어, 라틴어 'beauty'와 연관된 단어의 뜻에서도 알 수 있듯 훌륭한, 우아한, 고결한, 돋보이다 등의 의미와 연결되어 있고 일

체의 감각적 또는 정신적 즐거움을 대상에 따라 표현하는 말이기 때문이다. 그러나 미학에서 미(소위 아름답다)는 그 의미하는 범위가 좁아진다.

숭고미, 웅장미, 비극미, 희극미는 아름답다 하지 않지만 미와 본질적으로 같은 성질의 것으로 미학적 고찰의 대상이 되기 때문이다. 우리는 예술과 미를 혼동해서 말하기 쉽다. 앞에서도 말했듯이 미라는 것은 추상적이고 애매한데 반해 예술도 구체적이고 명확하며 미적인 것일 뿐만 아니라 종교적, 윤리적, 정치적, 사회적이라는 비(非)미적인 요소도 포함한다. 미의 범위에 대해선 이 정도로만 언급하기로 하고 일주일 동안 내가 발견하고 찾은 미에 대해 이야기하겠다.

일주일 동안 내가 느낀 미는 석양의 풍경, 친구의 편지, 향의 내음, 음식의 맛에서 느껴지는 미, 강가에 비춰진 산의 모습, 도서관 건물의 조형적인 모습에서 느껴지는 감정, 사진첩에서 본 여러 가지 느낌, 찬송가의 운율과 가사에 담긴 미…… 등등이었다.

노을진 하늘의 석양의 풍경은 자연으로서 가장 오래되었고 변함없이 광란한 빛을 발하고 태양을 상기시켜준다. 그것은 세상의 모든 말을 다스리는 강한 힘을 가지고 있으며, 지는 노을의 아름다운 색채와 나설 때와 물러 설 때를 아는 모습이 아름다움으로 비췄다고나 할까?

통학버스 안에서는 참 많은 현상을 보게 된다. 그날 따라 평소엔 그냥 지나치던 이름 모를 강에 비친 산의 모습이 아름다워 보였던 것은 report로 이내 나의 미의식이 관조적으로 변해 있었기 때문일까? 잠깐 본 그 강가에 비친 산의 모습은 신비스럽고 평화롭고 신성하게 보이기까지 했다. 산 속에는 반드시 기초가 되는 암석이 있고 그 강한 인상 때문에 산은 특별한 상징성을 얻게 되는 것 같다. 예로부터 우리에게는 강한 것을 좋아하는 습성이 있었다. 아마 죽은 이를 산에 묻는 것이 이 때문이 아닐까 한다. 수원엔 세워진 지 얼마 안 되는 선경도서관이 있는데 자료를 찾으러 그곳에 갔다가 건물의 상단 부분이 피라미드를 연상케 하는 디자인이 되어 있음을 보았다. 그것을 보며 조형물의 질서정연함, 강인함, 멋있음이 느껴졌다. 이집트의 피라미드와 경사가 급한 산의 모습이 떠올랐다. 피라미드와 산의 모양은 삼각형인 기하학적인 도형으로, 오랜 역사와 유구한 세월을 모진 바람에 그대로 견딘 강인함을 엿볼 수 있었기에 그 조형물에서 지음의 멋을 느낄 수 있었다.

그곳에서 사료를 찾다가 우리 고유의 벗이 남긴 향토성이 짙은 사진첩을 우연히 보게 되었다. 어느 날 대문 앞에 사내아이의 출산을 알리는 새끼줄에 빨간 고추와 소나무가지, 숯, 흰 헝겊을 단 채 걸려 있는 사진을 보았는데 여기서 느끼는 미는 색의 미였다. 황금색의 새끼줄에 달린 물건의 색, 빨강, 파랑, 검정, 흰색에서 우리나라의 오방색을 느낄 수 있었다. 황금색은 음기를 쫓는 주술적인 힘을 지니고 있고 황금을 상징하고 있다고 한다. 즉, 그 집에서 태어난 아기는 영적인 아이라는 뜻에서, 예수님이 태어났을 때 동방박사 중 한 사람이 황금을 바친 것과 의미가 상통한다고 생각된다. 또 메주를 말리는 것에서도 색다른 미를 느낄 수 있는데 메주는 오랜 숙성 끝에 자신의 모습과는 전혀 다른 것으로

탈바꿈한다. 하지만 여러 가지 음식 맛을 내는 기초적인 것으로 그 모양과 내음을 떠올릴 때 미를 찾아 볼 수 없으나 그에 연상되는 구수한 미각적 상상이 어떠한 미를 느끼게 한다.

이것은 음식을 섭취할 때 느끼는 신기루와 같은 미와 비슷하다고 생각한다. 음식의 맛에는 오미(쓴맛, 단맛, 신맛, 짠맛, 매운맛)와 향기가 있다. 이것은 요리하는 이에 따라 어떤 맛을 더 느낄 수 있는지 달라지며 음식을 섞으면서 얻어지는 맛은, 다른 것과의 조화, 어울어짐에서 얻어지는 향기와 같은 미가 아닐까 한다. 우리의 일상이 되어버린 차도 음식에서와 같은 향의 미를 느낄 수 있는 것이다.

그 사진첩에서 나의 눈을 끈 것은 창호지로 발라진 시골집의 문이 바로 그것이다. 창호지 문은 단아한 아름다움이 있다. 밤이면 평면적으로 움직이는 그림자가 투영되어 새로운 감각을 체험케 한다. 즉, 그것에서는 시각적인 것과 공간적인 멋을 발견할 수 있었다.

기다리던 친구의 편지가 도착을 했다. 그 편지지에서 느껴지는 미보다는 그 속에 담긴 친구의 정과 소식이 그렇게 아름다울 수가 없었다. 예를 들어, 책을 보다 자는 어린이의 평온한 얼굴이 연상되는 어린이 예찬, 느낄 수 있는 미, 연상의 미, 잔상의 미라고도 할 수 있다. 과거에 경험했던 것들이 추억으로 연상작용을 일으켜서 감동을 주는 것이다.

일주일 동안 내가 경험한 미의 마지막은 수요예배에 나가 예배시간에 불렀던 찬송가의 가사가 그렇게 은혜(소위 믿는 자의 감동)스러울 수 없었다. 이 역시 연상작용으로 인한 미라 생각된다.

이렇게 일주일 동안 내가 일상에서 발견한 미에 대해 나름의 경험과 느낌을 솔직하게 적어보았다. 그리고 이것을 미학적인 이론에 이렇게 적용하고자 한다.

미의 영역에서는 예술미, 자연미가 있다고 한다. 예술미는 미가 가장 순수하고 고도로 실현 발휘되는 것이며 예술이야말로 미의 전형적인 형태이다. 예술미의 종류로 건축미, 조각미, 회화미, 음악미, 무예미, 또는 동일한 미적 대상에 있어서도 형식미와 내용미가 있다. 위에서 도서관 건물에서 본 디자인의 아름다움, 예배시간에 느낀 찬송가의 심금을 울리는 음률과 어린이의 예찬을 보고서 연상되는 미는 모두 예술미의 종류에 속한다고 생각한다.

미의 넓은 의미인 자연미는 풍경의 미를 가리킨다. 풍경의 미를 인간의 일상사, 역사, 사회활동을 포함하여 현실 체험 속에서 체험되는 미인 것이다. 즉, 호수에 비친 산의 모습이라든지, 석양의 모습을 보고 느낀 체험된 미가 여기에 속한다. 미 개념 성립의 근거는 객관적 측면과 주관적 측면이 있다. 객관적인 것은 객관적 존재로서 예술작품이다. 일반적으로는 미적 대상인 측면으로부터 연구하는 것이고 주관적인 것은 미적 대상을 파악하는 주체의 태도 또는 작용의 측면에서 미를 연구하는 것을 말한다.

미적 영역에는 세부적으로 미적 대상과 미적 작용, 미적 체험을 말하고, 미적 대상은 추월적 대상이 아닌 의식에 내재한 대상이며 미적 체험은 수용적 측면과 생산적 측면이 있다.

이상으로 미의 개념에서부터 영역에 이르기까지 체험한 것을 토대로 미에 대해 서술해 보았다. 위에서 설명했듯이 이것은 미(美)이다 저것은 예술(art)이다라고 규명할 수 없는 것처럼 미라는 것은 다양한 감정에서 얻어지는 것이라 할 수 있다. 즉, 미의 개념이 주관적, 객관적 양면의 상호 관계에서 성립되는 것이기 때문에 미적 체험이 그 본질적 직관과 감정이라는 두 개념의 융합과 통일에 있는 이상 양면으로 연구해야 한다. 생활 속에서 미를 찾는 노력으로 사물을 관조할 때 긍정적이고 수용적인 태도로 일주일을 보낼 수 있었다.

앞으로도 이런 태도로 사물과 주변의 모든 것을 바라보는 미적 시각을 기를 수 있도록 노력해야겠다.

■작품을 통한 미적 체험

졸업 작품 (그날 이후……Ⅱ)을 통한 미적분석

미란 것이 시각적으로만 만족하는 것이라면 얼마나 단조로운가…… 이 작품에선 독특한 괴기스러움을 통해 정신적 미, 심리적 미, 감각적 미에 초점을 두었다. 이런 미적 체험을 통해 시각적 미가 부수적으로 따라온다면 그걸로 족하다는 생각을 했다.

무대그림을 보면 천장에서 파이프들이 얽혀 바닥에 닿고, 이 선들과 방독면이 연결된다.

그리고 무용수는 방독면을 쓴 채 기계깔대 속에 깔려 있다. 이 그림 안에서 박동소리가 들려오면 무용수는 꿈틀거린다. 고조되면서 방독면을 내팽개치고 기계깔대를 뚫고 나온다. 첫 등장부터 관객은 공포를 느끼게 된다. 이 공포가 과연 시각을 통해서만 온다고는 말할 수 없을 것이다. 의식에서의 기준이 없다면 우리는 이 첫 장면이 재미있는지, 무서운지, 평화로운지 등의 판단을 내릴 수 없다. 또한 의식적으로만 개념이 서 있다면 그것은 껍질에 불과하다. 정신적, 시각적, 감각적, 심리적인 요소들이 함께 작용해 그런 감정을 자아낸 것이다.

동작미를 분석해 볼 때, 사실 전공이 한국무용이기에 작품이미지에 맞게 안무하는 데 한계가 많았다. 한국 춤의 부드럽고 곡선적인 미에서 괴기스러움을 끌어내 강한 감각으로 숨 쉬게 하기란 처음에 불가능해 보였다. 그러나 이미 작품계획서나 음악, 소품 등이 공식화된 터라 포기하기엔 시기를 놓쳐버렸다. 나는 해내야만 했다. 안무할 때마다 고통스러움을 느꼈으며, 하루는 힘들어서 운 적도 있었다. 그러다가 나의 잠재력을 끌어낼 만한 장소를 발견했다. 그곳은 허술한 체육관 건물이었다. 창문은 뿌옇고, 금이 가거나, 덜컹거렸으며, 바닥에는 오래된 마루 끝에 구멍이 나 있기도 하고, 하수구가 나 있는 곳도 있다. 또한 검도연습용 타이어와 매트 등…… 그리고 철문, 긴 복도, 암흑, 이곳에서 나는 연습을 시작했다. 밤 11시부터 새벽 5시 정도까지. 3일 만에 동작을 완성했다. 고통의 터널을 지난 것이다. 이후 나는 편안하게 동작을 다듬고 수정하는 작업과 반복된 연습으로 하나의 작품을 태어나게 했다.

이러한 과정 속에서 나는 동작미를 끊임없이 의심하며 의식하고 안무 작업에 임했었다. 곡선, 춤의 템포, 높낮이, 동작의 변형을 통해 작품이 미에 벗어나지 않으면서 한국적인 라인을 살려 새로운 미를 탄생시키려 시도했으며, 또한 '아리랑'이라는 전위적인 음악을 어렵게 구해 이미지에 플러스 요소로 작용하게 했다. 이 음악이 흐르는 동안 원래 창호지로 만든 흰 종이 인형을 물고 추는 것으로 구상되었으나 묵살되고 그냥 종이를 천처럼 들고 사용하게 되었다. 작품에 있어서 아쉬움이 남았으나 작품주제에 벗어나지 않은 정도로만 만족하기로 했다. 나는 이런 일련의 과정을 통해서 미의 기준을 잡아갔으며 이를 관객이 느껴주기 바랬다.

과제 점검 후기

오랜 기간 학생들과 미적 체험을 하도록 과제를 주었을 때 경험된 일반적인 미적 감각과 무용할 때의 미적 감각은 상호 간 보완, 적용 작업이 잘 성립되고 있지 않음을 알게 되었다.

일상생활에서의 미와 예술 속에서의 미는 현실과 이상이라는 별개의 세계에서 격리되거나 차등화 작용 및 상호 비유기적 작용을 일으키고 있으므로 무용의 장기간 연습과 노력, 고민이 수반하였음에도 관객을 감동시킬 수 없는 진정한 미로부터 이탈 작용을 하고 있음을 알 수 있었다.

즉, 일반적인 미적 체험은 인간적이며 보편성이 많은 것을 알 수 있고 예술로서의 무용체험은 비상식적, 비인간적인 면과 개별성이 농후하여 공감대 형성이 비교적 낮은 것을 의미한다.

5) 일반적인 미의 유형

고바야시 신지의 무용미학에서 나타나는 미의 일반적인 유형으로 11가지로 분류하였다.

(1) 우미

우미란 외면적으로나 내면적으로나 그 대상에서 어떤 저항도 느끼지 않고 순수하게 그 아름다움을 만족할 수 있는 종류의 미이다.

(2) 화려한 미

우미에서 외면적인 양이 증가할 때 나타나는 미의 종류이다.

(3) 장려한 미

우미에서 내면적인 질이 향상이 되면 나타나는 미의 종류이다.

(4) 단아미

화려미와 반대로 우미에서 외면적으로 작아지면 나타나는 미의 종류

(5) 가련한 미

우미에서 내면적으로 작아지면 가련한 미가 구성된다.

(6) 염려

우미가 관능과 맺어지면 생성되는 2차적인 유형의 미

(7) 숭고미(崇高美)

숭고미에는 외면적인 양과 내면적인 깊이가 존재하며, 그 위대함에 생명의 부정(否定)마저 느끼게 하는 힘에 직면하게 된다.

숭고미의 특징요소로 선이나 면, 색조의 강렬한 파동, 윤곽을 무시한 조형 등을 들 수 있다.

(8) 비장미(悲壯美)

생명에 의해 부정적인 성격을 비애의 전형적인 성격으로 둘 수 있다. 이 부정적인 성격이 비애를 불러일으키지만 이 비애의 내면에는 생명에 대한 강한 공감을 부르는 요소가 존재한다. 이 공감에 의해 생명의 자각이 촉진되며 비장미가 형성되는 것이다.

(9) 골계미(滑稽美)

골계미의 전형적인 성격으로 부조화, 기대소실, 무가치의 발견이란 요소를 들 수 있다.

(10) 유현미(幽玄美)

유현미란 명확한 윤곽이 없는 무한한 세계가 부정적인 작용 속에서 우미와 관련을 가지게 될 때 형성되는 미이다. 동양미의 독특성을 지니고 있다.

(11) 동양미

현대 서양세계로부터 미의 극치라고 불리는 가치를 가진 미로 인식된다. 대표적으로 조신하다, 나빌레라, 즈려밟다 등을 들 수 있다.

6) 표현에서의 미의 유형

무용예술의 최종적인 목적을 표현으로 보았을 때 표현에서 발생되는 미에서는 다음의 6가지의 미의 종류를 찾을 수 있다.

(1) 운동미

무용작품 속에서 부분적 혹은 단편적인 아름다운 운동이 있으며 작품 전체가 그와 같은 아름다운 운동으로 되어 있는 것도 있다. 이러한 경우 아름다운 운동 그 자체가 무용미이다. 작품의 내용이나 표현이 직접적으로 관계가 없어도 운동의 아름다움 그 자체가 감상자를 감동케 할 수 있다. 무용에서 아름다운 운동은 리듬을 가진 운동이 아닌 관찰자에게 감동을 줄 정도의 운동의 연기여야 하는 것이다.

이는 우수한 연기여야 하며 아름다운 운동이 되기 위한 조건으로서는 먼저 잘 훈련되고 숙달되며 세련되고 아름다운 운동이 되어야 하는 것이고 이를 위해 교치성은 꼭 필요한 것이다.

무용은 운동의 예술이며 무용 작품의 모든 운동은 어떤 의미에서든 아름다운 운동이어야 한다. 이는 원칙적으로 자연운동, 즉 아름다운 운동으로서 무용이 이루어졌기 때문이나 운동이 작품 전체를 대표하는 인상의 주체가 되는 것은 예외적이다.

운동미와 인상의 주체가 되는 것은 창조적 운동이며 잘 훈련되어 숙달되고 세련된 운동이며 그 운동만으로도 관객에게 미적 감정을 불러일으킬 수 있는 것이다.

(2) 형식미

무용창작에 있어 그 소재인 운동에 대한 예술적 파악의 방법의 형식이 형식미이다. 이러한 형식의 개념은 미적 개념이며 미적 개념은 형식 개념이다. 모든 예술은 어떠한 형식에 의해서 무용작품도 되고 광의적인 표현도 되는 것이며 예술이란 형식이라는 의미의 형식이 될 수 있는 것이다.

무용미는 무용의 형식미에 의해서 성립되며 대표되는 경우도 있다. 그 무용작품의 형식이 훌륭하고 아름답기 때문에 그 작품을 아름답다고 하는 경우이다.

즉, 무용에는 기본 형식이 있고 이것은 미적인 것이다. 여러 가지 종류의 Symmetry, Contrast, Parallel, Balance 등과 같은 것이다. 그러나 무용미로서의 형식은 이와 같이 기본적이고 보편적인 것이 아니라 예술가 개개인이 그 작품마다 창작된 새로운 형식을 말하는 것이다.

(3) 구성과 처리의 미

무용작품의 구성은 공간적인 요소를 제외하고는 생각할 수 없는 것이다. 그러나 구성의 주체는 시간적인 진행 또는 경과이다. 즉, 무용이 시작되어 끝날 때까지 Motive가 어떻게 취급되고 어떻게 발전하여 그것이 어떻게 처리되어서 끝나는가 등이 무용의 구성이며 처리는 구성의 일부인 것이다. 이것은 작품의 Motive 전개 중에서도 이루어지나 종지부에서 큰 역할을 하게 된다. 작품구성의 처리에는 내용적 처리와 형식적 처리의 두 가지가 있는데, 내용의 처리는 대부분의 경우 거적처리(據的處理))되며 그 성공에 의해서 영감을 낳게 된다. 또 하나의 처리는 형식상의 처리이다. 이 둘 중 어느 것이든 구성과 처리의 아름다움은 무용미에 대한 내용 중의 하나이며 그것이 무용미 그 자체가 되는 것이다.

(4) 감정묘사의 미

감각과 감정은 밀접하게 연관되어 있으며 이것을 분리해서 취급하기란 어렵다. 그러나 무용에서는 기쁨, 슬픔과 같은 것을 감정으로서, 그리고 더위, 추위와 같은 것을 감각으로 취급한다. 즉, 무용의 내용으로서 취급하는 경우에는 주관적인 감정표현과 객관적인 감각묘사로 구별되는 것이다.

감각의 미는 상기와 같이 감각적인 묘사와는 별도로 '센스(sense)가 빠르다, 느리다' 등과 같이 미학상의 감각주의적 형식주의의 미로서도 취급될 수 있다.

무용작품 전체로서 또는 작품의 일부로서도 이러한 종류의 미는 만들어질 수 있으며, 이것이 무용미의 내용의 하나가 됨은 말할 것도 없다.

(5) 감정표현의 미

감정표현의 미는 자신이 느끼는 즐거움, 기쁨, 슬픔 등을 표현하는 미로, 무용을 이루고 있는 6개의 미 중 가장 중요한 요소이다.

감정표현의 미는 감정묘사의 미나 사상표현의 미와 함께 형이상학적 미에 속하는 것이며 근대무용의 초기에 무용이란 감정표현의 미라고까지 설명했듯이 무용미의 전부는 아니지만 감정표현의 미는 중요한 무용미 중 하나이다.

(6) 사상표현의 미

무용작품에 있어서 자신의 사상, 사고, 의도, 가치관 등이 잘 나타나 제대로 무용미를 나타낼 수 있으며 사상표현에 의한 사상미에 의해서 무용을 감상하고 깊은 감동을 받거나 아름다움을 느낄 수 있는 것이다. 이러한 표현력에 의해 예술가는 그의 감수성 속에서 상징화의 본능을 가지고 있으며 필연적인 표현적 선택을 통해 현실 세계와 똑같은 자료들로 구성된 하나의 세계를 창조할 수 있을 것이다.

7) 미학적 의미에서의 무용

사람들은 건강한 정신은 건강한 신체에 깃든다고 말하는데 이는 아름다운 정신은 아름다운 신체 속에 있다고 할 수 있다.

예술은 미를 추구하기 위해서 소리, 색깔, 모양 및 동작 등을 이용해 자연을 모방하거나 수정하는 인위적인 노력이라고 정의될 수 있다. 예술의 한 영역으로서의 무용 역시 움직임을 통해 미를 추구하기 위한 인위적인 노력인 것이다.

19세기 후반의 드쑤아(Max Dessoir)는 "예술의 범주와 미의 범주는 절대 일치하지 않는다"라는 견해를 밝힌다. 이는 예술 작품이 미적인 것의 범주에서 벗어난 것을 알 수 있으며 미학과 예술학 사이에는 상당한 차이가 있음을 알 수 있다.

쇼펜하우어는 예술을 분류할 때 음악과 시간의 고급 감각의 예술로 규정한 데 반해 무용은 저급 감각의 예술로 규정하고 있다. 이는 당시의 환경에서 무용은 형이상학적인 미를 만들어 내는 단계까지 있지 않았기 때문이며 그는 고급 감각을 지닌 무용을 경험할 기회가 없었다는 것이다. 이렇듯 무용이 철학적 관점에서 배제되고 거부되는 이유로 프란시스 쇼파르쇼는 "무용이 문화적 중심 위치에 놓인 적이 없었다"라고 했는데 선사시대가 형이상학적인 형태라 하여도 문헌상의 기록이 없는 것을 보면 예술 철학이 뒷받침할 만한 무용 이론이 성행하지 못한 점을 들 수 있을 것 같다.

송수남은 무용은 예술적 심미적 능력 및 창조적 예술활동을 통하여 행하는 표현의 가치에 기본적인 신뢰를 두고 이것에 기초한 철학을 싹트게 하며 그 철학 저변에 흐르고 있는 원리의 공식화와 무용이 목표로 해야 하는 표현의 이론이 형성되었다고 하였다.

무용미학은 무용학보다도 더 좁은 의미로 사용될 수 있으며 예술 작품인 무용 의미의 본질을 규명하고 표현 양식과 작가의 무용관을 발견해 내는 학문이라 할 수 있다.

무용은 시간, 공간, 힘이라는 본질적 요소에 의해 이루어지는 공연 예술로서 시·공간의 예술, 시각예술, 운동감각에 의한 예술, 근육적 예술 등으로 인식된다. 따라서 무용 미학의 연구 대상은 매체인 인간의 신체가 어떻게 인식되는가, 안무가의 의도는 무엇인가, 어떻게 주제와 전개방식을 선택했는가를 구분하는 과정에서 나타나는 기교적(심적 요소) 음악적(시간요소) 무대 공간적 요소의 결합인 작품 자체가 될 수 있는 것이다. 무용이 독립된 공연 예술 형태를 갖추게 된 것은 불과 200여 년의 일이고 미학적 측면에서 무용은 작가의 의도가 반영된 종합적 예술형태일 때만이 존립하는 것이고 무용 미학의 개념이 상위의 학문 미학과 혼동 되어서는 안 되고 무용학과 예술 철학을 동반하는 기초 학문이어야 한다고 볼 수 있다.

따라서 진정한 미학적 미로서의 무용은 모방적이며 표현적 형식적인 예술로서의 기능을 가지면서 인간 전반에 걸친 광범위한 영역만큼 다목적성, 다양성을 지녀야 함을 알 수 있다.

8) 한국무용에서의 미

한국 춤의 정신은 동양의 종교와 철학을 밑거름으로 하고 있다. 또 무아의 경지에서 우러나오는 대자연의 율조에서 생성된 원천적으로 심오한 정신적 배경을 지니고 있다. 상고시대의 무격사상과 민간신앙숭배사상 속에서 다시 유불선사상을 가미함으로써 형식과 내용에 많은 변화를 가져왔으며 대륙의 무악을 진취적으로 섭취하였으되 완전한 우리 것으로 재창조하여 성장시켰고 섬세하면서도 가장 풍류적으로 승화시키려 하였다. 또한 한국 춤은 정적이다. 한을 표현한다. 멋, 흥, 한, 우리 춤은 억지로 추어질 수 없으며 모든 기를 내안에 끌어 모아 점차 흥을 돋우어서 내안의 신 내림의 신명이 춤으로 나타나게 된다. 때문에 한국 춤의 사상, 감정, 감각을 알고자 할 때 '한' 이라는 개념을 빼놓을 수 없게 된다.

한이란 理(존재적인 것), 氣(생성적인 것)가 양자를 공유한 하나의 완성체 개념으로 우리 춤에서 지시적 의미의 전달 기능과 개인과 집단이 특별히 부여하는 의미를 갖고 시각적으로 독립성을 보여주는 사물과 언어가 하나 되게 하는 주술적 기능을 지닌다. 따라서 국가, 민족, 사상, 생활전반에 관한 우리의 정체성을 '한' 에서 규명하게 되는 것이다.

한국 춤의 특성은 기와지붕, 버선발, 소맷자락, 자연풍경, 황톳길의 선에서 보듯이 한국의 자연 속에서 살아온 일탈을 일상화하여 자연 속에 되돌려 놓은 데서 온다. 한국인의 미적 심정에는 일회성이 강조되어 있다. 같은 음악, 같은 춤을 공연하더라도 할 때마다 조금씩 다르다. 이러한 특성은 자연 과학적 사실 논리를 바탕으로 하되 일차적인 경험과학을 뛰어 넘어 초월적인 이상세계로 나아감으로써 놀이 충동을 충족시켜준다.

따라서 한국의 춤사위는 모두 우주를 포용하는 원을 이루는 선이 대부분이고 정, 중, 동의 높은 경지이다. 움직이는 율동 속에 숙연한 멈춤이 있고 그 멈춤 속에 또 발랄한 율동이 있는 묘미(즉, 긴장과 이완을 적절히 배합하여 맺고 풀고 어르고 당기는 것)가 바로 그것이다.

그것은 수많은 움직임을 하나의 움직임으로 집중하여 완결시킨 경지로 춤 한가락은 모든 삶을 응축시킨다. 이는 춤이 동작과 육체에만 있지 않고 더욱 높은 세계에 자리 잡고 있다는 증거이다.

한국 춤에는 자연주의 사상, 한, 음양오행사상, 천상지향사상 등 외에 누구나 춤출 수 있다는 인본주의적인 면을 지닌다. 이러한 면은 예술가와 관중 사이의 인간적 신뢰감은 물론 미적 공감대를 곧게 맺어주며 단순한 수동적인 감상이 아닌 작품 속에 적극적으로 참여하게 된다.

(1) 자연의 미

"자연(自然)"이란 인공물을 제외한 모든 사물들의 총체, 즉 바위나 구름, 동물, 인간이라고 정의할 수 있겠다. 일반적으로 춤이라고 하는 것은 인간이 아닌 자연에 대해서도 "산의 나무들이 춤춘다", "나비가 춤춘다"처럼 "춘다"라는 표현을 사용하는데, 이를 자연현상에서의 춤이라 할 수 있겠다.

우리는 인간의 생명이나 자연의 모든 살아 있는 생명에서 아름다움을 느낄 수 있다. 이를 토대로 춤은 특히 우리나라 무용의 특징은 자연과 인간의 합의일체라는 점에서 자연순응의 정신성에서 나오는 자연미와 관련된 기공적 원리의 춤이라 할 수 있겠다.

서양의 춤은 자기 스스로 즐기기보다는 귀족이나 상류계층에게 즐거움을 보여주기 위한 것으로 자연형태보다는 관객의 시각을 의식한 인공적인 미적 춤이라 할 수 있겠으나 동양의 춤은 하늘과 천신에게 제사를 지내는 등 자연물을 대상으로 하여 춤을 추어 왔음을 볼 때 동양은 자연적 춤으로 자연 순응적인 춤이라 할 수 있겠다.

(2) 움직임의 미

무용은 인간의 신체를 사용하여 움직이는 예술이다. 회화는 그림물감이나 크레파스를 써서 종이나, 천, 판 등에 그리는 것이고 문학은 문자를 써서 시, 소설, 희곡을 형상화하며 조각은 나무나 돌, 금속을 이용한다. 또한 음악은 소리를 조직하는 것으로 모든 예술은 무엇인가의 소재를 매개로 해서 표현되어 움직이는 예술인 것이다.

그러나 무용은 인간의 신체의 움직임을 통하여 여러 가지 "미"가 나타날 수 있는데, 이러한 예를 들어보면 구부릴 때의 둥근 선이나 혹은 의자에 앉은 모습과 같이 각이 지게 구부린다면 직선적인 선의 미가 나타날 수 있다. 또 뛸 때의 역동적인 움직임의 미나 팔을 앞으로 내

뻗는다든지 혹은 자기 쪽으로 모아질 때의 움직임의 미도 나타날 수 있겠다.

움직임을 통한 신체운동이 조화를 이루었을 때, 움직임의 미는 창조적인 예술이며 잘 훈련되고 다듬어질 때 더 아름다운 신체의 움직임의 미가 나타날 수 있을 것이다.

우리 춤의 움직임은 "한"과 "정"과 "흥"으로 이루어진 것으로 갈 듯 말 듯, 뛸 듯 말 듯, 돌 듯 말 듯, 던질 듯 말 듯, 감길 듯 말 듯한 자연스럽고 담백하게 추어졌다. 즉, 우리나라의 춤의 기본적 움직임은 맺고 얼렀다 푸는 정ㆍ중ㆍ동의 3요소로 되어 있다.

정중동의 춤을 동작적인 구조로 분석하여 보면 정은 감정을 맺는 동작이며 중은 감정을 어르는 동작이고 동은 감정을 푸는 동작이다. 여기서 맺는다는 것은 곧 서러운 한으로 응어리진 심성을 모은 것이고 푼다는 것은 맺힌 응어리를 풀어내서 흥겨운 신명에 젖는 역동적 상태를 의미한다. 다시 말해 정중동의 움직임에 있어서 정적 움직임은 근원적으로 이 또한 사상이나 감정을 몸 안으로 흡수시키는 동작이므로 겉으로는 동작이 거의 없는 듯하면서도 그 춤에 잠겨 흐르는 미묘한 여백미를 가지고 있다. 중적인 동작은 정도 아니고 동도 아니지만 정과 동을 요동시키거나 융합시키기도 하고, 또는 대립시키기도 하는 등 어느 쪽에도 편들지 않는 움직임이라 할 수 있다. 동적인 동작은 한과 고통을 시원스럽게 풀어 어떠한 갈등에서 해방되기 위한 행위이다. 이를 통하여 정중동의 움직임이 미에 있어서 정은 움직임의 폭은 작지만 감정의 미가 강할 수 있고 내면적인 정신미는 크지만 맺힌 감정을 다양한 행동으로 움직이는 형태미를 가지고 있다 하겠다.

(3) 의복의 미

모든 무용의상을 아무런 생각 없이 입고 공연을 하지만 무용예술을 하는 우리에게는 얼마나 의상이 중요한지는 그 누구도 타 예술분야에서 느낄 수 없는 것이다. 특히 색상 특유의 아름다움을 들 수가 있는데, 특히 한복에서 색상에 의하여 표현되는 "의복의 미"는 빚어내는 곡선이나 직선의 아름다움은 석양이 떠오를 듯 밝고 맑고 신선하며 때로는 보고 느끼는 개개인에 따라 다른 느낌을 줄 수 있다.

과거 무용의상은 색깔이나 무용의 기본구성에서 유교의 배경사상이 되는 오행사상에 영향을 받았기 때문에 동양적 색채를 지닌다고 할 수 있다. 나무, 불, 토양, 쇠, 물인 다섯 가지의 만물을 통해 조성하는 원리로 청색, 적색, 황색, 백색, 흑색의 다섯 가지의 색으로 상징 되며 궁중 의상의 바탕색이 되었고 이를 기반으로 동작에 영향을 주는 다섯 방향과 연결이 될 수 있다. 청색은 동쪽이며 봄을, 적색은 남쪽이며 여름을, 황색은 중앙을 백색은 서쪽이자 가을을, 흑색은 북쪽이자 겨울을 나타내면서 각각 인, 예, 신, 의, 지를 상징한다.

원색은 주로 화려하고 우아한 전통적인 의상이 현대로 들어오면서 현대화를 부르짖고 있으나 전통적 의상에서 보이는 색상의 미는 어떠한 예술창조의 세계에서도 돋보일 수 있는 아름다움 그 자체이다.

(4) 여백의 미

여백의 미는 서양인의 관점에서 보면 화폭 혹은 공간을 꽉 채우지 않는 것을 이야기한다. 흔히 한국화에서 쉽게 볼 수 있는 것으로 문인화의 경우에 여백을 남기는데, 사실상 그것이 여백이 아니라 그것이 지나간 자취와 빈 공간이 조형적으로 꽉 차있는 것을 말한다. 즉, 단순한 빈 공간이 아니라 채워질 부분과 남겨질 부분이 필연적으로 결합되는 것이다.

비움으로 꽉 채울 수 있다는 것은 그 만큼의 여유를 말하는 것이다.

(5) 신명의 미

신명이란 흥겨운 신이나 멋을 이야기하는 것으로 우리 민족의 뿌리에 가장 깊이 박혀 있는 미이다. 인간은 심층적 자아로서 신과 만나며 심화된 융기단적인 의미의 자아와의 합일을 통하여 지양되는 순간이다. 사람들은 신에 안기면서 신에 취하는 것이다. 신명은 이러한 도취로 인하여 자신도 모르게 흘러나오는 흥, 멋을 말한다.

9) 발레에서의 미

발레는 외형적인 춤으로서 다음의 특성을 가진다.

첫 번째, 극적인 특성으로 발레는 무용테크닉과 마임의 사실적 표현을 활용하여 인원적 체제를 띠고 있다. 다양한 동작과 그의 연계 안으로 이루어지는 이른바 춤 대목의 황홀경의 극치와 극중 인물의 상황을 사실적 몸놀림으로 모사하는 묵극 대목이 보다 선명한 사실성을 부여하여 이중체제로 볼거리 제공을 확실하게 한다. 두 번째, 모든 발레적 자세와 동작은 어떠한 경우일지라도 외향성을 견지해야 하며, 이때 유지될 광각(廣角) 최대치는 180도이고 최소치는 90도 이하로 좁혀서는 안 된다. 그리고 주의할 것은 '외향' 이란 개념은 '발목부터' 라는 의미가 아니라, 골반부위부터 OUT되어야 한다는 뜻이다. 이러한 형식적 기술은 후천적으로 습득되는 것이고 어려서부터 훈련과 노력으로 이루어지는 것이다. 발레는 보여주기 위한 볼거리로 극적인 내용을 담았고 귀족으로 구성된 관객을 의식함으로써 동작의 형태로 시각적인 면을 최대한 이용했다. 세 번째 발레에서 호흡의 중심은 항상 상향이다. 어떤 동작 속에서도 호흡은 위로 UP하고 시선 또한 상방에 두어 미래 지향을 꿈꾸고 있는 듯하다.

네 번째, 발레적 운동미의 기반은 직선에 있다. 곡선보다 담백하고, 청아하며, 미래지향적 서정을 지녔다는 측면에서 귀족적일 수 있지만, 직선 지향적 조형원리를 견지하려고 한 것은 오히려 선의 미학이라는 측면에서라기보다, 일상생활동작과 조형운동의 엄격한 분화를 추구하면서 인위적인 교치미를 현현해 내는 것으로 자신들의 전문성을 과시하려고 했던 직업의식의 발로였다고 보는 것이 타당하겠다.

다섯 번째, 모든 자세는 원칙적으로 정면을 의식한다는 전제 아래서 조형된다는 점이다.

이는 발레 역사상 첫 작품으로 지목되는 《왕후의 발레코믹》(1581. 10. 5) 이후 연희자와 관객이라는 새로운 동반관계가 성립되면서부터 의도적으로 도입된 조형원리로 보이며, 무대가 사각으로 고접화되면서 전면에서만 관객이 관람하는 까닭에 이루어진 특징일 것이다.

180도란 광각개념은 장대편이 정면에 위치했을 때 최대치가 되는 것이며, 외향이든 내향이든 그것이 시각적, 감각적 측면에서의 안정, 불안정의 소인으로 판별 되려면, 이 또한 정면의 시각적 관계를 생각할 때 최대한의 효과를 살리는 것이다.

여섯째, 좀 더 확대되고 긴 선을 만들기 위하여 팔다리는 더 멀리 뻗으며 발을 내딛는 것도 발끝부터 시작한다.

모든 육체는 풀이요 그의 모든 아름다움은 들의 꽃과 같으니 풀은 마르고 꽃이 시듦은 여호와의 기운이 그 위에 붊이라 이 백성은 실로 풀이로다 풀은 마르고 꽃은 시드나 우리 하나님의 말씀은 영원히 서리라 하라

(이사야 40:6~8)

Ⅳ. 무용창작의 난제

창작과정을 통해서 망설이게 되고 못할 것만 같은 긴박감을 느끼며 '어떻게 안무해야 하나?' 하며 많은 생각을 하게 되는 것은 창작이 잘 될 것인지, 안 될 것인지, 창작성의 한계를 어디에 두어야 하는 것인지, 창작이긴 한데 모두 같은 것 같은 애매모호한 갈등을 일으키게 된다. "제아무리 미적으로 만들어진 움직임이라 하더라도 그것이 다만 나열되어 있는 것만으로는 작품이 되지 않는다."라고 하였듯이 잘 차려진 상에 음식은 많으나 먹을 음식이 별로 없으며 맛도 없고 어떤 맛인지도 모르는 식의 작품들을 접하게 되는 때가 종종 있다. 창작자 스스로 창작을 끝낸 후나 과정에 있어서도 다시 한 번 보게 되면 어떠한 의도로 전개되고 형성되어 왔는지 모르는 때가 있어서 잘못 쓰인 문구의 종이를 찢어버리듯 단숨에 그 창작품을 재구성하게 된다. 이런 경우는 전문가나 비전문가가 경험하게 되는 과정이다. 이 과정은 창작자에게 있어서 꼭 통과하게 된다.

마리 비그만(Mary Wigman)의 "무용은 리듬과 음악 그리고 무용가의 육체의 운동으로 하여금 관객 자신 속에서 똑같은 감정과 정서적 분위기를 조성하도록 해야 한다."라는 말과 같이 공감대를 갖는 무용 창작을 완성하려면 다음과 같이 창작에 임해야 한다고 동료들과의 대담을 통해서 또는 학생들과의 대화를 통해서 창작에 임하는 자세에 대하여 "자신을 가지시오, 용기를 내시오, 분명하게 생각하시오, 당신만이 할 수 있는 작품을 만드시오, 곧 그것이 당신의 순수한 작품이 될 것입니다."라고 강조한다.

2007년 작고하신 무형 문화재 예능 보유자 김천흥 씨는 "몇 천 년이 지난 지금 그 예술 작품들에 매혹되고 감탄하는 것은 그 작자의 정신을 발견할 수 있기 때문이에요. 춤추는 사람이 춤에 자신의 정력, 수련을 쏟았을 때, 보는 사람도 거기에 흠뻑 젖어 들어 혼연일체가 되는 거죠."라고 말한다. 이 말의 의미하는 것도 분명히 자아가 독립되어 무용을 만들고 그러한 상태에서 추어지는 무용을 말하는 것이다. 그럼에도 불구하고 제법 어느 정도 수준에 도달하였으며 가히 볼만한 것이라는 선입견에 의한 기대로 작품에 임하였을 때 실망을 가져오는 경우가 때때로 있다. 그것은 무용을 잘하고 못하고에 있는 것이 아니라 창작 작업에 있어서 작품에서 요구하고 있는 전체적인 동작 어휘가 주제와 내용에 맞도록 변형 및 창조되어지지 않은 채 마치 건축물의 뼈대만 서 있는 듯, 포장이 안 된 도로 마냥, 아름답게 표출된 것이 아닌 원형 동작의 연결, 그렇지 않으면 나름대로 엄선되어 나열된 훌륭한 창작으로써 흡족히 공감대를 형성하여 주지 못하였기 때문에 나타나는 현상이라고 생각된다.

이러한 창작 작품들은 갖은 산고의 고통 끝에 완성되었음에도 불구하고 비창작들로부터 외면을 당하는 경우가 빈번하다. 일단, 만들어진 창작품이 보는 이로 하여금 뿌듯한 충족감과 풍요로움을 느낄 수 있도록 형성해 나가야 하는데 장시간 정성들여 창작을 하였더라도 창작자나 감상자가 공감을 못하는 경우가 많은 것이 무용 창작이 갖는 어려움 중 하나이다. 이러한 어려움을 창작이 성립될 때까지의 과정을 원론적으로 고찰하여 봄으로써 바람직한 창작, 풍요로운 창작의 세계를 형성하는 데 기여하게 될 것이다.

1 무용과 무용창작에 대한 일반적인 인식

무용과 무용창작에 대해서 일반사람들과 무용을 전공하는 이들의 대한 일반적 인식을 설문하여 그 원인을 분석함으로써 무용창작의 난제에 대해서 접근하고자 한다.

알아보자

○○사람에게 들었습니다–당신의 입장에서 무용이란?

(1) 《나와 무용》– 당신은 무용에 대하여 어떤 이미지나 감정을 가집니까, 무용이라 하면 어떤 무용을 상상합니까, 당신에게 있어서 무용이란 무엇입니까?
　–당신과 무용의 관계가 가까운지 먼지, 그 이유를 생각해 보자.
(2) 다음으로 《당신의 동료 열 사람에게 물었습니다.》– 가까운 동세대의 동료는 무용을 어떻게 생각하고 있는가, (1)과 같은 질문을 해보자.
　–의외로 여러 가지 생각을 하고 있을 것이다. 그리고 공통된 문제가 떠오를지 모른다.
(3) 다음은 《당신 주위에 있는 여러 세대의 열 사람에게 물어보았습니다.》
　–각각 무용을 어떻게 느끼며, 어떤 무용을 상상하는가와 같은 질문을 해보자.
　–각각의 세대가 살아온 시대의 무용은 여러 가지라는 것을 알게 될 것이다.
(4) 이번에는 약간 객관적으로, 지금의 사회, 시대 가운데서 춤을 어떻게 받아들이며, 어떤 현상이 있는지 생각나는 대로 들어보자.
　–춤의 붐, 에어로빅댄스, 재즈댄스, CM춤 …… 그 붐의 배경에 있는 것을 분석해보자.

⑴《나와 무용》- 당신은 무용에 대하여 어떤 이미지나 감정을 가집니까, 무용이라 하면 어떤 무용을 상상합니까, 당신에게 있어서 무용이란 무엇입니까?

- 당신과 무용의 관계가 가까운지 먼지, 그 이유를 생각해보자.

내가 느끼는 무용에 대한 감정은 '애(愛)'이다. 춤을 추면서 가끔씩은 답답하고 무겁고, 눈물 나게 힘들지만, 그래도 나는 그 과정을 통해서 이겨내고 견뎌내어 환한 미소를 볼 수 있다.

애정이 없었다면 지금까지 몇 번이고 이 길을 포기했을지도 모른다. 이처럼 무용은 내게 가끔 짐이 되기도 하지만, 든든한 힘이 되기도 한다.

춤은 쉽게 생각하고 쉽게 접근하는 것이 아니기에 나는 아직도 매우 어려운 것이라 생각된다. '마음을 비우고 춤을 춘다는 것'과 '신체가 가장 편하고 자유로운 상태'에서 춤을 춘다는 것이 아직 어렵다. 그렇게 알면 알수록 어렵지만 나는 그 속으로 점점 빠져 들어간다. 그렇게 춤은 나를 빨아들인다.

그리고 몇 번이고 힘든 과정을 거치면서 나를 단련시키고 성장해 나간다. 그러한 작업 속에 나 자신조차 알지 못했던 나를 발견하게 되고, 또 다른 내 모습을 꿈꾸게 된다. 또 타인들과의 공동 작업에서는 혼자만이 아닌 타인들과의 교감, 대화, 그리고 배려를 배우게 되며 사회 속에서의 관계들을 춤 속에서도 배우게 된다고 생각한다.

내가 상상하는 무용은 관객과 함께하는 공연이다. 어떤 공연을 보았을 때, 정말 관객의 입장은 생각하지 않은 채, 맹목적으로 한 공연을 볼 때 나는 가끔 화가 난다.

아니, 관객의 입장에서 어떠한 모욕감마저 들기도 한다. 그래서 나는 관객을 위해 충분히 배려된 공연을 만들고 싶다. 공연장에 들어서서 나가는 순간까지의 감동과 잔향이 그려질 때까지 말이다.

구체적으로 말하자면, 나는 연극, 미술, 음악이 다양하게 접목된 무용을 만들고 싶다.

다양한 시도를 통해 신선하고 자유로운 춤을 추고 싶다.

무용은 가끔 내게 너무 멀리 있는 것만 같지만, 이것은 내 자신이 춤의 내면을 파고들기보다 현상에만 집착하는 안일함 때문이 아닐까 싶다. 아직도 춤은 내게 어렵고 무겁다는 마음이 많이 들지만, 나는 점차 나와 춤을 좀 더 가까이 만들고 알아 가야겠다. 사랑하는 사람을 만나듯, 그렇게 나는 기분 좋고 행복한 존재로서의 춤을 만나고 온 마음을 다해, 혼을 다하면 진정한 춤이 분명 나타날 수 있다고 생각한다.

(2) 다음으로 《당신의 동료 열 사람에게 물었습니다》 - 가까운 동세대의 동료는 무용을 어떻게 생각하고 있는가, (1)과 같은 질문을 해보자.

–의외로 여러 가지 생각을 하고 있을 것이다. 그리고 공통된 문제가 떠오를지 모른다.

Interview

• 박○○ / 현대무용전공 / 친구

무용은 무용을 제외한 음악, 미술 등의 여러 문화 매체들과 공연예술을 연결시켜주는 문화의 장이다. 모든 문화는 하나로 이어져 있다. 표현하는 방식이나 수단이 다를 뿐 인간이 말하는 것과 통한다. 이런 점에 있어 무용은 내게 가깝게는 친구, 더 나아가서는 모든 사람들과 자유롭고 즐겁게 의사소통할 수 있는 매개체이다.

• 홍○○ / 무용과 / 25

내가 무용에 대해 느끼는 이미지는 '시(侍)'이다. 서술하지 않고 추상적이거나 함축적인 표현, 그리고 리듬도 있으니 시적인 이미지를 가진다. 무용에 대한 나의 감정은 한마디로 '애증'이다.
철학에 보면 '내가 나인 것을 나 자신이 어찌 아는가'라는 말이 있는데, 무용은 내게 있어 나를 만들고, 나를 채우는 한 부분인 것 같다.

• 우○○ / 발레전공 / 친구

무용은 내게 있어 '꿈'이다. 그렇기 때문에 계속 가꾸고, 지켜나가고 싶다. 언제까지나 나와 함께 할 것이기에 내 삶이라고 할 수 있다.

• 김○○ / 무용과 / 26

무용은 내게 살아가는 의미이다. 무용이 있기에 살고, 움직이고 느낀다. 춤을 생각하면 '나' 자신을 먼저 상상하게 된다. 나 자신의 내외면의 움직임과 타인의 움직임 속에 융합되어 가는 과정 속에 나는 나 자신을 발견해 간다.

• 김○○ / 무용과 / 24

내가 생각하는 무용의 이미지는 '흐름'이다. 물 흐르듯 몸의 흐름…… 그리고 수많은 몸의 움직임으로 감정이나 생각, 자기 자신을 표현하여 이야기하는 것이라고 생각한다. 그리고 내가 상상하는 무용은 무용이라는 예술이 무대에서 뿐 아니라 일반인에게 좀 더 가까이 갈 수 있는 무용이 되는 것이다. 우리들이 생각하는 깊은 부분, 나타내고자 하는 부분, 움직임 등이 일반인들에게도 깊이 다가갈 수 있도록 표현하고 싶다.

• 서○○ / 24

무용은 내게 있어 '공기' 같은 존재이다. 내가 사는 것은 춤을 추기 위해서라고 말하고 싶다. 공기가 없으면 우리가 숨 쉴 수 없고 살아갈 수 없듯이 춤은 내게 그러한 존재이다.

• 심○○ / 무용과 / 24

무용은 나에게 있어서 또 다른 나를 보여주기도 하고 또 내가 알지 못하는 나를 보여주기도 한다.

• 김○○ / 무용과 / 28

내게 있어 무용은 이제 어떠한 의미는 없다. 그냥 열심히 하는 것, 살아가는 것 그것이다.
그리고 내가 상상하는 무용은 나 자신을 넘어 타인들에게 감동을 주는 것이다.
단, 전제조건은 신체(身體)로서의 표현이라는 것이다.

• 박○○ / 무용과

무용은 마치 거울 속에 비춰진 나를 보는 것 같다. 그만큼 나 자신을 들여다 볼 수 있고 나의 삶이다. 내가 말로 할 수 없는 무언가와 절제된 것을 몸으로 표현하는 것이 무용이다.

• 배○○ / 무용과

무용은 나의 삶이자 생활의 활력소이다. 그리고 음악, 미술 등이 하나로 된 종합예술로서의 나의 눈과 귀를 자극 시키는 것이다.

■ 공통된 문제

현재 무용을 전공하고 있는 학생들 중 22~28살까지를 나의 동료라고 보고 인터뷰를 하면서 나는 너무 흥미로웠고 좀 더 진지해지는 시간을 가졌다. 서로 하나의 매개체로 대화를 하면서도 각자 느끼고 추구하는 바가 다르니 말이다.

위의 10명의 이야기를 들어보면 무용은 '자신의 삶'이라는 답변이 가장 많았다.

자신의 신체가 도구가 되어 그림을 그리는 과정이 매우 어렵고 답답하지만, 그 속엔 이미 나 자신이 있으며 힘든 과정 속에서도 나를 자극 시키고 발전시키는 것 또한 무용이라고 말했다. 조금씩의 이미지는 다르지만 중요한 건 지금 내가 살아가고 꿈꾸는 것은 춤이라고 말했다. 결국 돈, 명예, 사랑도 아닌 춤으로서 숨 쉴 수 있다고 말하는 사람들에게 잔잔한 감동을 받았다.

다시 말하면 무용은 '나' 자신의 일부분이며, '삶'이라는 공통성을 발견했다.

인터뷰를 하며 이렇게 아름답고 훌륭한 예술, 무용을 하면서 나는 왜 그리 불만스러웠을까.

왜 내가 행복하다고 느끼지 못했을까 하는 의문을 가지게 되었다. 가끔 춤추기 싫다고 말했던 순간들, 귀찮고 피곤하고 게을렀던 내 모습을 돌아보면서 진정 나는 내 삶의 무용에 마음을 다하지 못한 아쉬움이 먼저 든다. 인터뷰를 하면서 다시금 나의 위치를 돌아보고 나와 무용의 관계를 깊이 있게 생각해보게 되었다.

나는 지금 무척 행복하다는 걸 잊지 말자고 말하고 싶다.

(3) 다음은《당신 주위에 있는 여러 세대의 열 사람에게 물어보았습니다. 》
- 각각 무용을 어떻게 느끼며, 어떤 무용을 상상하는가와 같은 질문을 해보자.
- 각각의 세대가 살아온 시대의 무용은 여러 가지라는 것을 알게 될 것이다.

Interview

• 박○○ / 동생 / 20대 초반

첫 번째로 무용은 춤으로 표현한다는 생각이 먼저 든다. 가수는 노래를 하고 화가는 그림으로 표현하듯 무용은 춤으로 만들어 낸다. '무용 한다' 라는 말을 들으면, 어떠한 직업적인 개념은 들지 않으며, 그냥 '춤을 추는구나', 라고 생각한다.

• 유○○ / 자영업 / 30대 후반

먼저 무용을 생각하면 멋있다는 말이 나온다. 무용인들의 태도, 자세 등을 보면 나도 무용을 배우고 싶다. 무용이라는 게 그리 쉽지 않은 길인데, 자기만의 삶을 즐기고 노력하는 모습에서 즐거워 보이고 멋있다. 그리고 몇몇의 무용하는 사람들을 보면 '머리가 비어있다', '생각이 짧다' 라는 생각이 들 때도 있다.

• 손○○ / 요식업 / 엄마 / 50대 초반

내가 생각하는 무용은 어떠한 내용을 가지고 모양새나, 기능, 제스처보다는 혼(魂)과 마음을 담아 내 것으로 받아들여 간절하게 표현하고자 하는 것이라고 생각한다. 춤을 추는 사람은 표현하고자 하는 내용을 몸으로 읽고, 내면적 고뇌, 환희 등을 함께 실어서 표현한다.

• 김○○ / 시각디자인 / 25

무용은 인간의 내면을 몸으로 표현하는 것이다.

• 이○○ / 군인

무용은 어떠한 주제를 가지고 신체를 이용해서 예술적으로 표현한 것이다.
마치 피카소의 그림 같은 느낌, 추상화 같은 느낌, 좀 알 수 없는 느낌이라고나 할까.
사실 잘 모를 때가 더 많다.

• 박○○ / 설계사 / 27

가끔 무용공연을 보면서 애매모호하다는 생각을 가질 때가 있다. 보면서도 잘 이해가 가지 않고 보고나서도 잘 모를 때가 있다. 전통이면 전통, 현대면 현대, 색깔을 나누는 것도 좋지만 요즘 시대에 맞게 리듬이나 템포를 더욱 활동적으로 구성하고 어떤 사람이든 수용 가능하도록 작품을 만드는 것이 좋을 것 같다. 그리고 모든 사람이 흥에 겨워 함께 춤을 대하고 출 수 있었으면 좋겠다.

• 박○○ / 피부에스테틱 / 24

무용이라 하면 '선의 움직임'이 가장 먼저 떠오른다. 몸이 하나의 선이 되어 움직이면서 그 몸은 하나의 이야기를 만들어 내고 감동을 전해준다.

• 박○○ / 중학생 / 16

무용은 여자가 발레복을 입고 백조 흉내를 내는 것이다. 다리를 찢고 수영복이나 망사로 된 옷을 입고 춤을 춘다. 에어로빅, 체조 이런 것과 비슷한 거 아닌가?

무용을 전공하고 있지 않은 사람들에게 무용에 대한 이미지나 생각을 물어보면서 나는 나와 가장 가까운 사람들이 지금까지 느껴왔던 무용이 어떠했는지 알게 되었다. 그리고 나이가 어릴수록 무용에 대한 인식이 제대로 되어 있지 않아서 중학생인 사촌동생의 말을 들으며 우습기도 했고 한편으로는 안타깝기도 했다. 아직까지 무용은 일반인들에 '어렵다'는 인식이 가장 많았다. 공연을 보면서도 표현하려는 내용을 알 수 없고 모르겠다고 느낀 적이 많았다고 했다. 이러한 의견을 들으면서 아직도 무용의 대중성이 많이 부족하다는 것을 알게 되었고, 어떻게 하면 표현 내용을 심도 있게 나타내면서 관객에게 다가갈 수 있는지에 대한 숙제를 던져 주는 것 같았다.

각기 다른 생각들을 가지고 있지만, 여러 사람들의 생각을 공유하면서 나의 춤의 연계성을 다시금 되짚어보고, 향후에 무용이 어떻게 발전해 나갈 수 있는지 더욱 연구해야겠다는 생각이 든다.

(4) 이번에는 약간 객관적으로, 지금의 사회, 시대 가운데서 춤을 어떻게 받아들이며, 어떤 현상이 있는지 생각나는 대로 들어보자.

–춤의 붐, 에어로빅댄스, 재즈댄스, CM 춤 …… 그 붐의 배경에 있는 것을 분석해보자.

① 끝없는 도전, 유럽춤은 살아 움직인다.

무용은 따분한 것이라고, 많은 사람들은 생각한다. 그러나 유럽에서는 다르다.

어떤 예술 장르보다도 역동적이고 아이디어가 넘치는 것이 무용, 특히 현대무용이다.

그것을 가능하게 하는 것은 무엇보다 '당대성'과 '진보성'이다. 예술이 처한 현실에 철저히 뿌리박되, 끊임없이 새로운 화두를 제시하는 것이다. 연극이냐 무용이냐 하는 근대적 장르 개념은 이미 해체된 지 오래다. 그냥 '공연예술'이면 족한 것이다.

반면 우리는 연극과 무용 등 장르 사이의 장벽은 물론이고, 무용 안에서도 발레, 한국, 현대무용 등으로 전공을 나누고 있다. 이런 폐쇄적 구조로는 21세기의 예술을 이끌 수 없다는 점은 분명해 보인다.

최근 세계적 현대무용가 혹은 단체를 꼽으면 재미있게도 대부분이 유럽에 근거를 두고 있는 사람이거나 단체다. 작년에 방한한 빔 반데키부스(벨기에), 장 크리스토프 마이요(모나코), 피나 바우쉬(독일), 제롬 벨(프랑스) 등도 모두 유럽인들이다.

이러한 경향은 상당히 오래된 것이어서, 유럽무용가들의 독주가 세계 무용계에서는 그다지 특별한 현상으로 간주하지 않는다. 하지만 분명 1990년대 초까지도 현대무용하면 미국이 메카였으며 우리나라 사람은 물론 유럽인들조차 현대무용을 공부하거나 활동하려면 미국으로 가야한다고 생각하던 시절이 있었다. 하지만 미국은 어느새 초라한 변방으로 전락하고 말았다.

원인은 복합적이다. 그중에서도 가장 큰 원인은 정부의 재정지원 축소로 대표되는 정치적 신보수주의(경제적으로는 신자유주의)다. 실험성이 강하고 기존 예술의 형식과 전통을 거부하는 성향이 강한 현대무용은 진보적 지식인과 예술가들, 그리고 그들을 추종하는 사람들이 환호하는 대표적 장르다. 자유주의적이고 진보적인 사회 분위기는 현대무용이 꽃필 수 있는 훌륭한 토양이 된다. 이는 미국 현대무용의 진흥기였던 1960~70년대가 반전운동, 히피문화와 같이 젊고 저항정신이 강한문화와 정서로 대변되는 시대였음을 다시 한번 상기시킨다. 나날이 보수화하고 있는 미국 사회에서 오늘날 왜 현대무용이 탄력을 받지 못하고 있는지를 알수 있다. 재정지원 삭감은 현대 무용가들에게 이중의 고통을 안겨준다.

유럽에서 현대무용이 단연 강세인 것은 상대적으로 좌파의 영향력이 강한 탓이다.

현대 무용가들의 실험을 독려하고 그들의 전위적인 작품을 적극 옹호하는 유럽의 문화적 풍토가 민족과 국적을 초월하여 수많은 예술가들을 끌어 모으는 원동력이 되고 있다.

작품을 감상하고 화두를 생산하며 논쟁의 한복판으로 현대무용을 끌어들이는 사람들 역시 좌파적 성향이 강한 지식인들이다. 그들은 다양성을 인정하고 열린 시각으로 관용과 포용의 자세로 창작 작품을 바라본다. 기존의 예술적 형식을 끊임없이 정복하며 나아가야 한다는 살아있는 사고가 오늘날 유럽 현대무용 발전의 모태가 되었다.

② 건강과 웰빙(Well-being)의 중요성

요즘은 '건강'과 '웰빙(Well-being)'의 중요성으로 가까운 구청이나 문화센터 등에서 수준 높은 프로그램들이 많다. 고급 스포츠를 비롯해 웰빙 붐을 타고 인기를 끌고 있는 요가나 단전호흡 등도 있다. 그 밖에 댄스 프로그램도 무척 다양하다.

한국무용, 스포츠, 재즈, 차밍, 라틴댄스, 부분댄스스포츠, 벨리댄스, 방송댄스, 또 탈춤을 생활체조에 접목한 덩더꿍 체조, 우리 춤 체조, 실버체조를 마련, 어르신의 건강을 돌보고 있다. 그 밖에 직장인들을 위한 댄스스포츠교실이나, 요가를 배우고 싶어도 여성들이 많아 참여를 망설였던 남성을 위한 프로그램으로 성인 남성요가교실도 만들고 있다.

③ 대중문화의 춤

요즘 거리에서나 새 학기를 맞은 교정에서 쉽게 볼 수 있는 풍경이 댄스 강습소나 텔레비전의 각종 오락 프로그램에 어김없이 춤의 경연이 벌어진다. 광고에선 춤을 추는 모델을 쉽게 볼 수 있고, 기업에선 직원들의 여가활동의 활성화의 일환으로 댄스 강좌를 개설하는 곳이 속속 늘어가고 있다. 그야말로 방송뿐만 아니라 대중문화는 춤을 권하는 분위기로 가득 찼다. '춤'이 이제는 경쟁력인 시대가 됐다.

춤 열풍의 근원적인 이유는 대중의 인식과 대중매체, 대중문화의 변화에서 찾아야 할 듯하다. 기존의 춤에 대한 부정적인 인식은 근래 들어 건강한 여가문화의 하나라는 긍정적 인식으로 변화를 한 것이 춤 열풍의 가장 큰 원인으로 작용했다.

또한 정신우위의 문화가 몸 중심 문화로 이행하면서 몸과 직접 연관된 춤도 자연스럽게 조명을 받은 것이다. 춤은 '몸짱', '웰빙', '건강'이라는 이데올로기 및 마케팅과 짝짓기를 하면서 더욱 더 각광을 받게 되었다. 무엇보다 대중에게 많은 영향을 미치는 대중문화와 대중매체의 역할이 춤 선풍을 초래했다.

예를 들어 한때 선풍적인 관심을 모았던 꼭짓점 댄스 열풍은 바로 이러한 대중문화와 대중매체의 변화가 우리 사회에서 일고 있는 춤 열기를 촉발시켰다는 것을 잘 보여 주고 있다. 재밌고 간단한 율동 댄스의 동영상은 다음날부터 네티즌들에 의해 인터넷을 통해 대량 유통되면서 유치원생부터 노인에 이르기까지 꼭짓점 댄스를 알고 추게 된 것이다. 이렇게 디지털

문화로 형성된 네트워크의 인간관계의 특성 또한 춤 열풍의 한 원인으로 작용한다고 볼 수 있다.

2 움직임 표현의 난제

무용창작의 난제 가운데 첫 번째로, 주제에 따른 움직임의 표현이라고 할 수 있다.

하나의 작품 속에 창작자가 이야기하려는 것, 표현하려는 주제가 움직임으로 적절하게 표현되었는지가 중요하기 때문에 고민하는 것이라 할 수 있다. 작품의 주제가 그 창작 작품 속에서 움직임으로 표현되어 있지 않으면 안 되므로, 형식이나 움직임의 종류와 성격 등으로 어떤 형상적인 이미지를 착안하여 안무해야 한다.

하나의 무용작품은 움직임의 미적 구성이 뭉쳐져서 한 덩어리가 된 것이고, 그 움직임의 덩어리 자체가 작품의 주제를 말해주므로 어렵다고 할 수 있다. 숙련되지 않은 무용창작 능력은 무용을 창작하는 과정에 어려움을 호소하게 되는데, 이것은 작품의 구성과 미적원리를 바탕으로 주제에 따른 움직임을 안무하였어도 전체 이미지에서 감흥을 얻지 못한다면 훌륭한 작품이라 할 수 없을 것이다. 즉, 울창한 나무도 중요하지만 전체 숲의 느낌도 중요함을 인지해야 할 것이다.

그리고 무용창작하는 데 문제의 기본요소로서 기본 스텝의 변화를 만들어 내는 것이다.

즉, skip, walk, run 등 스텝을 이용하여 형태를 표현화하는 작업이 어렵다고 할 수 있다. 경험이 부족한 안무가는 한 번에 여러 가지로 복잡하게 혼란시켜 창작하게 되면 더 난제가 있기 때문에 움직임의 방향들이 강조될 때에 창작하는 것이 용이할 것이다.

또한, 춤추는 자에게 동작을 여러 번 연습시켜 자기 스스로 조종할 수 있을 때 비로소 안무가는 힘을 넣고 **빼기** 법을 세밀히 가르쳐 주도록 함이 좋을 것이고, 동작을 시작할 때 몸의 방향을 어떻게 할 것인가 하는 것을 결정짓도록 하는 것도 편리할 것이다.

창작은 스스로 가다듬을 때 나름대로의 미가 창출된다. 우리는 표현 욕구를 때때로 확장, 축소시켜서 그 현실을 이상으로 끌어올린다. 그리고 조화로움을 형성한다. 더 나아가서는 자연스러움에 우리는 감화를 받게 된다. 자연스럽게 창조된 동작 어휘가 서로 조화를 이룰 때 우리는 감상할 수 있겠다는 가능성을 가지며 한편, 무용수는 관객들 앞에서 자신 있게 무용을 보여주게 되는 것이다. 이러한 분위기가 조성되면서 무용수들은 현실을 초월한 듯한 무아지경의 자신을 불태우며 지성으로 혼연의 열기를 뿜어 무용을 하는 것인지도 모르겠다.

"처음부터 나는 삶을 춤추었을 따름이다. 어렸을 적에 나는 자라나는 것들의 자발적인 기쁨을 춤췄다. 어른이 되어서는 삶의 비극적 저류에 대한 최초의 깨달음, 즉 삶의 가혹한 잔혹성과 파멸적 진보에 대해 이해하면서 기쁜 마음으로 춤췄다." "춤이란 나로서는 엑스타시의 상태에서 어떤 혼을 반영하는 육체의 표현이기 때문이다. 사람은 두 가지 모양으로 춤을 출 수가 있다. 무용의 정신 속에 자기 몸을 던져서 실체 그 자체를 춤출 수 있다. 즉, '디오니소스' 가 그것이다. 또 무용의 정신을 말없이 생각하고 이야기하는 자로서 춤출 수 있다. 즉, '아폴로' 이다."라고 이사도라 덩컨(Duncan)이 말하였듯이 범인들과 달리 예술하는 이들은 누가 시켜서가 아니고 본인이 스스로 빠져 들어가서 하는 것이다.

무용에 종사하는 사람이면서도 어느 때 국제 행사의 무용제를 보면서 느낀 것은 똑같은 신체 구조와 똑같은 움직임의 원리를 익힌 사람들인데도 불구하고 각양각색의 무용 창작을 한다. 이는 표현하는 개인의 영역에 의한 몸동작 형성에 본질이 있기 때문인 것이다. "춤이란 두 사람이 추어도 같을 수가 없다."라고 한 말이 새삼 깊이 느껴지고 음미하게 된다.

역사의 문화 관습이 이렇게 같은 인간도 놀라울 정도의 변형제로 형성한다는 경이로운 사실에 사뭇 숙연해지며 한편으로는, 무척 희망찬 장래와 세계를 바라볼 수 있는 희열의 세계로 몰입되기도 한다. 이렇듯 쉽고도 어려운 작업에서 동작 어휘의 창출은 무용의 본질인 인간의 신체, 말하는 신체와 더불어 동질적 본질의 의미와 현상으로 다루어져야 한다.

3 무대예술의 난제

주제에 따른 움직임의 표현이 완성되어 무대에 작품이 오르기 위해서는 무대장치, 조명, 의상 등의 무대예술이 중요하다. 창작의 효과를 높이기 위해 필요한 이 무대예술은 창작을

준비할 때 염두에 두고 안무하여야 할 것이다.

무대의 미술이나 조명이 작품의 주제와 연관성으로 장치되었는지, 무대의상은 표현화에 의미를 부여하는지 등을 세심함과 정밀함으로 무대예술을 창작하는 것이 무용창작의 효과를 가미할 것이다.

무대예술에서의 조명은 공간창조로써 기술적인 효과와 아이디어의 선정으로 통일성 있는 예술적 가치를 지닌다고 할 수 있다.

또한 의상은 동작의 영향과 성격을 암시하며, 창작의 매개체가 될 수 있는 소품은 상징역할로 창작의 효과를 더해준다.

무대 환경으로 특별한 동작의 가능성을 제시할 수 있고 극적 효과를 이끌 수 있다. 이것은 인간의 눈이 밝기와 동작 이 두 가지를 동시에 반응하기 때문이다.

움직이는 인간의 힘을 주는 요소로서 신체에 대한 실제적이거나 환상적인 여러 가지 디자인의 가능성을 확대하기 위하여 무대예술은 안무가의 특정한 영감으로 커다란 가치를 지닐 수 있다.

그렇기에, 무용창작의 난제를 배재하기 위하여 안무의도에 맞게 구성된 무대 예술이 전문가의 조언이나 협으로 난제를 덜어 줄 수 있다.

또한 무대예술은 물질적인 문제에 부딪치게 되었을 때, 즉 스케일이 크고 화려한 무대 장치와 의상의 필요시에는 안무가는 근심하게 되지만 외부 협찬의 방법 등을 모색하고 강구하는 적극성을 띠어야 할 것이다.

4 심리적인 난제

창작에 종사하는 예술가들은 언제나 늘 무엇인가를 창작하려고 하는 심리적 욕구를 갖고 있다. 그리고 이 심리적 욕구를 충족하고자 무용창작에 있어 여러 가지 어려움에 부딪치게 되면서 안무가의 정서적인 감정에 반응하게 된다.

공연을 할 때 연습 상황에 비해 자신의 기량을 최대한으로 발휘하지 못하는 가장 결정적 요인은 불안으로 이 심리적 요인은 일상생활에서도 누구나 종종 경험하는 것이다. 불안은 현실적이고 실제적인 위협에 대한 반응이 아니므로 공포와는 구별이 되는 심리적 요인이다.

불안은 실존하지 않는 위협에 대한 인지와 정서에 대한 반응이라면 공포는 실존하는 것에 대한 정서적인 반응인 것이다(Bakker, Whiting과 van der Brug, 1990).

스트레스는 신체에 요구된 부담에 대한 비구체적인 반응(non-specific response, Selye, 1975)이며 어떤 유의 스트레스 요인에 대한 중성적 의미에서 생리적 반응을 말한다. 스트레스는 긍정과 부정의 성격을 모두 포함하며 무용 상황에서의 스트레스는 공연 상태 불안을 야기하는 부정적인 의미의 스트레스이다.

공연 시 무용수는 평가의 장이라는 객관적인 요구를 선천적인 불안 성향의 정도인 특성 불안 수준에 따라 위협적인 것으로 지각하는 주관적인 심리 상태가 상태불안을 야기한다.

불안의 가장 근본적 원인은 실패의 공포로 결과에 대한 불확실성으로 말미암아 발생되는 것으로 자신의 '기량이 부족하지 않을까'에서 기인한다. 두 번째는 관객의 반응과 개인적 징크스, 기후의 변화 등에서 발생하는 제어 상실과 불안을 야기하는 소도구나 의상, 개인의 감정적인 부분, 신체적인 불만 요인과 마지막으로는 공연과 직접적으로 관계가 없는 일생생활에서의 실수나 잘못으로 가지는 죄의식이 공연의 결과에 영향을 미칠까 염려하는 것이다.

안무가는 무용창작의 과정과 무용창작의 결과에 심리적인 반응을 하게 된다. 무용창작의 과정에서는 불안과 실망, 기대와 희망 등 복잡한 감정의 구조가 형성되므로 창작의 영향과 유기적인 상관성을 갖게 된다.

또한 무용창작의 결과에서는 만족감과 반성의 감정을 경험하게 되는데, 관객의 반응에 심리적인 반응도 따라가게 된다고 할 수 있다.

관객의 공감대 형성으로 작품세계와 하나를 이루었을 때 박수라는 창작결과의 선물을 부여받게 되고 기쁨이라는 감정의 획득과 안무가로서의 성취감을 맛볼 수 있는 것이다.

그리고 작품의 평가가 부정적이었을 때에는 안무가는 낙망과 허탈함이라는 심리적인 난제를 겪게 된다. 더불어 반성과 책임을 직시하는 가운데 아쉬움 감정이 깊이 관여할 것이다.

그렇지만 이러한 심리적인 난제는 예민한 감각과 조정으로 필요하다고 본다. 심리적인 반응에서 얻어진 경험과 교훈으로 더욱 노력하는 과정을 무의식적으로라도 즉각적으로 이루어지므로 무용창작과정에서의 집중력과 신중함이 더해질 것이다.

그렇기에 안무가는 정신적인 기능에서의 수행을 충실히 하는 가운데 심리적인 난제에 훈련 된다면 보다 자신감 있는 창의력이 가능한 무용창작이 이루어질 것이다.

또한 인내의 어려움도 잘 극복하여 진실함과 성실함으로 내면에서의 자각이 내재하여야 할 것이다.

5 창조의 장애요인 처리법

초보적인 안무가로서 즉흥무 기술을 완벽하게 다듬을 수 있는 방법에는 여러 가지가 있다. 그 첫째는 집중력을 키움으로써 몸과 마음 사이의 관계를 강화하는 것이다. 주의집중을 좀 더 잘함으로써, 즉흥무를 하는 동안에 자신에게 떠오르는 동작들을 식별해내고 기억해내는 능력을 키울 수 있을 것이다.

주의집중력은 긴장을 푸는 능력에 의해서 향상되기 마련이다. 긴장을 푸는 능력이 개개인 들로 하여금 그들이 맞닥뜨리게 되는 동작의 아이디어나 이미지들을 좀 더 잘 수용할 수 있 게 만들어 주는 것 같다.

콜로라도 주립 대학의 심리학자인 리처드 스윈(Richard Suinn)은 운동선수들의 운동 발 휘 능력을 발전시키기 위하여 많은 노력을 기울여왔다. 그러한 노력의 일환으로 스윈은 경쟁 에 임해 있는 선수들 각자가 최대한 한도로 동작 기술을 표출해낼 수 있도록 하기 위하여 아 주 성공적인 운동경험을 상상하는 정신적인 리허설을 시행하였다. 그러나 깊은 휴식을 취하 는 연습을 하는 것이 정신적인 상상에 주의를 집중하는 것보다 우선이었다(브라이(Bry), 1978). 스윈은 사람이 정신적인 상상에 집중할 수 있는 열쇠가 휴식할 수 있는 능력에 달려 있다고 믿었다(브라이, 1978)고 하였다.

창조적인 작업에 관하여 글을 썼던 작가들도 이구동성으로 그들이 성공적이었다고 여긴 창 조적 작업이나 문제의 해결을 하게 해주는 어떤 특정한 마음상태에 대하여 이야기하고 있다. 이러한 마음상태란 의식과 무의식 사이에 겹쳐져 있다. 바로 몽상이나 한낮의 꿈을 꾸는 상 태인 것이다. 자신의 책《상상력》에서 해롤드 러그(Harold Rugg)는 지적하기를 창조를 하기 위하여서는 사람이 그 창조적인 일과 관련이 있는 메시지와 아이디어들을 받아들일 수 있도록 마음의 경계를 늦추고 편안한 휴식의 상태에 갓 들어가 있는 것 같은 마음 상태를 유지하여야 한다(러그, 1963)고 하였다.

스트레스 해소를 위한 과정에서도 일반적으로 휴식의 기술을 채용하고 있다. 제이콥스(Jacobson)의 건설적인 휴식법에서는 개개인이 긴장 상태와 휴식의 느낌을 구분할 수 있도록 몸의 특정한 부분을 교대로 긴장시켰다가 휴식시켰다가 하기를 권하고 있다(제이콥슨, 1929). 건설적인 휴식은 개개인에게 몸의 어느 부분이 긴장되어 있는지 식별해 내고, 그 긴장을 완화하는 작업을 시작할 수 있도록 해준다.

육체적 긴장에 대한 감각이 무디거나 없는 사람은 점차로 그러한 긴장이 몸속에서 축적된다. 시간이 지나면 그러한 사람들은 그 축적된 강도를 의식하지 못한 채 그러한 긴장들을 맞게 되는 것이다.

또 다른 좋은 휴식의 기술은 여러분의 호흡에 주의를 집중하는 것이다. 이것은 최대한도로 편안하게 바닥에 누운 자세에서 가장 효과적이다. 그런 후에 들이쉬고 내쉬는 일에 정신을 집중하고 이것을 여러 번 연습하라. 호흡이 엉치뼈 바닥에까지 닿도록 숨을 깊게 쉬어보라. 그 다음에 여러분의 몸이 각기 다른 부분으로, 특히 긴장을 하게 되는 부분들 속으로 숨을 들이쉬어보라(다우드(Dowd), 1981). 그런 후에 다시 정상적인 호흡 리듬으로 되돌아가는 것이다.

휴식적인 장면을 암시해 주는 정신적인 이미지들도 긴장을 완화시키는 데 도움이 된다. 그러한 이미지 중에는 깃털로 된 침대에 눕는다든지 더운 여름날에 해변에 누워있는 상상들이 포함된다. 휴식적인 이미지는 또한 지면에서 위로 떠오른다든지 떠다니는 생각일 수도 있겠다. 의사인 마틴 로스만(Martin Rossman)과 심리학자인 데이비드 브레슬러(David Bresler)는 정신적인 이미지에 관하여 많은 연구를 했다. 그들은 자신들의 방법을 《안내된 이미지》(guided imagery)라고 불렀다. 이 휴식법에서 환자들은 자기 자신들을 좀 더 잘 관리하기 위한 목적에서 자신들의 정신적인 이미지들에 초점을 집중하는 능력을 키우는 여러 가지 연습운동을 지도받게 된다(로스만과 브레슬러, 1983). 이러한 연습운동들의 일부는 역시 휴식과 관련이 있다. 어떤 연습운동에서는 개개인들에게 여러 번 아랫배를 사용하여 천천히 그리고 깊은 숨을 쉬도록 한다. 매번 숨을 들이쉴 때마다 환자에게 우주의 에너지를 들이마시는 것처럼, 또한 자신의 몸이 점차로 더욱 편안해지는 것처럼 상상해 보라고 한다.

마지막으로 환자에게 자신의 몸이 내부 안쪽에서부터 바깥쪽으로 점점 더 밝게 그리고 빛나게 되어가는 것이라고 생각해 보도록 권유한다(새뮤엘스와 베넷(Samuels&Bennett), 1973). 이러한 연습을 통해서 휴식의 느낌을 유도하고 에너지를 보강하는데, 이것은 바쁜 개인들의 시간 사이에 잠시 쉬는 동안 연습할 수도 있다.

끝으로, 주의를 집중하는 법을 배움으로써 주의 집중력과 육체와 정신의 관계를 향상시킬 수 있다. 무용 기순은 연습하면서 여러분이 정신이 방황하지 않도록 하라. 일단 그런 상황이 벌어지면 마음을 다시 수습하여 여러분이 어떤 특정한 동작을 시행하는 동안 자신이 경험하게 되는 육체적인 느낌, 감각, 그리고 긴장들을 구분해 보라. 동시에 여러분의 주의를 여전히 집중하면서도 가능한 한 편안한 상태를 유지해보라.

6 내면화의 성숙을 위한 요인

1) 자유로운 생명의 추구

'진리를 알찌니 진리가 너희를 자유케 하리라'(요한복음 8:32)

자유로운 생명이라는 것은 어떠한 것에도 구속받지 아니하고 창조적인 자신만의 세계를 추구할 수 있는 것이다. 우리는 항상 현실의 삶 속에서 자신이 속한 집단과 더 나아가 사회의 구속을 받으며 지내왔다. 시대적, 사회적 구속은 인간이 가지는 가장 순수한 내면의 자아를 잃어버리고 현실의 상황과 여건에만 반응하며 개인의 개성과 표현이 아닌 공동체의 이익과 목적에 따라 움직이며 생활해 온 것이다.

이러한 현실의 활동은 창작을 위하여 삶의 기반을 이루며 이를 토대로 소통의 이야깃거리를 찾고 표현을 하기 위한 방법론을 형성하여 소재의 보편성을 얻을 수는 있으나 자유로운 생명이 없이는 창조적인 창작활동의 토대를 얻을 수는 없다.

고바야시 신지는 현실의 생명이라도 미를 형성하는 데 무시할 수 없는 요소가 존재한다고 하였다. 이는 자유로운 생명을 추구할 수 있는 인간만이 가지는 것으로 자유로운 생명을 통하여 발산된 표상활동의 근원을 이루는 자유로운 생명은 표상적인 창조활동력이 있고, 현실 생명에는 창조성을 지탱해줄 표현력은 가지고 있기 때문이라고 밝힌다. 또한 근원적 생명은 순수한 성격, 자유성의 성격을 강조하여, 현실적 환경에서의 억제적 구속요인을 배제한 자유로움에 대하여 강조하였다.

내면적 요소로서의 자유로운 생명은 자유로운 영혼으로도 이야기할 수 있는데 영혼은 주로 마음으로도 인식되고 있다. 국어사전에서는 마음의 정의를 사람이 본래부터 지닌 성격이나 품성, 사람이 다른 사람이나 사물에 대하여 감정이나 의지, 생각, 느낌 따위를 일으키는 작용이나 태도, 사람의 생각, 감정, 기억 따위가 생기거나 자리 잡는 위치, 사람이 어떤 일을 대하여 가지는 관심, 사람이 사물의 옳고 그름이나 좋고 나쁨을 판단하는 심리나 심성의 바탕, 이성이나 타인에 대한 사랑이나 호의의 감정, 사람이 어떤 일을 생각하는 일이라고도 한다. 또 무용계에서는 마음과 유사한 말로 혼 또는 심혈, 영혼 등으로 표현하기도 한다.

이사도라 덩컨에 의한 현대무용의 태동을 통하여 중심적 힘이 되었던 것이 형식미나 방법론이 아닌 '자연으로 돌아가라'라는 무용의 본질적 변화의 외침이 있었는데, 곧 영감(inspiration, 신통한 생각, 명안, 고취, 감화, 암시, 시사, 감화, 신성)의 움직임의 시작을 의미한 것이었다. 이렇듯 우리가 마음이라고 생각하는 내면적 구조는 보이지 않는 영혼에 의한 움직임이라는 측면에서 다루어져야 한다고 본다.

영혼(靈魂, soul)은 유기체 일반의 생명원리로서 상정(想定)되는 것, 또는 단순히 영(靈)이라고도 한다. 19C 이후의 실증적 심리학의 발달에 따라 영혼이 실체로서 존재한다는 것은 과학적 의미로는 부정되고 있지만, 종교에 있어서는 아직도 기초관념의 하나로서 중요시되고 있다. 영혼관념의 발생에 관해 추측한 사람은 영국의 타일러인데 잠자고 있는 동안 꿈에서는 다른 장소에서 마음대로 행동할 수 있다고 믿음으로써 눈에 보이는 신체와는 별도로 신체로부터 유지될 수 있는 부분이 있다고 상상하였으며 죽음은 이 부분이 영원히 떠나는 것이라고 해석하였다. 인간 이외의 생물, 무생물에게도 영혼이 있다고 보는 애니미즘도 이에 속한다(魂: 마음의 작용을 지배함). 또한 우리말의 '넋'이라는 관념이 추상적인 생명원리를 가리키는 동시에 영혼관념은 유동적이고 파악하기 어려우나 생명령(生命靈)이라고 불리는 생명을 주고 있는 원리와 자유령(自由靈)이라고 하는 신체를 자유로이 떠날 수 있고 신체가 죽은 후에도 존속할 수 있는 영혼이 있다.

간편 옥스퍼드 영어사전에서 영혼을 다음과 같이 정의한다.

- 인간의 생활원칙
- 순전히 신체적인 부분과 대조를 이룬 인간의 정신적인 부분
- 인간 특성의 정서적인 부분

성경에서는 "하나님은 영이시니 예배하는 자가 신령과 진정으로 예배할지니라."라는 구절을 통해 하나님은 영(靈)이심을 나타냈으며, 태초에 말씀이 계시니라 이 말씀이 하나님과 함께 계셨고 만물이 그로 말미암아 지은바 되었으니 지은 것이 하나도 그가 없이는 된 것이 없느니라 그 안에 생명이 있었으니 이 생명은 사람들의 빛이라(요1:1~4). 또한 하나님의 말씀은 살았고 운동력이 있어 좌우에 날선 어떤 검보다도 예리하여 혼과 영 및 관절과 골수를 찔러 쪼개기까지 하며 또 마음의 생각과 뜻을 감찰하나니(히4:12) 라고 하였다. 즉, 하나님은 영이시고, 영은 말씀이며, 이 말씀은 운동력이 있어서 인간의 내·외면의 삶을 주장하는 것을 알 수 있다.

고바야시 신지는 무용미를 형성하는 내면적 구조를 성립시키는 요소로는 직접적으로 무용으로 표현하는 대상이 되는 소재적 요소, 무용을 형성하는 표현 소재를 제공하는 조형적 요소, 무용형성의 활동력인 기능적 요소로 분류하고 있다. 이 가운데 무용을 형성하는 원동력이 되는 생명적 요소를 인간의 생각, 의지, 사상, 정신 등으로 볼 수 있다.

종교학적으로는 영혼이라고 하면 하나님의 영을 의미하며 앞서 밝혔듯이 영원히 변치 않는 진리이자 말씀인 반면에, 학문적으로는 정신을 영혼으로 동일하게 보아서 하나님의 영이 아닌 인간의 노력에 의한 의지적 세계를 나타내는 차이가 있다.

프로이드가 그의 작업과 저서들에서 영혼에 대해 이야기하고 있는데, 그 영혼의 본질과 구조, 발달과 특성에 대해서, 또한 그 영혼이 우리들의 모든 행동과 꿈속에 어떻게 나타나는지 그 방법에 대해서도 이야기하고 있다. 상기내용에서 영혼이 꿈속에 나타나는 것은 마치 종교학적, 학문학적 양면성을 의미하고 있는 듯하다.

이러한 이론적 배경을 통해서 인간은 행위와 영혼의 유기적 관계를 통하여 삶을 누린다. 그러나 일상적으로 무용의 인식은 무용미 형성에 있어서 외면적 요소의 하나인 신체의 움직임, 테크닉(기술), 나아가 동작 또는 춤사위로 무용이 대부분 형성된다고 생각하며 이 부분의 연구와 훈련에 몰두하는 현상을 알 수 있다. 물론 마음으로 정성을 다하여 무용을 연마하지만 안 보이는 내면의 세계, 즉 영혼보다 보이는 무용 쪽이 더욱 중요하다고 느끼는 성향이 있

음을 알 수 있다. 영혼이 인간의 생각, 행위를 주장하고 조화를 이룬 행위를 할 수 있다는 것을 알 수 있음에도 무용이 영혼과 신체의 균형적 조화를 잃어 심신 이원론적인 현상을 낳고 있다.

포스트모던 시대의 동향 중 하나로 영성의 재유행을 꼽을 수 있다. 영성의 유행이라 함은 기독교적인 것만은 아니다. 도를 추구하는 양상은 캘리포니아의 최근 뉴에이지 종파나 동양 고대 신앙까지 고루 아우르고 있다고 했으며 예술과 영성의 연계는 새로운 개념이 아니라고 했다.

무용학도들이 무용을 할 때, 자유하지 못하는 내면성을 갖고 있음을 발견한다. 적어도 대학에서 무용을 전공하는 학생은 연습 및 학습, 공연이라는 과정을 통하여 "보여줌", "나타냄"의 인식 및 의식이 생활화되어야 하는 학문을 하는 것이다. 그럼에도 지나치다고 할 정도로 자기 자신에 대한 자부심, 심리적으로 불안정하고 긴장하며 스트레스를 많이 받는 상태에 있음을 알 수 있다.

무용을 배우는 과정, 무용공연을 하는 과정, 오디션, 콩쿠르 등을 통하여 가족, 동료, 선후배, 지도자, 관객 등 많은 사람과 환경을 접하게 된다. 또 2차적 생명처럼 태어난 배경, 부모님, 가족들의 성향, 경제적 형편, 성장방법, 교육방법 및 배경 등 헤아릴 수 없는 많은 변화와 상이함 속에서 성장된다. 진정 각자가 순전하게 갖고 있는 내면의 자유함 곧 영혼의 자유함을 갖고 자신과 자신의 능력과 표현세계를 마음껏 표현할 수 있는 그러한 환경이 인간이 살고 있는 현실 속에 얼마나 존재할까를 생각해 보아야 할 것이다.

마음을 편안히 하고 자신의 영혼의 깊은 내면으로부터 표현을 할 수 있는 그 경지까지 무용인들은 내면의 집, 곧 영혼의 집에 들어가서 부자유스럽고, 불완전하게 하는 요인들을 분명한 동기, 자신감, 반복되는 연습 등으로 제어하므로 의사소통의 매개체인 무용예술의 진수를 창출해 나가야 할 것이다.

2) 동기 및 목적

무용수행을 잘하는 것은 궁극적으로 자기표현을 통한 예술적 성취에 있으나 구체적으로 행동을 유발시키는 원인은 각 개인에 따라, 상황에 따라 다양하다.

동기란 어떤 일에 대한 의욕, 기본적으로 자신이 어떤 일을 시작해서 지속시켜 나갈 수 있는 능력을 말한다.

무용 동기는 무용에 참여와 무용 공연 수행, 즉 안무에 대한 동기를 포괄하는 개념으로 기술, 체력, 체격 이외에 심리적 상태 변인 중 매우 중요한 무용수행 결정요인이며 무용을 함에 있어 오는 피곤함과 고통, 그 외의 다른 어려움 등과 직면하였을 때 흔들림 없이 지속할 수 있는 힘을 말한다.

동기는 신체와 정신, 생활태두에서도 많은 영향을 미친다 첫 번째, 시체적 조절면에서 동기를 부여한 만큼 자신의 연습 시간과 노력에 임하는 자세가 달라지며 기술적 훈련에서도 동기부여에 따라 성취도가 달라질 수 있다. 두 번째, 정신적인 조절로 일반적 연습 프로그램에는 정신적 훈련이 포함되어 있지 않아서 스스로를 제어하기 위해서는 심리적 동기부여가 중요한 역할을 할 수 있다. 마지막으로 동기부여는 끊임없는 노력과 생활 태도에 영향을 미친다. 무용수가 가지는 부담 중 수면과 식생활, 스케줄, 사회적 관계와 생활 습관 등에도 영향을 미칠 수 있다.

무용수들에게 동기부여가 중요한 이유는 "참여"라는 의욕에 영향을 미치며, 더 나아가 공연에 큰 영향을 줄 수 있기 때문이다. 때문에 무용수 스스로 거시적 목표를 설정하고 정규적인 연습과 스스로에게 동기 부여를 할 수 있는 사진 등을 활용하여 스스로 동기 부여를 지속적으로 할 수 있는 것이 도움이 될 것이다. 더 나아가 무용일기를 작성함으로써 무용 심상에 활용하여 동기를 개발하고 심리적인 안정에 도움을 받을 수 있다.

1. 무용을 하게 된 동기는 무엇입니까?

2. 무용의 장점은 무엇입니까?

3. 무용 창작의 목적은 무엇입니까?

언제나 행위의 동기를 중요시하고 결과에 의해 좌우되는 사람이 되지 말라

－베토벤

3) 관심과 가치

(1) 관심

관심은 인간이 추구하는 삶을 재미있게 하고, 그 관심을 만족시킴으로써 삶을 선하게 한다. 이러한 것을 이루거나 만족시키는 것이 바로 건강이나 안전, 자유, 우정, 지식 같은 제반 가치들이다.

각기 다른 개인들은 각기 다른 관심을 추구한다. 어떤 사람은 우정이나 사랑이 방시으로 다른 사람에게 관심을 보일 것이고, 또는 어떤 나라의 우표를 수집한다든가 나팔수선화를 교배시키는 데 관심을 보이기도 하며, 개인은 자신이 가지고 있는 관심이나 그 관심을 실현하고자 하는 데서 그 존재가 규정된다.

관심은 나뉘는 경향이 있고 개체로서의 개인의 수를 증가시킨다. 관심은 취미로부터 직업을 구별해주며, 작업과 놀이를, 사적인 생활과 공적인 생활을 구분해준다.

관심은 개별적이면서 동시에 보편적이고, 개인적이면서 동시에 사회적이기도 하다.

(2) 가치

'가치'라는 말은 본디 통화의 가치를 표시하는 데 사용되던 경제학의 일상적 용어에서 나왔으나 일반적으로 화폐나 재화의 값에 관한 용어로 사용되었다. 그러나 가치의 의미는 도덕적, 종교적, 경제적, 미적인 것 등에 관한 가치의 다양한 종류까지 포괄하는 것으로 확대되어 의미 영역이 넓어졌으므로 그 개념을 정확히 집어내기는 어려운 일이다. 그러나 가치의 대상은 순전히 상상적인 것으로 모든 분야에서 추구되고 있다. 도덕적으로 애쓰는 사람은 당위적인 것에 관심을 두며 종교적으로 매진하는 사람은 현재 있는 사물의 소외와 갈등을 뛰어넘어 나와 나 아닌 것, 자아와 타인을 결합하여 조화시키고자 갈망한다. 예술 창작이나 미적 감상에 심취하여 있는 사람은 사실의 세계를 초월한다. 왜냐하면, 상상력은 존재하는 것에 묶여 있는 것이 아니라 가능한 것에 의해서 그 불이 지펴지기 때문이다. 심지어 과학에서조차 허구적인 것에서 가치를 찾아내는데, 이는 상상적인 것이 제반 사실을 보다 잘 이해하게 하는 데 도움을 주기 때문이다.

도덕적인 것, 종교적인 것, 미적인 것 및 인식적인 것의 가치들은 모두 상이하지만, 이 모든 것은 가치들이다. 그러나 느껴진 사실은 가치 있는 것처럼 생각되기 쉽고, 어떤 사실을 고려한다는 것은 가치 평가할 만하다는 결정을 흔히 요구하는 듯하므로 지나친 과장은 조심해야 한다.

우리가 지니고 있는 '가치'라는 명사의 사용에서 누리게 되는 하나의 이점은 '마음에 드는', '냉담한', '싫어하는' 등의 전체 영역을 망라할 수 있다는 데 있다. 가치를 미와 같이 유익한 측면에서 보면 그것은 긍정적(적극적) 가치라고 할 수 있으며, 추와 같이 부정적인 면에서 보면 부정적(소극적) 가치라고 할 수 있다. 어떤 것이 냉담하거나 아무런 관심을 불러일으키지 못할 때는 무가치하다고 말할 수 있다. 물론 어떤 관점에서 무가치한 것이나 부정적인 것으로 평가할 수 있는 것도 다른 관점에서 보면 긍정적으로 평가를 내릴 수 있다.

현실적 가치와 잠재적 가치 사이에 또 하나의 구별이 있다. 대상 안에 어떤 관심이 놓여 있다면 가치는 언제나 실현된다. 그러나 만약 어떤 관심도 야기되지 않는다면, 대상이 어떤 조건 아래에 있다면, 관심을 일으킬 수 '있으리라'는 의미에서 잠재적 가치를 말할 수 있다. 잠재적 가치는 가치평가를 받는다는 가능성에 의하여 주어지는데, 미적 대상이 가치를 창조하느냐의 여부는 그것이 실제로 평가 내지 감상을 불러일으킬 때 분명해진다. 완전하고 엄격한 의미에서 가치란 세 가지 요소를 모두 필요로 하는데, 즉 주체, 대상, 그리고 이들 양자의 상호 관계가 그것이다.

가치는 크게 도구적 가치와 본질적 가치로 나눌 수 있는데, 도구적 가치란 목적에 이르는 수단이라고 할 수 있다. 본질적 가치란 하나의 행위 내지는 추구하는 것의 성취를 가리키는 '완성' 또는 '완성적 가치'라고 불릴 수 있다. 예술작품의 미적 가치는 관심 또는 추구하는 것이 그 안에서 그리고 그것을 통하여 완성되었다는 의미에서 마지막 종점이라고 하겠다.

1. 일상생활에서 우리는 주로 무엇에 관심을 갖고 있는가?

   (유형, 무형의 것/외면적, 내면적인 것/시각적, 비시각적인 것)

2. 일상생활에서 우리는 모든 것을 결정할 때 어떠한 가치관을 갖고 있는가?

현대에 와서 많은 것들이 본질을 잃었습니다. 예를 들면 여성의 옷차림이 그렇습니다. 자신의 신분·지위·몸매를 과시하는 것이 옷의 본질이 아닙니다. 옷을 단정히 입으십시오. 그리고 외양에 현혹되지 말고 기억하십시오. 하나님께서 지으신 당신의 본질을!

-박순자

4) 관찰

옳은 동작을 찾아내는 것은 안무의 첫 단계이다. 그 후에 이러한 동작들에 여러분이 가지고 있는 안무 제작에 관한 지식이 가미되어 변화를 거치게 되고, 잘 디자인된 작품으로 만들어지게 된다.

적절한 동작을 찾는 일은 《즉흥무》를 통해서 달성된다. 즉흥무에서 안무가는 안무의 의도가 무엇인지에 정신을 집중하면서 즉흥적으로 움직이게 된다. 안무가는 무용을 만들기 위하여 선택된 원래의 동기대로 즉흥무를 해나가게 된다.

호킨스가 제시한 방법은 다음과 같다.

(1) 탐험

동작 탐험의 경험은 몸을 정돈하는 연습을 통해서도 개발될 수 있다.

바닥에 누워서 여러분의 몸에 속한 모든 부분들을 정돈해 놓으면 어떻게 느껴지는가?

앉아 있는 자세 그리고 서 있는 자세는 어떠한가?

머리와 어깨와 몸체와 엉덩이가 여러분을 지탱해 주는 근간이 되는 발의 바로 위에 자리 잡고 있다는 것을 의식하고 느껴지는가?

허리 윗부분을 구부려보고 서서히 서 있는 높은 자세를 취해보자. 다시 펴는 행동을 빠른 속도로, 그런 후에 다시 보통의 속도로 시도해보고 계속적으로 또한 간헐적으로 해보자.

최종적으로 대각선 방향으로 몸을 뻗어본다든지, 허리를 비틀어본다든지 하는 다른 동작들을 탐험해보자.

이러한 동작들 하나하나가 여러분에게 어떻게 느껴지는지에 대하여 주의를 기울이고 집중하여 움직임을 관찰해보는 것이 탐험이다.

(2) 무용스터디

무용스터디란 작품을 만들기 위해서 하는 작품구성의 시간을 이야기한다. 무용의 스터디를 만드는 첫째 과정은 즉흥무를 통해서 적절한 동작을 찾아내는 일이다. 이 경우에도 동작을 찾을 때 주의를 집중할 수 있기 위하여, 여러분 자신의 의도나 동기가 무엇인지 알고 있는 것이 중요하다.

많은 학생들이 즉흥무 시간에 자신에게 나타난 동작을 기억해내는 데 어려움 겪으나 이러한 문제는 연습을 통해서 해결될 수 있다. 즉흥무에서 나온 동작을 기억하는 것이 중요한 것은 나중에 이러한 동작들을 가지고 안무의 스터디나 작품을 만들 수 있기 때문이다.

동작의 기억은 반복을 통해서 고조된다. 여러분에게 알맞게 느껴지는 동작의 프레이즈를 찾게 되면 되돌아가서 그 동작을 다시 실시해보자. 이러한 동작의 모양과 프레이즈가 여러분이 이미지들과 동기에 맞는 것같이 보일 때까지 그러한 동작을 계속해서 반복한다면 동작을 기억하는 능력이 자기 자신 밖으로 나가서 자신이 즉흥무를 하는 것을 바라보는 것과 비례하여 증가된다는 것을 알게 될 것이다.

자신에게 알맞은 것처럼 느껴지는 동작을 반복하는 동안에 그러한 동작들이 점차로 확실해지는 것을 발견하게 될 것이며 점차로 자리를 잡아가면서 점유하게 되는 공간이나 스텝 패턴이나 팔, 머리, 몸체의 사용이나 초점이 여러분의 마음에 드는 쪽으로 발전되면서 자신에게 '꼭 맞는' 것 같이 느껴지게 된다.

무용에 형태를 갖추는 능력을 키우는 데는 시간이 걸린다. 이러한 시간을 스터디라 하고 각자 자기에게 적절한 환경과 충분한 연습과 격려가 필요하지만 모두가 똑같은 방식으로 또는 똑같은 속도로 어느 특정한 안무 진행의 단계를 거쳐 갈 수는 없다.

즉흥무의 구성에서 경쟁력을 개발하기 위한 하나의 방법은 동작의 '탐험(exploration)'을 경험하는 것이다. 즉흥무의 경우처럼 동작의 탐험도 즉흥적인 과정이며, 탐험에서 떠오르는 동작들 역시 미리 계획된 것이 아니다. 동작의 탐험은 각자 시행하고 있는 동작의 기초가 되는 의도 등에서 출발하게 된다.

보통의 동작탐험은 교사의 지도하에 시행하는 것에 반해 즉흥적인 동작이란 무용수의 아이디어나 기억이나 이미지에 의해서 시작된다. 동작 탐험에서 무용수는 자신의 몸이 움직여가는 모습에 주의를 집중하게 된다.

즉흥무는 동작이 좀 더 개인적이고 내부적인 의식의 흐름에 의해서 만들어지는 내면적인 과정이다.

동작 탐험 경험 및 즉흥의 실제

1. 먼저 눈을 감는다.

2. 다리를 서로 겹치고 바닥에 조용히 앉아 오른팔에 주의를 집중하고 팔이 움직이도록 한다. 후에 자신의 몸이 어떻게 반응하는가 생각하여 보고 여러 다른 방향과 속도로 움직여 본다.

3. 팔 이외의 다른 신체의 부위의 동작들을 탐험하면서 각각의 관절접합 부분들을 얼마나 다양한 방법으로 움직일 수 있는지 해본다. 팔을 몸의 옆으로 들어 올려 허공에서 원을 그리는 등의 형체를 시도해본다.

4. 몸체에서 나오는 에너지의 흐름과 팔에 있는 에너지를 연결시키는 데 주의를 집중하고, 이러한 에너지가 몸의 중심부와 각 지체 사이를 흐르도록 해본다.

5. 편안한 상태로 바닥에 앉아 있는 자세에서 시작해 몸을 매우 천천히 바닥에서부터 들어 올려 몸의 각 부분을 다시 끌어당기는 중력의 느낌에 주의를 집중하고, 일어서면서 중력이 당기는 힘과 그 무거움을 느껴본다.

6. 바닥에서 일어서면서 몸이 높아지는 것을 지각해보고 할 수 있는 최대한도로 몸을 일으 킨 후 다시 천천히 바닥으로 앉는다.

이러한 과정 전체를 통해서 여러분 자신의 육체적 긴장에 주목해야 하며 이를 통하여 몸의 흐름과 에너지를 느껴보는 것이 중요하다 할 수 있다.

네가 얼굴에 땀이 흘러야 식물을 먹고 필경은 흙으로 돌아가리니
그 속에서 네가 취함을 입었음이라 너는 흙이니 흙으로 돌아갈 것이니라 하시니라

-창세기 3:19

생각해 봅시다

1. 자연, 동물, 인간, 기계 등의 움직임을 통해서 무용 움직임을 어떻게 적용할 수 있는가?

아름다움은 하나님의 성품이기 때문에 그 자체로서도 귀중하다는 시편의 말씀처럼 하나님께서는 더욱이 피조물 가운데 이 성품을 표현하신다. 인간이 아름다움을 감지하기도 하고 창조하기도 하는 것은 그가 하나님의 형상으로 지음 받았기 때문이다.

−박순자

5) 즉흥

(1) 즉흥무용의 의미

즉흥무용은 창조와 실행을 혼합해 놓은 것이라 하겠다. 무용가는 시작과 동시에 사전 계획 없이 동작을 연출해 낸다. 이것이 바로 동작의 창조적인 동작인 것이다. 즉흥무용은 지적으로 잠재능력을 억제하거나 동시에 자극적 표현, 창조, 연기를 하지 않고 잠재의식으로부터 표출하는 방법의 하나이다. 이러한 즉흥무용은 이미지나 아이디어 혹은 감각적 자극에 대한 반응으로서 직접적인 움직임을 가지고 내부에서부터 표출된다. 그렇다고 안무를 하기 위해서 반드시 즉흥적인 무용을 해야 한다는 것은 아니다. 우리는 아이디어에 의해 이루어진 동작이 안무가로부터 완전히 형성될 수 있는 아이디어를 받아들이고 있다. 또한 즉흥무용은 안무적 개념을 경험하고 배우는 좋은 방법이라고 할 수 있다. 안무의 개념은 즉흥적으로 경험되는데 그들은 내부에서부터 발생되고, 이러한 경험은 자동적으로 작업과정에 도움을 준다.

즉흥무용을 하는 시간 동안에 표현되는 움직임은 규율의 테두리를 벗어나고 목록표를 작성치도 못하며 정해진 행동 역시 하지 않아도 된다. 즉, 이것은 도출된 것의 풍부한 경험의 저장이고, 포기하려는 순간에 힘이 되어주는 것이라고 본다. 학습은 경험과 분석, 사고, 통합, 평가 등을 모두 포함하고 있다. 분석은 분명하고 확실하게 주위를 환기시키도록 한다는 의미로 정의되고 예측을 가능하게 한다. 통합의 경우는 비판적인 시야를 개발시킴은 물론 올바른 판단을 가능토록 한다. 이들은 과정이 분리되는 것이 아니라 서로 혼합시킨 것으로 이는 새로운 것을 창조하기 위해 다시 정의된 서로 다른 수준의 것들을 통합하기 위해 목적상 분리를 하는 것이다.

그러므로 우리는 무용을 구성측면에서 분석하고, 특별히 상세하게 그 부분에 대해 주시하며, 즉흥무용을 경험케 한다. 그리고 결과를 창조해낸다. 그러나 실제에 있어 우리는 이미 전체적으로 통합된 무용에서 이것들을 경험하게 된다.

즉흥적인 영감은 그 자체에 의해 진행되고, 그들 스스로 나타내는 전망에 대해서는 무엇이라도 만족시킬 준비가 되도록 해준다. 안무적인 영감은 빠른 속도로 지나가는 이미지로 볼 수 있으며, 주목되는 행동을 그 방향으로 계속 유지하는 것처럼 내부적인 감명을 주고 있음을 알 수 있다. 즉흥과 안무는 함께 작업하는 과정으로서 하나가 된다. 동작이 흘러나올 때, 숙련된 직관으로부터 나오는데 이는 심미적이고 유기적인 숙련에서 나온다. 이런 것들을 위해서 안무가는 내적인 태도와 창조, 혼합, 형태를 위한 행위를 하게 된다. 안무의 초보적인 활동은 내적 과정으로 동작과 창조적 만남을 통하여 심미적인 감각을 재발견하고, 추구한다고 하겠다.

(2) 즉흥무용의 표현

인간의 움직임은 반사적인 행동들과 편안한 자세, 세밀하고 복잡하게 나뉘는 부분과 행위, 그리고 실제적이고 심미적인 형태 등과 같이 다양한 이러한 동작들은 밖으로 크게 드러나기도 하고 때로는 단지 내적으로만 작게 느껴지거나 숨겨지기도 한다. 이것은 공간과 시간에너지라는 말로 분석되어 왔다.

이러한 요소들을 한데 묶어 하나의 동작과 또 다른 동작들로 구분했고 각기 독특한 주체성을 주었다. 동작의 성질에 의존하여 한 가지 요소가 주로 사용되고 나머지 요소들은 늘 동작을 보충하는 것에 사용된다. 즉, 손가락을 가볍게 두드리는 것에서의 주된 시각적 요소는 제한된 공간과 에너지를 직접적으로 이용함으로써 증폭될 수 있다.

움직임은 표현적이고 실제적이다. 움직임은 인간 성장과 발달에 공헌했고 본보기가 되어왔다. 우리의 신체는 본능, 직관, 리듬과 정열 등의 유도에 따라 내적·외적 신호의 계속적인 흐름을 해석하고 행위의 형태를 결정함으로써 무언의 욕구에 응답하게 된다. 신경근육조직-근육수축, 신경자극, 감정접촉, 근육피로, 산소고갈 등은 우리에게 자동적인 제어와 움직임 전달의 기본적 관념의 수평적 흐름과 함께 중력, 압력, 호흡, 긴장과 수직의 민감성을 제공한다.

신체는 벽, 계단, 움직이는 물체 등이 주는 감각들을 이해하고 그 움직임에 따라 적응한다. 때때로 신체의 한계는 생각의 한계를 방해하기 때문에 우리를 좌절시킨다. 그러나 어떤 때는 바로 그러한 한계를 극복하여 우리가 결코 꿈꿀 수 없는 곳에 도달하고 새로운 사건들을 창조한다. 따라서 신체의 한계를 극복하여 성취감을 가져온다.

무용가는 육체적 한계를 초월한 어떤 것을 추구하기 때문에 독특한 동작과 형태를 동시에 창조하는 희열을 느끼려고 한다. 특히 즉흥무용을 위한 매개물로서 운동(근육운동), 도구(무용수), 움직임의 형태 등이 있다.

동작은 중력, 운동량, 속도, 연속동작의 결과로서 리듬과 움직임을 요구한다. 즉, 도약 후 바닥으로 돌아오고 불균형의 대담한 동작 후에 똑바로 서거나 여러 번의 빠른 회전 후에 정지 동작으로 돌아와야 한다.

첫 번째, 근육운동으로서의 동작은 느껴지고 경험되고 육체적으로 인지하게 된다. 둘째로, 즉흥무용에서 동작은 자신이 헤어날 수 없는 도구의 한 부분이다. 즉, 자신의 신체모양, 개개인의 특성, 동작 스타일, 심미적인 선택 등 모든 사람들은 도구에 정의를 내린다. 그리고 신체가 어떻게 반응하는지의 모든 축적된 경험, 가치의 풍미와 욕망 등의 테크닉은 여기에 중요한 역할을 한다. 왜냐하면 그것은 주로 움직임의 형태에서 신체의 출력과 강약, 그리고 그들의 하나의 동작을 위해 둘 이상의 근육을 사용할 수 있도록 한다. 그것의 복잡성과 뉘앙스에도 불구하고 각기 무용가의 신체는 독특한 표현의 도구로 사용된다. 세 번째는 발전하는 구조물과 같이 안무자로부터 나타나는 형태이다. 무용가는 그 모든 종합적인 형태에 순응하고 현실화하여 선택하게 된다. 이것은 의도적으로 결정된 형태로 볼 수 있는데, 감정 또는 극적인 사고 또는 단순한 표현형태의 미 그 자체—클라이맥스—로서 의사전달을 할 수 있을 것이다. 인간은 경험에 의한 형태를 나타내기 위하여 유도되도록 태어났다. 왜냐하면 경험의 형태는 완전한 표현이기 때문이다. 즉, 그것은 단순히 그 자에 관한 것이며, 동작은 완전히 자기만족의 주관적인 문제가 되기 때문이다. 이러한 세 가지는 각기 보완과 지지를 고려하는 반면 동작의 연속을 주로 결정하는 요소이다.

시사문학은 말없는 의사전달의 힘과 정보의 가치를 충분히 언급하고 있다. 물리학이나 운동학자들의 연구와 우리 자신의 일상생활의 관찰로부터, 소설과 극장의 공연에 이르기까지 우리는 일정하게 말의 활용을 지지하거나 반박하는 신체의 능력에 인상을 받는다. 그것은 일상적으로 의사전달의 절반 이상이 말 없는 수준에서 이루어진다고 평가된다. 언어의 의사전달은 메시지의 복잡한 부분을 가진 무언의 틀 내에서 행해진다. 우리는 단지 언어를 사용하여 강도 있는 경험을 전달하는 데에 곤란함과 어려움이 있다는 것을 알고 있다. 심미적이고 감정적인 경험을 포함하는 의사전달은 육체를 통해 더욱 증폭되고 특히 자발적으로 말할 때 그렇다.

능숙한 작가나 시인은 육체의 감각을 만들어 낸다. 일상적 인간 상호작용으로부터의 상황은 즉흥무용과는 평행적이다.

즉흥이란, 순간적인 발상이 아니라 오랜 시간 축적된 경험에 의한 표현이다.

－박순자

일상생활에서	즉흥무용에서
• 무용가는 지시자의 말의 형태에 따라 움직임 • 공통된 의견에 따라 공통의 자세 또는 동작을 취함 • 집단은 구성원의 상관관계를 고려하여 형태를 취함	• 2인무와 같이 한 사람이 동작을 조절하면 파트너도 동작을 조절

즉흥무용은 다른 사람들(무용가나 감독자들)이 표현하고 있는 보편적인 것에 응답할 때 동작의 의사전달을 이용한다. 예를 들어 비록 두려움에 대한 경험이 실패나 패배와 같을 지라도 두려움에 대한 상대방의 동작을 이해할 수 있고 접할 수 있다. 반면 상대방의 동작은 이것을 이용한다. 상대방과 함께 춤출 수 있고 상대방의 즉흥무용이나 무용에 행동을 같이 할 수 있는 것은 즉흥무용의 본질과 동작, 그리고 우리 모두가 가지고 있는 초기 상태의 두려움을 줄일 수 있기 때문이다.

이것은 그들의 의도나 특별한 참고뿐만 아니라 그들의 동작과 근육 운동지각의 진실에 대하여 우리가 알고 있기 때문에 인간경험의 진실들이 일반적인 기본 형태이다.

동작을 통한 현실적인 움직임의 표현은, 그들의 감정을 표출해서가 아니라 특별한 어떤 자극에 의해 표현되는 관념적인 움직임을 말한다. 동작은 상대방의 춤과 결합한 연결동작이고 자기 자신 역시 그것을 알고 있으며 상대방에게 알게 하는 것이다. 즉, 상대와 함께 존재하며 동작이 이루어진다.

(3) 즉흥무용의 창의성

즉흥무용에 있어서 창의성의 본질은 근본적으로 시를 쓰고 과학적 이론을 공식화하는 다른 많은 종류의 열정과 같이 춤을 창조하는 것이다. 그러나 과학자나 안무가에게 수년 동안 일어날 수 있는 것이 즉흥무용에서는 몇 분 동안에 일어날 수 있다. 이는 즉흥안무의 창조적 과정의 단계를 어떻게 나타낼 수 있는가에 따르는 교묘한 표현일 것이다. 즉, 모든 표현이 가능할 수 있다는 가정이 될 수 있다.

어떤 즉흥무용은 무용가가 계속적으로 이것저것을 시도하기도 하는데, 이러한 것은 아무런 장점 없이 탐구적이다. 즉, 기폭제나 실험 없이 창조적으로 즉시 발생하는 다른 것들이 있기 때문이다. 그러나 창의적으로 잘 형성된 성공적인 즉흥무용에서조차 모든 단계가 연속적으로 또는 동시적으로 발생할 수 있을까?

순간적으로 탐구와 형성과정이 즉각적으로 또는 일시적으로 나타나고 유도될 수 있을까?

6) 상상력

히브리서 11장 1~2절 말씀에 "믿음은 바라는 것들의 실상이요 보이지 않는 것의 증거니 선진들이 이로써 증거를 얻었느니라"라고 기록되어 있다. 이는 눈에 보이는 실체의 몫이 아닌 바라고 믿는 것에서부터 그 믿음이 시작된다는 것으로 무용이 무형의 것을 유형으로 표현함에 있어서의 심리적인 면에도 적용이 될 수 있다.

공연이 시작되기 전, 혹은 연습이 시작되기 전 무릎 꿇고 기도하거나, 눈을 감고 자신의 역할을 그려보고 연습에 임하는 것을 흔히 볼 수 있다.

자신감 넘치는 자신의 모습을 상상하기도 하고, 기교를 완벽하게 실현하거나, 깊은 감정의 이입으로 눈물을 흘리기도 한다. 이렇듯 무용을 표현하기에 앞서 자신이 마음으로 그려보고 느껴보는 것은 심리적으로도 많은 영향을 끼칠 수 있다.

훌륭한 공연자들은 다양한 분야에서 정신적 심상을 활용한다. 상상력은 미리 그려봄으로써 자신감을 높이고, 긴장감을 조절하며, 집중력을 향상시켜 기술 습득에 도움을 준다. 무용가 엘페트(Ellfeldt, 1976)는 "나는 머릿속에서 상상해서 춤을 춘다. 나는 머릿속 무언가의 이미지를 상상하는 것을 좋아한다. 그래서 이미지들이 내 몸을 통해 표출되도록 한다."라고 이야기하듯이 머릿속의 상상을 반복함으로써 그 가치를 극대화하여 시각적으로 표현하는 것을 조절할 수 있는 것이다. 그러나 일반적으로 무용수들은 자신이 실수하는 상상을 무의식적으로 하게 된다. 이것은 자신의 능력을 의심하여 부정적인 결과를 초래할 수도 있다.

근래 자기계발서가 많이 출간이 되는데 대부분의 책에서 자신이 원하는 것을 이미지화하여 마인드 맵(Mind Map)을 그리게 하고 마인드 컨트롤(mind control)하게 한다. 또한 긍정적 에너지를 끌어 들이기 위해 상상력을 사용하여 자신이 이루고자 하는 것과 이루어져 있는 모습을 상상하게 한다. 이때 실제로 인체에서는 다이돌핀이 분비되는 것이다.

인간의 인체는 긍정적일 때와 부정적일 때 분비되는 호르몬이 다르다. 어떠한 상상을 하는가에 따라서도 분비되는 호르몬이 달라지는 것이다. 따라서 부정적인 상상으로 부정적인 것을 내면화하기보다는 긍정적인 상상을 통해 이를 행동화하여 긍정적인 결과를 도출해야 한다.

7 외면화 형상을 위한 요소

1) 신체적 요소

(1) 외면적 요소로서의 신체의 미학적 가치

오늘날 무용 또는 무용인에 대한 대표적 인식 중의 하나가 예쁘다, 아름답다 또는 날씬하다, 맵시가 있다, 균형이 잡혔다는 외관적 표현이 주를 이룬다. 무용을 하는 사람이나, 일반인이나 무용에 대한 동일한 인식이요, 관심이라고 보인다.

교육환경에서도 이왕이면 예쁜 사람, 키 큰 사람, 날씬한 사람을 선호하는 성향을 무시할수 없을 것이다. 그러나 무용의 미래지향적이고 광의적인 입장에서 생각할 때, 외모, 외관 중심의 무용관은 무용예술이라는 보이는 측면에서의 소극적인 인식에 불과하다고 본다.

무용을 역사적 현상, 사회적 현상, 문화적 현상, 교육적 현상으로 본다면 무용에서의 신체의 인식은 광의적, 적극적으로 이루어져야 하는 것이 바람직할 것이다.

이종록에 의하면 요즘 유행하는 '얼짱', '몸짱' 등의 신조어를 보면서 인간이 '인격체'로서의 몸이 아닌 살과 뼈로 된 몸 자체에 얼마나 집착하는지 모르며 아무리 상업적인 시대라해도 아직 우리는 몸을 상품화하는 것에 길들여져 있지 않기 때문에 아무리 세상이 달라져도 본질적으로 몸이란 흥정하여 값을 매길 수 있는 것이 아니라고 주장하고 있다.

성경에서는 사람을 하나님의 형상으로 만드셨다고 한다. 또한 하나님의 아들들이 사람의 딸들의 아름다움을 보고 자기들의 좋아하는 모든 자의 아내를 삼으므로 그들이 육체가 되었으며 그러므로 그들의 날은 120년이 되었다(창 6:1~3)고 하였다. 이는 곧 부패한 사람들의 타락의 결과인 것이다.

인간의 생명이 몸에서 시작되고 몸으로 살며 표현한다. 몸이 없으면 생명도 없고 생명이 없으면 삶도 없는 불가분의 관계인 것이다.

모든 무용하는 사람들을 나의 가족, 나의 자녀라고 생각하고, "나"라고 생각해 봄으로써 무용에서의 신체에 대한 인식을 새롭게 해 보아야 할 것이다.

"한 사람"이라는 그 존재는 무엇과도 바꿀 수 없는 존재임을 우리는 알고 있다. "나"라는 사람이 인격적으로 무시당하였을 때 그 아픔을 우리는 모두 경험하였을 것이다.

무용에서의 신체를 바라보는 주관적 관점이 객관적 관점으로서의 몸으로 돌아가 무용에서의 몸이 과연 무엇을 의미하는 것인지 다시 한 번 생각해 보아야 한다. 무용에서 결코 아름다운 신체적 요인을 무시할 수는 없다. 그러나 그 본질적 가치를 상실하였거나 망각, 또는 무시하거나 무시된 상태에서의 아름다움에 대한 추종은 긴 역사를 통해서도 어느 사회에서도 진리로 자리매김하지 못하였음을 알 수 있다(서양의 중세사에 있어 무용의 암흑시기에 여성의 춤을 악하다고 본 것을 예로 들 수 있겠다).

고대 그리스 문명 중 하나는 신체문화였다. 그리고 그 사상적 배경은 심신일원론이다. 마음과 몸은 분리할 수 없기 때문에 그것이 곧 인간인 것이다.

서양에 있어서 인간의 신체 문화는 고대 그리스의 몰락과 함께 멸망하였다. 그리고 심신일원론에서 심신이원론으로 변화하였다. 인간의 마음과 몸이 다른 것이라고 본 것이다. 많은 종교는 이러한 심신이원론을 믿고 있었으나 그 생각은 언제부터인지 마음을 육체보다 우위에 두기 시작한 것이다. 인간의 혼은 불멸한 것이나 육체는 식욕, 성욕 등과 연관성이 있으므로 인해 불결하고 죄악이 많은 것으로 해석하였고 마음과 혼을 위한 노력과 연구 등은 많이 하였으나 육체에 대해서는 등한시하는 등 육체를 학대하기도 하였다.

몸을 중요시 여기는 것이 죄악이므로 신체의 미를 강조하는 것도 죄악시되었다. 무용의 폭락은 심신이원론이 대두되면서 시작되었다고 오화진은 밝히고 있다.

몸을 지닌 인간은 평생 세상의 다양한 분야에서 다양한 목적과 기능으로 일하며 살아가고 집중적으로, 기능적으로 신체의 근육과 에너지를 사용한다. 지휘자, 연주자도 사용하지만 이들의 신체의 움직임은 예술 활동의 본질적 목표가 아닌 것이다.

무용의 경우 '신체를 통해 표현되는 움직임 자체가 무용예술 활동의 목표가 된다. 존 마틴(춤 평론가)은 춤꾼이 갖는 신체의 움직임을 연주자나 연극배우가 갖는 신체의 움직임보다 더 근원적인 것으로 보면서 무용예술의 성격을 인간이 가지고 있는 가장 인간다운, 본원적인 예술로 규정하고 있다.

존 마틴의 무용예술에 대한 정의는 무용에서 신체의 미학적 가치관을 확립하는 데 소중한 규정이라고 본다. 앞서 밝혔듯이 "얼짱", "몸짱", "몸값" 등의 현대 신조어의 등장이나 다이어트 및 성형수술 등 외모 지향주의에 치우쳐 있는 듯한 현상이 심신이원론의 신체의 가치관에 접근하여 가고 있다.

무용에 있어서도 우리나라의 부수적, 전통적, 권위적 사상 등에 의한 심신이원론으로 신체를 보는 관점이 폐쇄적이며 소극적인 것을 부인할 수 없기 때문에 무용인들은 미래적인 안목으로 심신일원론의 미적가치관을 정립, 실현해 가야 할 것이다.

표현하며 전달하는 신체를 창의적인 신체라고 볼 때 움직임을 수반하는 신체에 대한 이론적인 근거를 통하여 훈련하고 사용하는 것은 본질적으로 중요한 사항이다. 다음의 이론적 배경을 통하여 공감대를 높이는 움직임의 창출을 도모하고자 한다.

(2) 신체표현의 상징성

움직임의 기초가 되고 매체가 되는 신체의 각 부위가 갖는 상징적 의미는 무엇인가?

델사르트(F. Delsarte)는 인간 신체를 표현하는 도구로 활용하도록 기본 원리와 변칙을 체계화 시켰다. "신체의 기능에 따라 정신기능이 작용하며, 정신행위가 작용한다. 즉, 각각의 몸짓이란 그 어떤 것의 표현이며 사고, 감정, 느낌, 몸짓이 의도와 동기로부터 발생하여 선행된다"라는 것이다. 이러한 법칙 하에서 인간의 사상, 감정이 시간성과 공간성에 따라 인간의 신체가 조절될 수 있다는 것이다. 그러한 측면에서 신체의 상징적 성격은 여러 학자들에 의해 연구 제시된 바 있으므로 이를 근거로 하여 신체의 상징적 의미를 다음과 같이 정리할 수 있다. 인간의 신체는 보통 세 부분으로 나누어지는데, 이들 가까이 지니는 상징적 의미는 다음과 같다.

첫째, 머리 부분은 인체의 정신사고 기능으로써 정신과 지적인 측면을 상징한다.
둘째, 몸통부분은 감정의 욕구적 측면을 상징한다.
셋째, 하체부분은 활력의 표출을 상징한다.

또 소림신차(小林信次)의 신체 각부의 상징적 성격 구분은 다음과 같다.

각부	상징적 성격
두부	지적
견부	의욕적
흉부	정동적
복부	욕망적
요부	욕정적
상하지부	수반적

(3) 신체를 통한 표현방법

신체의 상징적 의미는 개개인이 갖고 있는 삶의 형태에 따라 여러 가지 유형으로 표출하게 된다. 때문에 어떠한 표현이든 단순한 것이 아닌 복합적인 의미를 보여주게 된다. 따라서 표현은 인간적인 행동을 통해서 나타나는 의지 전달의 수단이 되기도 하고, 그의 따라 타인에게 새로운 반응을 요구하는 행위가 될 수도 있다. 일반적으로는 일상생활에 있어서 각기 다른 상황에 따라 즉흥적으로 혹은 반사적으로 나타나는 현상인데, 이를 좀 더 강하게 좀 더 약하게 그리고 빠르게 혹은 느리게 하면서 감정의 복합적인 요소들을 이입하여 표출하는 움직임이다.

무용의 경우에 예를 들자면 마리 비그만(M. Wygman)은 "무용이란 사람이 말하는 생생한 표현이다. 즉, 사람이 보다 높은 레벨에서 마음의 가장 깊은 감정의 이미지나 우화를 말하고자 할 때는 예술적인 메시지가 커뮤니케이션에 있어서 필요한 것이다. 무용은 우회하는 길 없이 직접적으로 커뮤니케이션을 구하기에는 가장 좋은 것이라고 본다. 왜냐하면 그 매개체는 사람 그 자체이며, 표현의 소재는 인간의 신체인 까닭이다."라고 하였다.

모든 예술의 표현에는 매체가 있는데, 무용에서는 인간의 신체인 것이다. 그러나 신체 그 자체가 매개가 되는 것이 아니라 신체가 행하는 운동이 표현의 매개체가 되는 것이다.

(4) 신체의 방향
① 얼굴의 방향

얼굴의 방향은 대체적으로 몸의 방향 및 움직임의 방향에 따라 병행 또는 역행한다. 예를 들어 기쁨, 환희, 감사, 간구, 소망 등과 같은 적극적인 것은 얼굴과 몸의 방향이 병행하고 절망, 슬픔, 증오, 미움, 거부 등과 같이 비적극적인 것은 얼굴과 몸의 방향이 역행한다.

② 시선의 방향

시선에 있어서 메시지 전달을 위한 사실적인 표현, 강조적인 표현은 관객을 향하여 직접적으로 바라볼 수 있으나 상상적, 추상적 또는 영성적인 것은 현실 공간을 초월한 상상의 시선으로 멀리, 심층의 세계를 바라보아야 한다.

예를 들어 당신, 여러분 등과 같은 눈에 보이는 대상에 대한 표현은 사실적 시선을 사용한다. 또 골고다 언덕, 하늘에 계신 우리 아버지와 같은 보이지 않는 비현실적 대상에 대한 표현은 상상적 시선을 사용한다.

③ 어깨와 가슴의 자세

어깨와 가슴의 자세는 다음과 같이 나누어 볼 수 있다.

1) 슬프거나 자신이 없거나 극히 겸손한 자세는 양어깨 및 가슴이 안으로 움츠려들거나 쳐진다.
2) 평안하고 문안한 평범한 자세는 양어깨 및 가슴이 일상적인 자세이다.
3) 극히 자신만만하고 교만한 자세는 양어깨 및 가슴이 뒤로 젖혀진다.
4) 긴장되고, 두려움과 불안함이 있는 자세는 양어깨가 위로 움츠러든다.
5) 허탈하고 소망이 없으며 망연자실(茫然自失)한 자세는 어깨 및 가슴이 뒤로 젖혀지되 힘이 빠져 있는 상태여야 한다.
6) 기쁘고, 즐겁고, 신명이 나는 자세는 양어깨가 들썩들썩한다.

④ 허리 및 엉덩이의 자세

일상적으로 정상적인 마음과 인격을 가진 사람은 허리 및 엉덩이의 큰 움직임을 주지 않는다.

예를 들어 자신의 아름다운 모습을 뽐내거나 또는 아름다운 자태로 유인하는 듯한 비정상적인 자세를 취할 때 허리 및 엉덩이의 움직임을 사용한다. 그래서 기독교적인 무용으로 하나님을 경배하고 찬양하며 이웃을 사랑하고 자신의 죄를 회개하는 등 예배와 찬양, 전도와 섬김의 춤에서는 특별히 허리나 엉덩이의 움직임을 각별히 조심해야 한다.

⑤ 다리의 자세

우리는 종일토록 걸어 다니고 뛰고 건너가면서 생활을 한다. 특별히 이 움직임을 위하여 연습하거나 교육을 받지 않는다. 즉, 다리의 움직임이 일상적이라는 이야기다. 그런데 무용을 한다고 하면 왠지 특별한 움직임이어야 되는 것으로 생각한다. 우리는 이러한 생각을 없애고 자연스러운 움직임, 즉 다리의 움직임이 보는 이로 하여금 자연스럽게 다가간다는 것을 인지하여야 한다. 특별히 주의할 것은 다리와 다리 사이를 벌려서 걷는다든지 앉을 때 남자와 여자의 모습에 차이가 있음을 주목하여 성별에 따른 자세를 구별하여야 한다. 또한 연령에 따라 걷는 모습이 다르다는 것을 분별하며 작품상의 인물에 따라서 그 걷는 모습이 달라져야 할 것이다. 특별히 전문적인 훈련이 필요하다면 다음과 같은 것이다.

빠르게 단시간에 걷는다든지 장거리를 단시간에 달려간다든지, 발뒤꿈치를 들고 걷는다든지 하는 무용적 요소가 있는 부분은 별도의 교육이 따라야 할 것이다. 그러나 이 또한 쉽게 터득할 수 있는 것은 온몸을 보자기에 싸여진 물건이라 보고 그 물건을 마치 공과 같이 던질 때와 같이 걷는다든지 육상선수가 장거리 또는 단거리를 뛸 때 사용하는 호흡법과 요령으로 한다면 어떠한 빠른 잦은걸음 내지는 긴 거리를 단숨에 뛰어서 가는 일이 어렵지 않을 것이다.

⑥ 발의 자세

모든 움직임에 중요한 부분이 발이다. 발은 안쪽으로 서거나 지나치게 바깥으로 벌려 서면 움직임에 큰 불편을 주며 보기에도 아름답지 않다. 그래서 선천적으로, 후천적으로 형성되어 있는 발의 움직임 또는 자세를 부단히 교정해 나가야 한다.

보통 움직임을 많이 한 사람과 하지 않은 사람을 구별할 때 발의 움직임의 모양을 보고 쉽게 판단할 수 있는 것은 발의 움직임이 움직이고자 하는 의도나 성격을 규정해 주는 중요한 부분이기 때문이다. 즉, 행위와 인격이 발걸음이라고 규정할 수 있다.

우리가 표현하고자 하는 대상, 내용, 느낌에 따라 발의 무게, 방향, 모습, 보폭, 빠르기 등을 조직적으로 어울려 사용해야 될 것이다. 모든 것이 그러하듯이 꾸준하고 오랜 연습을 필요로 한다.

⑦ 몸의 자세

몸의 자태는 무용과 관계없이 평생 입고 다니는 옷과 같다. 외관적으로 '보기 좋으냐, 좋지 않으냐' 하는 문제와 내관적으로 '건강한 모습이냐, 그렇지 않은 모습이냐'로 규정할 수 있다. 다시 말하면 서 있는 자세, 앉아 있는 자세, 누워 있는 자세, 밥 먹는 자세, 공부하는 자세, 이야기하는 자세, 일하는 자세 등에 건강에 관계된 요소와 미학적 요소가 함께 포함되어 우리의 삶을 윤택하고 건전하게 그리고 효율적으로 살 수 있는 여부가 담겨져 있다는 것이다. 이에 기독교적 무용을 하는 사람들은 모든 자세에 좋지 못한 요인들을 파악하여 보기에도 좋고 건강에도 좋은 자세를 교정, 유지해 나가야 한다.

예를 들어 척추가 지나치게 과신이 되어 있다든지, 다리에 중심이 약하다든지, 등이 너무 굽었다든지, 허리와 배 등의 중심이 약하다든지 하는 자세를 누구나 약간씩은 습관적으로 갖고 있는데 움직임을 하는 무용수들은 지속적인 교정 및 연습을 통해서 좋은 자세로 바꾸어 나가야 될 것이다.

⑧ 손과 팔의 자세

대부분의 사람들이 움직임 가운데에 가장 많은 사용하는 것이 손과 팔이다. 마치 대화 없이도 손과 팔의 움직임으로 대화를 할 수 있는 특성을 지닌 부분이라고 보면 된다. 찬송가에 맞춰서 주로 워십댄싱, 몸 찬양 등을 교회나 집회를 통하여 많이 하게 되는데 이때 가장 많이 사용하는 것이 손과 팔인 것이다. 앞서 모든 부분에서 밝혔듯이 하나님의 자녀가 추는 춤은 하나님의 빚으신 그 형상 가운데 가장 자연스러운 것이다.

즉, 이 말은 손과 팔의 움직임 역시 일상생활에서 행하는 가장 자연스럽고, 습관적인(정상적인) 움직임을 나타내는 것을 의미하는 것이다. 내가 물건을 집어 올린다든지, 누구를 껴안아 준다든지, 내가 슬퍼서 눈물을 흘릴 때 그 눈물을 닦는다든지, 누구를 급히 부른다든지, 무엇을 우리가 원한다든지, 누구를 무척 그리워한다든지 하는 등의 많은 표현들이 이미 많은 삶 가운데 이루어지고 있다는 것이다. 마치 영화배우나 연극인들이 많은 연구와 연습을 통하여 어떠한 인물을 표현하면 보는 이로 하여금 많은 감명을 주게 되는데, 그 이유는 우리가 공유하고 있는 이야기, 삶, 마음 등을 그들이 표현하기 때문이다.

우리가 표현하고자 하는 기독교적 무용에 손과 팔의 움직임 역시 특별하거나 이상하거나 어색한 것이 아닌 함께 공감하고 공유하는 일상적인 삶의 모습임을 상기하며 삶을 주목하여 모든 이들과 나눌 수 있는 움직임으로 자신 있게 발전시켜야 할 것이다.

이상으로 무용에 기초를 닦을 수 있는 입문적 자세를 부위별로 설명하였다. 우리가 무용을 할 때 겪는 장애물은 다양할 것이다. 좀 더 온전함에 이르기 위해서는 삶에서 노출되는 문제들을 느끼고 보완함으로써 문제를 문제로 두지 않고 해결해 나가는 데 있을 것이다. 앞으로 더욱 우리가 서 있는 자리에서 거듭나는 산 제사를 드리도록 해야 할 것이다.

2) 움직임의 가치

움직임은 인간 삶의 가장 기본적이고 물리적인 경험이다. 그것은 맥박의 역동적이고 기능적인 운동과 인체의 생명유지 활동을 통해서 뿐만 아니라, 모든 정서적 경험의 표현에서도 발견할 수 있다. 육체는 인간의 사고를 반영하는 거울이다.

우리가 놀랐을 때 우리 몸은 신속하고 빨리 강한 긴장감 속에 놓인다. 우리가 당황을 느낄 때는 얼굴에 피가 모여서 얼굴을 붉히게 되고, 갑작스러운 공포를 느꼈을 때에는 얼굴에서 핏기가 사라져 창백해진다. 슬플 때는 눈물이 고여 오고 목이 메게 된다. 우리가 이중 어떠한 상태를 경험하게 되었을 때, 근육은 수축하거나 이완되고 신체의 모든 부분들이 그것에 의해 영향을 받게 된다.

움직임이란 원래 그 스스로가 미학적이고 정서적인 개념을 한 개인의 의식으로부터 다른 사람에게로 전이시키기 위한 매체인 것이다. 이러한 것은 겉으로 보이는 것처럼 그리 생소한 개념은 아니다. 플라톤 시대, 아니 더 먼 고대로까지 거슬러 올라가보면 그러한 생각들이 형이상학적 철학자들에 의해 자주 언급되어 왔음을 알 수 있다.

3) 동작분석

동작이란 사람이나 동물이 어떤 일을 하려고 몸이나 손발을 움직이는 일이나 몸짓, 자세를 통칭한다. 이러한 동작이 무용으로 표현된다는 것은 자유로운 움직임에 사상이나 감정을 넣어 표현되는 것이다.

무용을 이해하고 그것을 보다 깊이 있게 감상하며 그것의 가치를 평가하기에 이르는 가장 핵심적인 과정을 기술하기 위해서 동작의 분석은 필요하다. 따라서 무용으로서 논하는 것이 분석에 들어가는 것이며 특징을 집어내고, 무용이란 무엇인가에 대한 전제들을 비추어 보는 작업이 동작분석이라고 할 수 있다. 또한 이를 통해서 무용 속에 들어 있는 주요한 특징들을 섬세하게 식별해 내는 능력과 여러 무용들을 놓고 비교할 수 있는 능력을 키움으로써 무용을 빛나게 할 수 있는 것이며 분석은 해석의 틀을 만드는 것에 필요한 지식에 구조를 제공하고 상상적으로 또 창조적으로 하나의 작품 속에 포함될 수 있는 가능성을 증가시켜 준다.

(1) 동작의 형태

걷기	끌기	치기	잡기	
뛰기	당기기	내려치기	문지르기	
달리기	뜨기	올려치기	흔들기	진동하기
미끄러지기	밀기	올리기		떨기
미끄러뜨리기	꼬기	가라앉기		털기
건너뛰기	뻗치기	나르기	비틀기	
차기	끌어안기	휘돌리기	꺾기	
구르기	휘어잡기	돌리기	젖히기	
중심잡기	잡기	버티기	떨어지기	
서기	밀치기	쪼그리기	밀리기	
멈추기	업기	엎드리기	뒤집기	
	헤치기	펴기	떨어뜨리기	

(2) 동작분석의 방법론

첫째, 움직임을 잘 관찰해야 한다.

각 장르 안에서 사람에게 가능한 구부림, 늘임, 뒤틈, 턴 등의 신체행위를 살펴봄으로써 특정 순간에 발생하는 움직임이 정확한 형태를 기술하며 관찰 가능한 구성요소는 개인의 관찰력과 이어서 해석으로 연결될 수 있다.

둘째, 동작 특성을 관찰한다.

동작이 서정적인가, 엄숙한가, 극적인가 익살맞는가, 심각한가 등 그 동작에서 느껴지는 감정의 특성을 관찰하고 느껴본다.

셋째, 신체가 사용된 특별한 방법을 관찰한다.

넷째, 동작이 취한 방향을 관찰한다.

다섯째, 동작이 만든 어떤 형태를 관찰한다.

여섯째, 수행된 연속과 템포의 리드미컬한 발전을 관찰한다.

일곱째, 악센트와 동작구의 조직을 관찰한다.

동작분석은 동작의 관찰뿐만 아니라 동작을 상상하는 훈련의 수단이며 노력의 실제적인 적용과 직선적으로 관계가 있는 수단이다.

정답은 없지만 많은 사람들이 비슷한 특성을 발견하게 된다. 해석은 각자에게 맡길 수밖에 없으나 예술적으로 표현하기 위한 신체적 몸의 기능과 기교와는 상관이 없다. 동작의 중요성에 대한 이해와 감지가 증가되면 소통에서의 신빙성과 타당성, 이해성이 뒷받침될 수 있다.

(3) 간단한 신체동작을 함에 있어서의 질문 4가지

첫째, 어떤 부분의 신체가 움직였는가?

둘째, 동작이 공간에서 어떤 방향으로 또는 어떤 공간 방향으로 쓰여졌는가?

셋째, 동작은 어떤 속도로 진행되었나?

넷째, 동작을 하는 데 얼마만큼 근육 에너지가 사용되었는가?

(4) 움직임의 요소에 대한 연구와 분석

움직임의 요소는 신체, 공간, 시간, 무게, 흐름이다.

■ 신체

머리	
어깨	어깨
팔꿈치	팔꿈치
팔목	팔목
손(손가락)	손(손가락)
가슴 윗부분(무게의 중심)	
가슴 아랫부분(무게의 중심)	
엉덩이	엉덩이
무릎	무릎
발목	발목
발(발가락)	발(발가락)

① 신체부위의 움직임 분석

신체부위		특징
머리(얼굴,목)		
흉부	어깨	
	가슴	
구간	옆구리	
	등배	
상지	팔	
	손	
요부	허리	
	엉덩이	
하지	다리	
	무릎	
	발목	
	발	

② 움직임의 요소인 신체, 공간, 시간, 흐름의 요소를 근거로 한 몸 동작 관찰

■공간

방향	앞쪽
	왼쪽 앞쪽　　　　오른쪽 앞쪽
	왼쪽　　　　　　　　오른쪽
	왼쪽 뒤쪽　　　오른쪽 뒤쪽
	뒤쪽
높이	위
	아래
	중간
늘림	가까이 – 정상 – 멀리
	작은 – 정상 – 큰
길	똑바로 – 각진 – 둥근

■시간

속도	빠른	중간	느린
템포(동작연속과 관련)	급속히	중간속도	느리게

■무게

무게에 저항하므로 사용되는 근육에너지 또는 힘	강한 2:1	정상 1:1	약한 1/2:1
악센트 긴장정도	강조된 또는 강조되지 않은 긴장에서 이완		

■흐름

흐름	가고	방해되고	억제되는
동작	계속	갑작스런 움직임	정지된
통제	정상적인	때때로 중단되는	완전한
몸	움직임	자세의 연속	자세

4) 역사적 배경에 따른 동작의 변화

(1) 원시시대의 춤

원시시대의 춤은 그들의 문화 단계와 밀접한 관계를 갖고 있다. 그리고 주된 생활의 관심사를 반영하고 있다. 삶과 죽음, 전투, 수렵, 채취와 관련되어 동물 모방적 동작이나 무기를 가지고 추는 동작이 위주였다.

(2) 유목기

유목기의 주술 의식과 불행의 근원을 진정시키는 목적으로 춤을 추었으며 전투를 모방하는 동작, 무기를 가지고 추는 동작이 주를 이루었다.

(3) 농경기

시간 개념과 미래에 대한 의식을 전제로 하였다. 농사의 진행 상황에 따른 동작, 정지(整

地)작업 형태의 동작으로 밟기의 형태, 싹이 트는 것을 돕기 위한 주술 의식으로 뛰어오르는 동작이었다.

(4) 고대문명

선사시대와 중세 사이의 시기이며 지중해 유역의 문명을 일컫는다.

(5) 이집트

이집트인들은 무용보다는 레슬링 같은 운동을 선호하였다. 무용은 중요한 주술적 역할을 잃었고 오락적으로서도 부수적이며 불필요한 행위가 되었다. 따라서 이집트의 종교무용은 활과 같은 무기를 사용하였다.

당시의 춤은 전사들의 춤에 뛰어오르거나 무릎 꿇기가 동반되는 동작, 자식을 얻기 위한 춤으로 팔을 모으고 엉덩이를 흔드는 동작, 장례의식 무용으로 팔을 구부린 채, 얼굴 앞에 놓은 두 손이 손바닥을 앞쪽으로 돌리고 우는 동작, 애도의 표시로 자신의 머리카락을 뽑는 동작 빠 자데르(pas a terre), 솟떼(sauts), 뚜르(tours) 동작이 주요 동작이었으며 그 외에도 순수하게 무용이라고 볼 수 있는 동작 외에 곡예에 속하는 동작도(회전, 곡예, 단순한 동작) 발전시켰다.

(6) 메소포타미아

아시아에서 유럽과 아프리카로 통하는 길목에 위치하여 침입이 많았던 곳으로 전사무용이 발달하였다. 발을 구르는 동작이 주를 이뤘으며 원시적이며 걷기를 변형한 동작 외에는 거의 없었고 별들의 움직임을 표현한 별자리 춤이 있었다.

(7) 그리스

그리스는 가장 무용을 즐기고 존중하고 참가하였던 사람들이다. 춤 그 자체를 사랑하였으며 조화를 중시했고 자세에서는 우아함을 존중하였고, 유연한 동작과 아름다운 느낌을 중시했었다. 따라서 원무로 옆 사람 손목에 손을 얹는다는 특수한 자세로 무용이 빠른 박자에 맞춰졌으며 각의 미학을 중시하여 팔꿈치, 손목, 발목, 무릎, 넓적다리 관절이 대체로 직각을 이루었다. 손과 손가락 동작은 인도 춤처럼 특별한 의미도 있었고 곡예도 있었다. 6세기 이후 예술적 대변혁이 일어난 후 각의 미학에서 선의 미학으로 바뀌었던 것이다. 당시 춤의 동작은 동작이 외부로 향하여 다리를 들어 올림과 동시에 밖으로 향하였고 곡예 형태로 교각, 물구나무, 재주넘기, 물구나무서서 손끝으로 걷기, 팔의 형태는 클래식 무용에서보다 더 다양한 의미를 가졌으며 무언 광대극이 중요한 역할을 담당했다고 한다.

그리스 무용은 창의력이 풍부하여 19세기 중반 클래식 무용을 넘어 현대무용에 가까운 것들도 가지고 있었다. 춤동작은 치밀하게 구상, 훈련, 연구되었고 당시 미적 기준과 조화되지 않는 모든 것은 무용에서 제외되었다.

(8) 로마

무용과 가장 거리가 멀었던 문명이었다. 그중 전사무용은 깡충깡충 뛰는 동작으로 이루어졌다.

(9) 중세기

로마의 몰락 후 그 이전의 문명은 남아 있지 않고 새로운 문화를 형성하였다. 각의 안무와 걷기 위주의 동작, 뛰어오는 것은 높지 않고 무거운 편이었다.

(10) 귀족무용

11, 12세기의 전통과는 상관없는 창작물로 농민과는 다른 춤을 원했고 여흥무용만 존재하였다. 커플무용이 출현하였고 다양한 동작을 허락하지 않았으며 사교무용의 효시가 되었다. 선의 미학을 중시하였고 농민에게는 없는 직선을 형성하였고 마주보는 선 사각형이며, '영국식 체인'은 두 동심원이 서로 반대 방향으로 돌며 춤을 추는 사람들은 서로 교차하여 왼손과 오른 손을 서로 번갈아 춤추었다.

-민속무용이 변형되어 사교무용이 된 예
　브라질의 삼바, 그리스의 시르타커, 핀란드의 레드스키
-농민무용 형태가 사교무용이 되고 발레에 이르는 현상을 나타내는 예
　왈츠, 폴로네즈, 마주르카
-귀족무용에서 파생된 사교무용의 예
　파반느, 샤콘느, 사라방드, 미뉴에트, 트위스트, 로큰롤

(11) 발레

16세기 프랑스 궁정에서 시작되며 르네상스에 추어진 사교무용인 궁정 춤에서 유래되었다. 루이 14세가 오락거리에 불과한 발레를 엄숙하고 완벽하게 조직된 공연 여흥으로 만들었다. 공연 여흥으로 만들어지면서 기하학적 스텝의 배열과 우아한 선의 동작, 밖으로 향하는 길고 높은 몸을 쓰는 동작으로 구성되었다.

프랑스 혁명 이후 낭만주의 발레루 형태가 변형되면서 환상적이 발레로 변화되었다. 공중으로 솟아오르기 위해서 발끝으로 추는 테크닉을 개발하여 토슈즈의 출현을 보여주었다.

발레의 기본 움직임 원리
- 우아함
- 턴아웃
- 직선과 위로 향하는 수직춤 중심
- 장식성
- 중력의 부정
- 조화

고전 발레는 19세기에 확립된 예술적 구조의 발레 체계가 러시아에서 시작되었다. 이 시기는 감정적이기보다는 테크닉의 완벽함을 추구하였다. 따라서 동작의 선과 방향이 뚜렷하였고 완벽한 대칭적 구성으로 통일된 움직임을 가졌다. 토슈즈가 발전하면서 허리 높은 점프와 밸런스의 시간이 길어졌으며 팔도 힘 있게 펴지며 머리 위로 완전히 뻗치고 다리 스텝도 큰 힘이 요구되게 되었다.

(12) 현대무용

20세기 초 새로운 춤 형태로 발레에 도전한 혁신적인 움직임이다.

이사도라 덩컨은 당대의 예술이론인 표현 이론에 입각하여 새로운 움직임에 도전하였다.

이에 허리 부분이나 몸통의 자연스러운 구부림을 사용하였고 토슈즈를 벗어던지고 맨발로 춤을 추었다. 삼차원 공간 속에서 자유로이 흔들리는 몸 전체로부터 나오는 움직임으로 확대되었고 걷기, 달리기, 깡충 뛰기 등 자연스러운 움직임에 집중하였다.

덩컨 이후 괄목할 만한 무용가는 마사 그래함과 도리스 험프리로 마사 그래함은 수축과 이완을 도리스 험프리는 낙하와 회복이라는 현대춤의 기초 원리를 통해 움직임을 발굴하였다.

그래함은 기본적인 숨 쉬는 리듬에 기초하여 수축과 이완의 근본원리를 만들었으며 동작을 실시할 때 숨을 들이쉬면서 이완하는 신체 움직임의 특질을 대비시킴으로써 매우 강력한 움직임의 인상을 만들어 냈다.

밀물과 썰물에 따라 몸통이 척추 쪽으로 빨려들었다가 바깥으로 팽창되어지곤 하는 몸통의 표현이 두드러지게 되었고, 이러한 몸통의 움직임이 더욱 극적인 효과를 띠게 된 것은 중력과의 싸움을 통해서이다.

험프리의 모든 움직임이 균형과 불균형 상태 사이의 과도적 순간에서 존재하는 것이라고 보고 이 양 극단을 곧추선 상태와 바닥에 완전히 떨어진 상태로 보았고 이를 낙하와 회복이라고 불렀다.

현대무용 2세대로는 에릭 홉킨스, 호세 리몽, 앨빈 에일리, 폴 테일러, 얼윈 니콜라이, 머스 터닝험 등이 있고 이들은 대중적인 장소에서 접근을 시도하였으며 레오타드와 타이즈도 이 시기에 개발되었다.

움직임의 표현성을 거부한다거나 움직임 자체를 내버려두어 춤의 주제나 주인공, 사건을 떠나 춤의 본질로 빠지게 하였다. 우연성에 근거한 움직임과 동작의 반복과 다양한 변화, 분산, 선과 디자인을 강조한 움직임을 선보였다.

이러한 동작의 변화는 역사적 배경을 바탕으로 변화하였고 현재에는 포스트모던과 전위무용과 더불어 재즈, 힙합, 탭댄스, 댄스스포츠 등 다양한 언어가 동시대에 맞는 움직임으로 펼쳐지고 있다. 앞서 기술한 바와 같이 동작은 그 시대 상황과 요구 등에 따라 변화하였고 무용의 위상이 달라지면서 동작의 변화도 이를 반영하고 있음을 알 수 있다.

8 종교적 자각과 영성의 가치

진 에드워드 비이스는 오늘날의 예술은 자가 당착에 빠져 있다고 보았으며 위협적인 것이 되어 가고 있다고 하였다. 톨스토이 또한 현대사회에는 작품에 대해서 예술가들이 받는 막대한 보수와 거기에 따라 확립된 예술가의 직업성, 예술 비평, 예술학교를 문제로 제기하였다. 부유계급을 위한 예술이 형성되어 그 부류들에게 쾌감을 주는 예술이기에, 예술이 직업화 되어 성실성이 일부분 상실되었고, 비평을 하는 사람이 보통사람이나 솔직한 사람이 비평하는 게 아니고 학문이 있는 사람, 즉 마음이 부패하고 자만심이 강한 사람들이 하기에 곤란하다는 점을 들어 지적하였다.

포스트모던 시대의 동향 중 하나로 영성의 재유행을 꼽을 수 있다. 여기서 영성의 유행이란 반드시 기독교적인 것만은 아니다. 도를 추구하는 양상은 캘리포니아의 최근 뉴에이지 종파나 동양 고대 신앙까지 고루 아우르고 있다. 그만큼 포스트모던 시대가 추구하는 영성은 색다르며, 더 이상 "그것이 참이냐?"라고 묻지 않고, "과연 효험이 있나?"를 묻는다.

예술과 영성의 연계는 새로운 개념이 아니다. 역사 속에 즐비한 예 중 가장 이른 것 중 하나는 구약의 두 번째 책인 출애굽기에 등장하는 브살렐의 경우다. 그는 성막의 온갖 장식을 맡았던 장인으로서 성령이 충만했다고 언급된 최초의 사람이기도 하다.

출애굽기 35:30~36:2절 말씀을 배경으로 예술에 대한 성경의 원칙을 살펴보면 다음과 같다.

"모세가 이스라엘 자손에게 이르되 볼지어다 여호와께서 유다 지파 훌의 손자요 우리의 아들인 브라셀을 지명하여 부르시고, 하나님의 신(神)을 그에게 충만케 하여 지혜와 총명과 지식으로 여러 가지 일을 하게 하시되 공교한 일을 연구하여 금과 은과 놋으로 일하게 하시며 보석을 깎아 물리며 나무를 새기는 여러 가지 공교한 일을 하게 하셨고 또 그와 단 지파 아히사막의 아들 오홀리압을 감동 시키사 가르치게 하시며 지혜로운 마음을 그들에게 충만하게 하사 여러 가지 일을 하게 하시되 조각하는 일과 공교로운 일과 청색 자색 홍색 실과 가는 베실로 수놓는 일과 짜는 일과 그 외에 여러 가지 일을 하게 하시고 공교로운 일을 연구하게 하셨나니 브사렐과 오홀리압과 및 마음이 지혜로운 사람 곧 여호와께서 지혜와 총명을 부으사 성소에 쓸 모든 일을 할 줄 알게 하심을 입은 자들은 여호와의 무릇 명하신 대로 할 것이니라 모세가 브사렐과 오홀리압과 및 마음이 지혜로운 사람 곧 그 마음에 여호와께로 지혜를 얻고 와서 그 일을 하려고 마음에 원하는 모든 자를 부르매"

진 에드워드 비이스는 영성을 통하여 예술을 살펴보면 다음과 같은 원칙을 얻을 수 있다고 하였다.

첫 번째, 예술에 관한 원칙은 예술은 하나님의 뜻 안에 있다는 것이다.

하나님께 영광을 돌리고 그 백성들을 교화하기 위해 지어지는 성막은 "예술적으로 설계" 되어야 했다. 하나님께서는 옥외에서 또는 우리들이 말하는 것처럼 자연 가운데서 경배 받기를 원치 않으셨다. 이방의 자연 종교들처럼 숲이나 산속에서 예배드리는 것은 구체적으로 금지된 행위였다(신12:2~5).

주께서는 성막뿐 아니라 후에 성전을 지을 때에도 그 구체적인 사항을 성경에 일일이 기록하셨는데 구약성경에서 이는 상당한 분량을 차지한다. 이는 우주의 기획자이시고 창조자이신 하나님께서 디자인, 구조, 숙련된 기교에 대한 상세한 설명에 큰 비중을 두셨다.

모든 것은 "영화롭고 아름답게"하기 위해 만들어져야 한다. 하나님께서 영화롭게 되셔야 인간이 바칠 수 있는 가장 좋은 것, 가장 훌륭한 것이 하나를 영화롭게 하기에 적당하다. 아름다움은 그 자체가 하나의 적절한 목적이다. 색깔, 형태, 짜임새 등을 창안한 분, 모든 자연적 아름다움을 지으신 분은 미학적 차원 그 자체를 귀중하게 여기시는 것이 분명하다. 성경의 분명한 언명에 따를 때, 예술의 위치는 하나님 안에 있다는 것이다.

두 번째, 예술가라는 직업은 하나님께 부여받은 천직이다.

"천직(vocation)"이란 단어는 "소명(calling)"을 의미한다. 우리는 "소명"하면 목회자나 선교사로 부름 받은 사람들을 떠올리지만, 종교개혁은 세속적인 직업도 하나님께서 주신 참된 소명일 수 있으며 하나님과 이웃을 섬기기에 합당하다는 것을 역설했다.

여기서 성경은 성막을 짓고 장식하는 일을 위해 하나님께서 브사렐을 "부르셨다"고 분명하게 말한다. 이 부르심은 일반화되지 않았으며, 모든 사람을 대상으로 하는 것이 아니었다. 그것은 개인적이고 특별한 부르심이었다. 하나님께서는 브사렐을 지명하여 부르셨다. 이는 어떤 사람이 예술가로 하나님께 부르심을 받을 수 있다는 사실을 시사한다.

세 번째, 예술적 재능은 하나님의 은사이다.

"모세가 브사렐과 오홀리압과 및 마음이 지혜로운 사람 곧 그 마음에 여호와께로 지혜를 얻고 와서 그 일을 하려고 마음에 원하는 모든 자를 부르매"(출 36:2)

성막 만드는 일을 돕고자 하는 모든 사람들, "그 일을 하려고 마음에 원하는 자들"은 주께서 그들의 마음에 "지혜"를 주셨기에 그렇게 한 것이다. 예술적 재능은 인간의 어떤 천부적 능력이나 개인적 천재성으로 달성할 수 있는 것이 아니라 하나님의 은사로 생각해야 한다.

중세 시대에는 미술, 음악, 건축의 가장 빈번한 용도가 교회 예배와 관련되었기 때문에 "영적인" 것으로 여겨졌다. 그 모든 것은 하나님을 예배하는 도구로써, 특히 책이 없던 시대에 복음을 전달하는 수단이었다. 대부분의 사람들이 나뭇가지에 회반죽을 바른 오두막에 살던 사회에서 하늘을 찌를 듯 치솟는 웅장한 성당은 신의 현시가 아닐 수 없었다. 극서를 짓는데 800만 인시(man-hour, 1인의 한 시간당의 일의 양)가 소요되었고, 그로 인해 아무리 빈곤과 질병이 도시 전체에 창궐했다 해도, 그것은 의당 쓸 많은 시간이었다.

18, 19세기 들어 예술과 영성은 전혀 다른 유대를 갖게 되었다. 예술이 교회 울타리를 벗어난 것은 물론 훨씬 이전이었지만 사실상 여러 교파의 교회들이 예술의 타락—그들은 그렇게 볼 수밖에 없었다—을 빌미로 예술을 아예 멀리 하고 있었다. 그도 그럴 것이 독일 신화로부터 당대의 매춘굴에 이르기까지 예술을 다루지 못할 주제는 더 이상 없었다. 그것이 이른바, 예술은 여타의 저급한 부류의 그 어떤 활동보다 고급하고 초월적이며 초자연적이라는 세속적 복음을 유포하기 시작한 낭만주의 운동이었다.

이제 예술가는 선지자요 고귀한 존재로 숭상되는 '신의 붓끝'으로 신분이 바뀌었으며 반사회적이고 기벽이 심한 반항아라는 인식도 얻게 되었다. 예술가 집단은 남녀를 무론하고 보통 사람과는 다른 가치를 신봉한다고 보는데 영감이 내려오기까지 기다려야 한다고 하면 줄 서고 기다릴 무리가 인산인해일 것이다. 창조성이란 것이 모종의 도취·흥분상태에 기인한다고 하면 까짓 약물인들 못 쓸까? 필요하다면 고갱처럼 모든 책임을 회피하고 남태평양으로 사라지라. 예술을 정당화시켜 줄 테니.

오늘날 예술의 주된 문제 중 하나는 아마도 예술에 그릇된 기능을 부여한 결과일 것이다. 이전에 예술은 우리가 공예품을 말하듯이 '하나의 기술'과 같은 것이었다. 시인이나 선지자에 비견할 정도로 영감을 받은 고귀한 예술가의 작품, 인류의 한층 고차원적인 기능으로서의 예술 개념은 르네상스의 신플라톤적인 사고방식의 성과였다. 이제 예술은 단순한 인간적 노고 이상의 고급하고 격상된, 더욱 인문주의적인, 대문자 A로 시작되는 ART가 되었다. 그러나 바로 그러한 유사 종교적 기능 때문에 예술은 거의 피상적이고 현실이나 삶과는 괴리된, 호화롭고 세련된 그러나 무익한 그 무엇이 되어버렸다.

소통은 중요하다. 자녀와 소통하시는 하나님을 믿는 우리는 영감의 개념을 무시할 수 없다. 그러나 낭만주의적 관점보다는 성경적 이해에 비추어 진정 영감이 무엇인지 신중하게 검토해야 한다.

표현할 수 없는 것을 표현하고, 앞뒤가 안 맞는 것은, 이상하게도 신이 죽었다고 여겨지는 시대에 예술에서의 영성추구는 훨씬 더 강렬해졌다는 점이다. 풍경에 있어서의 영성추구는, 전도사나 선교사가 되려던 필사적인 노력이 실패하고 나서 그림 쪽으로 돌아섰던 빈센트 반 고흐의 작품에서 이어졌다. 그는 종교적인 열정으로 예술에 귀의했다. "위대한 예술가, 진지한 대가들이 작품을 통해 말하고자 하는 진정한 의미를 이해하려 애쓰다 보면 어느새 하나님께로 인도되어 있는 나 자신을 발견한다." 반 고흐의 경우, 이 세상에 그토록 놀랄 만한 걸작들을 남기게 한 것은 광기에 가까운 열정이요, "지독히도 투명한 순수성"이었지만 자신은 정작 그 때문에 자살로 끝난 내적 투쟁을 치러야 했다.

20세기는 온통 예술의 진정한 본질에 도달하기 위해 홀딱 벗겨내는 훈련만 한 것처럼 보일 정도다. 뉴먼과 로스코는 예술을 벗겨내는 과정의 극치를 보여준 것은 아니지만 전환점의 역할을 하였다. 이들은 제거 과정을 통해 마침내 예술의 본질에 다다르게 해주리라는 믿음이 가능하게 하였고 시간이 지나면서, 그 본질이라는 것이 사실상 부재라는 느낌이 들어 늘 꺼림칙해했다. 루치오 폰타나는 허무를 보여주기 위해 캔버스를 찢어 '신의 죽음(The End of God)'이라는 제목을 붙였으며 사무엘 베케트는 목적이나 의미 없이 흘러가 버리는 세상, 곧 블랙홀처럼 본질적으로 자멸할 수밖에 없는 세상을 빗대 《고도를 기다리며》를 썼다.

아직 예술의 갈 길은 멀었다. 쉼 없이 언제나 모든 마지막 과정을 뛰어넘기 위해 애를 쓰고 탐색해야 한다. 새로움의 충격으로 치켜세워진 눈썹이 다시 내려올세라 그러한 탐색의 과정은 전진과 후퇴를 거듭하며 계속되었다. 그러나 한 비평가가 말했듯이 충격을 주는 유일한 방법은 충격을 받는 것이다.

20세기 말 예술은 시작과는 아주 다른 방향으로 흘러가고 있었다. 그 어떤 추구도 무위로 돌리는 묵인의 지경에 이르렀다. 여전히 영적인 물음을 던질 수는 있었지만 그 답을 기대하기는 어렵다. 샛길 이외에 달리 찾을 길이 없는 막다른 골목에 봉착한 것인가 생각해 보아야 할 것이다. 다음 세대의 예술가들은 기호와 정의라는 경계를 허무는 데 집중할 것이다.

성경은 일정의 교육용 입문서는 아니지만 세계에서 가장 많이 판매된 베스트셀러이며 '신적 구비 문헌'으로 그만큼 다양한 저술 양식을 취하고 있다. 상당한 분량의 교육용 지침뿐만 아니라 르포, 즉 보고문학, 특정 인물 이야기, 국가 역사, 신화, 시, 알레고리, 정치적 논평 등이 있으며 문체 또한 다양하다. 예언서의 투박한 강건체, 히브리서 시의 탄탄한 구성적 짜임새, 복음서의 사실적 담화체, 사도 바울의 논리적 강화 체계 등등. 데릭 키드너는 성경에 대해 "인생에서 자신의 자리를 찾은 예술의 한 예이며 그것은 영혼에 종속되어 있고 진리에 의해 형성된다. 그러나 모든 고의적이고 자의식 없는 것으로부터는 자유롭다"고 하였다. 사도 바울의 이야기대로 "모든 생각을 사로잡아 그리스도에게 복종케" 하기 위해 우리의 모든 사고가 예수님의 가르침에 부합하게 하기 위해 고군분투해야 할 것이며 우리는 성경이 우리에게 주는 것이 예술에 관한 신학이 아니라 인간의 다른 모든 활동들처럼 예술을 평가하고 이해할 수 있는 성경적 구조틀임을 알게 될 것이다.

톨스토이는 예술의 타락을 지켜보면서 좋은 예술과 나쁜 예술을 구별할 수 있는 척도는 만인에게 이해될 수 있는 종교적 자각성, 즉 선한 양심이라고 강조한다.

종교란 신 혹은 절대자의 힘에 대한 믿음을 통하여 인간의 삶의 의미를 추구하는 것으로 예술에 대한 가치는 인생의 선과 악을 구별하고 그 의미를 해석함으로써 이루어져 왔으며 선과 악을 구별하는 역할이 종교에 의해 이루어졌다. 종교의 뜻을 통해 사회가 인간의 행위를 결정하듯 예술 역시도 종교적 자각성에 따라 나쁜 예술과 좋은 예술을 결정하였고 종교적 자각은 곧 예술에 의해 전달되는 감정의 가치를 판단하는 중요한 역할을 하였다.

가장 보편적인 종교적 자각은 '사랑'으로 그리스도께서 우리를 사랑하셔서 십자가에 못 박혀 돌아가신 그 사랑을 통하여 우리는 모두 그 피흘림의 사랑으로 이루어져 있으며 그리스도를 비롯한 과거 모든 뛰어난 이들로부터 현재에 이르기까지 다양한 형태로 이어져 오고 있다.

요한복음 17장 21절의 말씀처럼 "아버지께서 내 안에 내가 아버지 안에 있는 것 같이 저희도 다 하나가 되어 우리 안에 있게 하사 세상으로 아버지께서 나를 보내신 것을 믿게 하옵소서" 하신 말씀처럼 우리가 하나님의 자녀임을 인식하고 그리스도 안에서 우리가 모두 하나 되어 있음을 인식해야 할 것이다.

춤이 진정한 삶의 문제와 결합될 때, 우리는 이것을 '삶·예술의 과정'이라고 부른다.

-안나 할프린

*안나 할프린 치유춤의 개척자이며 '치유예술로서의 춤' 저자

V. 무용창작의
현상

하나님의은혜 †Charis 燮

창작이라는 어휘를 무용에 적용 시켜보면 보통 "안무"라는 단어로 통용되고 있다. 안무라는 단어는 按(살필 안)과 舞(춤출 무)를 묶어 만든 일본에서 수입된 말이다.

원래 일본무용에 있어서 안무는 '후리쯔께' 이다. 후리쯔께란 음악에 동작을 갖다 붙인다는 것이다. 왜냐하면 일본무용의 경우에는 춤을 만드는 과정이 먼저 詞(가)를 만들고 그 歌詞(가가)에 곡을 붙이며 그 곡에 동작을 붙이는 것이었다.

그러므로 전통적으로 그런 의미로 고정되어 있었던 후리쯔께라는 단어는 춤을 만드는 단어로써 충분하지 못하여 안무라는 새 낱말을 만들어 낸 것이다.

그런데 영어에 해당하는 안무는 Choreography이다. 이 Choreography는 사전에서 안무술 또는 무용술이라 번역되어 있다.

역사적으로 Choreography는 '합창' 이라는 Choreo와 '도표로 그리다' 는 Graphy의 합성어로서 원래 무용을 만든다는 뜻을 전혀 지니고 있지 않았다. 유럽의 중세기경 무용이 아직 스텝만으로 이루어졌던 당시 그 스텝을 무엇인가의 기호로 기록하는 방법을 만들었는데 그것을 Choreography라 칭했다. 당시 그것을 기록하는 사람을 Choreography라 부른 것인데 그가 하는 일이 기록하는 것에서부터 일보 전진하여 춤의 스텝을 정리하기도 하고 다시 바꾸어 짜기도 하고 또 그것을 가르치기도 하게 되자 Choreography라는 말도 그 내용이 바뀌어졌다.

Choreography는 음악의 경우로 보면 편곡과 같은 것으로 본질적으로 창작행위는 아니었다. 그러나 무용이 스텝에서 더욱 전진해서 자유롭게 추는 것이 되자 Choreography는 또 다른 의미를 갖게 되었고 일종의 춤을 만드는 일을 의미하게 되었던 것은 그 시대에서는 춤을 만드는 것이 무용의 창작개념이 아니라 주어진 음악에 맞추어 움직임을 편성하는 것이었기 때문이다. 그러므로 Choreography도 역시 엄밀한 의미에서 독립된 예술형식으로서의 무용창작은 아니었다. 그러나 그럼에도 불구하고 오늘날 무용창작의 용어로 무대 위에서 추는 춤을 만드는 것은 무엇이든지 Choreography로 통용되고 있다.

진정한 안무의 본질은 의심할 나위 없이 창무개념(創舞槪念)으로 귀결되어야 한다.

엄밀하게 얘기하자면 안무는 '동작을 연결하는 행위가 아니라, 만드는 행위' 라야 하고, 안무라는 개념은 따라서 모든 기능과 활동을 통괄하는 개념으로 이해해야 한다.

1 무용창작의 필요성 및 욕구

앞서 밝혔듯이 창작은 새로운 것을 만들어 내는 일이다. 즉, 모방을 하지 않고 전혀 새로운 것을 만들어 내는 것임을 뜻한다. 인류는 이러한 새롭게 만들어 내는 작업의 연속으로 인류의 삶을 유지해왔으며 이러한 것을 창조적 진화라 한다. 그러면 이러한 창조적 진화는 어떻게 해서 되었을까? 인간은 본능적으로 표현하고자 하는 욕구가 있으며 일하고자 하는 욕구가 있다. 이것이 곧 삶의 목표와 연결되어서 인간은 만들어 내는 작업에 익숙해져 있는 것이다. 자신의 만족을 위해 만들던 것이 공감을 얻고자 하는 욕구로까지 발전되었을 때는 이미 그것은 개인의 것이 아니라 사회적, 국가적, 세계적인 것이 되는 것이다.

무용의 창작 역시 마찬가지이다. "예술은 인간의 주변을 꾸미는 것이 아니다. 확실히 우리 인생의 지주나 희망이 될 수 있는 견인력에 가득 찬 중심적 존재이다"라고 하였듯이 인간의 삶의 욕구를 충족시켜주는 수단의 하나로 동작을 통한, 무용을 통한 작업이 우리에게 필수 조건으로 당면하게 된 것이다. 그러면 필수 조건으로써 오늘날 현대인들에게 주어진 무용창작의 욕구가 생기는 근본 동기는 무엇일까? 이는 다음과 같이 다섯 가지 항목을 열거할 수 있다.

첫째, 사건이나 물질에 접할 경우

우리는 무엇을 보는 순간, 무엇을 느끼는 순간 그리고 오랜 정적 속에 머물 때, 밀폐되어 있는 시간과 환경에 처할 때 창작욕구가 생긴다. 이러한 현상은 자발적인 현상이다. 또 타의에 의해서도 창작을 하여야 할 때가 있다. 이런 경우에는 순수하게 자신만이 표출할 수 있는 집중적이고 수집된 그리고 정확하고 강한 표현력을 자신 스스로가 의도하는 대로 발휘하는 경우보다 창작의 욕구가 적을 것이다. 즉, 자발적인 것이어야 효과가 더욱 크다는 말이다. "모든 자발적, 즉흥적 착상은 역사의 발전을 중단할 수도 있고, 발전의 새로운 국면을 나타낼 수도 있다. 그러나 모든 것이 즉흥적으로 창조되는 곳에는 결코 '역사'가 존재하지 않는다. 즉흥성이 제도화되고 자발성이 인원의 한계 속에서 움직일 때야 비로소 역사는 시작되는 것이다."

"최초의 인습은 최초의 제도이고 인류 최초의 보증된 소유물이며, 인류 미래 역사의 토대이다."라는 말이 자발성에 대한 중요성을 분명히 해주고 있다. 타의에 의한 것은 욕구도 적다. 창작 역시 자발적인 욕구에 의할 때 용이하고 추진력이 있으며 분명한 세계가 표출되어 적어도 자기 자신에게 만족할 수 있을 것이다. 자발적 욕구에 의한 것이 아니면 자신도, 타인도 발전하기가 어렵다.

둘째, 음악 감상을 통해서

음악 감상을 통해서 창작의 욕구가 생기는 경우인데, 무용 창작자에게 흔히 있는 일이다. 현재도 음악에 의한 창작을 하는 경우가 많다. 음악평론가이며 무용평론가인 박용구씨는 "9세기의 음악가 한스 폰 뷜포는 구약 창세기를 본따서 '태초에 리듬이 있었으니 리듬은 곧 음악이니라' 라는 명언을 남겼는데 나는 그 명언까지도 수정해야 할 것으로 본다. '태초에 리듬이 있었으니 리듬은 곧 음악과 춤이었느니라' 라고 말이다."

음악과 무용은 예로부터 하나로 상하의 주종의 관계없이 밀접한 관계를 이루었다. 이러한 관념적 토대로 창작 방법의 하나로 익숙해져 왔는데 어떠한 방법이 좋으며 바람직하냐 하는 문제가 제기되겠으나 동기에 속하는 문제이므로 그렇게 중요한 것은 아닐 것으로 본다. 단, 동기야 어떻든 창작자들의 의도가 분명하다면 좋은 작품을 만들 수 있을 것이다.

여기에서 설명하고자 하는 음악 감상을 통한 창작 욕구의 발생은 무용을 우선적인 요소로 놓고 보아야 함은 당연한 사실이며, 특별한 경우에는 평소 좋아하는 음악의 분석을 통해서도 창작품을 만들어 낼 수 있음을 의미하는 것이다.

셋째, 어떠한 춤에 임하였을 때

무용을 하는 사람이면 누구나 무용에 관한 것이 아닌 다른 공연도 창작자의 견문의 폭에 따라 감흥과 감성의도에 따라서 다르게 창작 욕구가 생길 것이다. 이러한 기회를 통해서 자신이 각색을 하여 다시 재창작을 하고자 하는 욕구가 생기게 된다. "무용이란 자신의 고유한 매개를 통해서 인류에게 성스러운 메시지를 전달하겠다는 것이……"라고 하였듯이 이러한 작업이 자기 세계를 형성해 나가는 지름길이 되기도 할 것이다. 재창작하여 비교연구, 분석하며 동작어휘에 따른 상이점도 연구해 볼 수 있는 계기가 되는 것이다.

넷째, 내면에 춤을 추고 싶은 충동이 생길 때

선천적 기질에 의한 충동이 거의 지배적이다. "예술 창조에 관한 이상주의 학설에 따르면

작가는 자기 작품의 모든 결정적 전제 조건을 스스로 안에 지니고 있다. 원칙적으로 예술가에게는 언제라도 모든 것이 가능하며 다만, 그의 재능만이 내적 한계를 지닐 뿐이다."라고 하였듯이 무엇을 출까, 어떻게 출까, 어떻게 추면 잘 춘다고 할까 등과 같은 환경적 반응에 관계없이 내면에서 솟구쳐 오르는 감흥을 억제하지 않고 즐겁게 신나게 추어보는 것이다. 순수한 자기 발산이다. 즉흥성을 많이 내포한 작업이기도 하다. 태어날 때부터 지니고 태어나는 ㄱ 기짐이라는 것을 무용하는 사람이라면 누구나 공감할 것이다

다섯째 내면에 그동안 잠재해오던 사고가 축적되어 창작 욕구로 전이될 때

내면에 축적되어 잠재되었던 의식이 어느 순간에 어떠한 동기로 인하여 춤을 추고자, 만들고자 하는 욕구로 변화되면 많은 철학과 신뢰성 및 높은 합리성을 담은 담백한 작품을 만들 수가 있다. "무용의 창작은 개개인의 경험, 상상력, 느낌, 환경 등에 의하여 표현이 제약되며 그 시대, 민족, 사회성의 영향을 자신도 모르게 받을 수 있다. 그러므로 항상 생활 속에서 자기의 내적인 것을 외부로 진실하고, 순수하고, 아름답게 표현할 수 있는 기량을 기르는 것이 창작력을 육성하는 근원이 되는 것이다."라고 하였다. 이렇듯 정성을 들이고 그만큼 많은 시간과 오랜 전통 속에 얻어진 결실이야말로 흐뭇한 결과를 가져올 수 있을 것이다.

그 외에도 사회에서 일어나는 일, 국·내외적인 다방면의 현상 등 인간의 삶을 통하여 창작의 동기와 욕구를 발견할 수 있다.

2 무용창작의 구성요소

1) 시간

같은 패턴에 시간을 변화시켜서 연출하는 것도 가능하다. 그러나 만일 맥박이나 기본적으로 밑에 깔린 소리에 따라 동작하고 있다면, 속도를 가지고 조작해보는 것이 더 쉬울 것이다. 일단 비트가 지정되면, 같은 패턴을 따라 가면서 조금 빨리 움직인다든지 조금 느리게 움직인다든지 하는 시도를 해볼 수 있을 것이다.

또 하나의 변형은 패턴의 특정한 동작이나 스텝에 강조점이나 악센트를 주는 것이다(호킨스, 1964). 이러한 악센트들을 전체 패턴의 공연을 하는 도중에 여러 다른 박자에 주어보고, 가장 잘 어울리는 악센트의 사용을 선택한다. 또한 동작패턴에 침묵을 삽입하고 매번 침묵 후에는 앞서 제시한 동작을 계속하는 수도 있다. 속도의 변화나 악센트나 침묵의 삽입 등을 통한 시험을 하면서 새로운 동작의 패턴이 생겨나는 것을 발견하게 될 것이다. 그리고 새로운 패턴을 기존의 패턴과 비교해본다.

2) 에너지(힘)

무용에서 에너지를 흘러가게 하는 것에는 기본적으로 여섯 가지가 있다. 동작을 추진하는 에너지를 사용하는 여섯 가지의 방법을 성질이라 부르는데, 거기에는 버티고, 충격을 주는, 떠는, 앞뒤로 흔들거나, 일시 정지하는, 그리고 넘어지는 동작들이 포함되어 있다. 버티는 동작이란 계속해서 쉬지 않고 억제해 가며 움직이는 것이다. 버티는 동작은 행위 도중에 어느 시점에서든지 멈출 수 있으며, 슬로우 모션 영화에서 움직이는 것 같이 보인다. 버티는 동작과는 대조적으로 충격을 주는 동작은 공간에서 직선을 표출해내며 폭발적이거나 날카롭다. 떠는 동작은 그 이름이 암시하는 바와 마찬가지로 몸이 덜덜 떨리거나 부들부들 떨리는 동작으로 이루어져 있다. 몸을 떠는 동작들은 팔이나 다리같이 몸의 어느 한 부분만 가지고 하거나, 또는 몸 전체로 할 수 있다. 앞뒤로 흔드는 동작은 공간에서 활의 모양이거나 곡선을 그려낸다. 앞뒤로 흔드는 동작을 할 때 중력에 몸을 맡겨야 한다. 그러므로 에너지는 활의 모양이나 그네 모양에서 위로 올라가는 부분에 가해지게 된다. 떠는 동작의 경우처럼, 앞뒤로 흔드는 동작도 몸의 어느 한 부분을 가지고 하거나, 또는 몸통이 흔들리기 시작하는 기준점으로 하여 몸 전체로 시행할 수도 있다. 일시 정지하는 동작은 마치 중력을 무시하는 듯한 착각을 만들어 내며 공중에 멈추는 동작이다. 펄쩍 뛰는 동작의 최고점에서 동작을 일시 멈추는 듯한 느낌은 보기에 멋진 것이 될 것이다.

동작을 할 때 에너지를 사용하는 여섯 번째 성질은 넘어지는 것이다. 넘어지는 동작을 하는 무용수는 바닥의 가능한 한 가장 낮은 지점으로 천천히 내려가는 동작을 취하며 차츰 중력에 몸을 맡기게 된다. 넘어지는 것은 아래쪽으로 녹아내리거나 스며들어간다고 표현되기도 한다. 물론 좀 더 빠른 속도로 넘어지는 동작을 할 수도 있다. 넘어지는 동작은 앞서 설명한대로 몸 전체를 가지고 하거나 몸의 어느 한 부분만을 가지고 할 수도 있다.

에너지를 각기 다르게 사용하여 동작에 변화를 줄 수도 있다. 무용 테크닉 시간에 배웠거나 선생님이 시범적으로 보여준 일련의 동작 프레이즈를 하나 선정한다. 이러한 동작의 조합을 외울 수 있을 때까지 연습하고 나서, 그러한 조합의 여러 지점에서 동작의 성질을 변화시켜 본다. 이러한 일련의 동작을 시행하면서 여러 가지 다른 에너지의 사용법을 시험해보는데, 버티고, 충격을 추는, 떠는, 앞뒤로 흔들거나, 일시 정지하는, 그리고 넘어지는 에너지의 성질을 가지고 하는 변화를 취해본다. 성질의 변화가 똑같은 패턴 전체를 통해서 공간과 시간의 이용에 어떤 영향을 주는지 유의한다.

3) 형태

인간의 신체인 몸은 그 자체가 형태이다. 나아가 인간이 움직일 때 몸은 여러 가지 형태(shape)들을 취하게 된다. 여러 가지 형태를 만들어 내는 몸의 재능에서 나오는 동작의 아이디어들은 또 하나의 방법을 제공해 준다. 이러한 몸의 형태들은 둥그런 것일 수도 있고, 또 다른 형태는 각진 형태거나 뾰족한 것일 수도 있다. 우리에게는 무한대의 형태를 갖고 있다. 어떤 형태들은 높은 위치에서, 또 어떤 형태들은 낮은데서 시행할 수도 있다. 이러한 형태들은 또한 몸을 둘러싸고 있는 공간에서 확장되거나 좁아질 수도 있다.

일상생활에서 몸을 가지고 어떤 형태를 취해 보자. 이러한 형태가 어떻게 느껴지는지에 주의를 집중하여 보자. 몸을 가지고 만들어 내는 일련의 형태들을 연구하기 위하여 몸 전체 길이의 거울을 사용해 보고 자신의 몸을 가지고 만들어 내는 형태와 다른 사람이 만드는 형태를 비교해 본다. 그 사람과 함께 움직이면서, 두 사람의 몸이 만드는 형태가 공간 안에서 서로 얽히도록 한다. 또 다른 일련의 형태를 선택하는데, 한 무리의 형태에서 다음 형태로 넘어가기 위한 전환적인 동작을 부여하는 것을 잊지 않는다. 이렇게 실시한 전환동작과 일련의 동작들을 기억하여 그것들을 다시 시행할 수 있도록 해야 한다. 나아가 연습하는 공간의 높이, 넓이, 연습공간의 색깔을 통하여 느껴지는 형태. 우연히 연습하며 외부의 소리 등에서 취해지는 형태 등, 무한대의 형태를 세밀하게 만들어 볼 수 있다.

1) 문학적요소의 구성

(1) 주제

주제란, 안무자가 표현하고자 하는 사상·정신 등의 전달하고자 하는 메시지이다. 한 주제는 공연의 과정과 구성, 내용에 대한 요점과 유사하다. 다시 말해서, 이런 것들은 주제에 의해 이끌어지고 무용적인 면에서 개인적으로 단순화시킬 수 있다. 보통은 일반적인 범주로 흐르는 경향이 있으며 그것들을 다양하게 하려는 움직임이 활발하다. 다시 말해서, 극이나 이야기, 개인관계, 동작의 기본요소, 혹은 조화에 관한 단순한 동작제목, 상징적인 제목, 성격화, 무형 혹은 유형의 경우가 그 예라고 하겠다.

주어진 주제는 몇 개의 논리에 의해 분리될 수 있다. 예를 들면, 학생들은 성격의 측면, 형태면, 율동면, 극적인 면에서 개인적인 편견을 가질 수 있다. 물론 하나 내지는 그 이상이 학생들의 특별한 목적의 추구에 포함되어 있는 이러한 것들에 있어서 동시 발생적인 측면을 가지고 있다.

주제가 무엇이든 간에 중요한 것은 그것을 동작으로 표현할 수 있느냐 하는 것이다.

형이상학적인 것, 정치구조이론, 사회경제적인 것과 같은 것은 무용의 소재로 적당하지가 않다. 이런 것들은 분석하고 지적인 추구를 하는 철학자나 학자들에 속한 문제라고 할 수 있다. 물론 도덕과 정치적인 문제의 측면을 무용의 창작물에서 제외시켜서는 안 될 것이다.

그러나 철학자나 학자들 사이에서 존재 가능한 것으로서 총망라된 주제들은 너무 광범위하거나 일반적인 소재이기 때문에 실제에 적용하기가 어렵다.

(2) 제목선정

무용에서의 제목은 일종의 표지판의 역할로 안무가가 관객에게 전달하고자 하는 것을 함축한 것이라 할 수 있다. 마치 식당의 간판과 같은 것이라고 볼 수 있다.

제목을 통하여 안무자는 안무의 방향을 더욱 확고히 조절할 수 있으며 음악이나 춤의 스타일, 안무 당시의 이슈 등 다양한 내용과 소재를 통하여 제목을 선정할 수 있다.

선정된 제목을 통하여 관객은 공연에 대한 관심과 호기심을 갖게 되고 더 나아가 내용을 대략 이해함으로써 상상력을 발휘하여 공연에 대한 기대감을 가지게 된다.

오늘날 공연되는 많은 공연들 중에서 관객이 공연을 선택할 때 대체적으로 보게 되는 것이 제목이다.

음악, 연극과는 달리 무용공연에 대한 관심은 그리 보편화되어 있지 않은 점을 유의하여 제목선정을 하는 것이 좋다. 내용의 충실성에 비해 겉치레적인 제목이라는 느낌이 들지 않도록 내, 외면의 조화를 핵심적으로 이루어 결정하여야 할 것이다.

한편 기독교적 측면에서는 더욱 기독인들이 중심이 되어 관람하는 경우가 많은 편이다.

기독교적이라 함은 복음(복된 소식) 중심이어야 하기 때문에 일반인들에 대한 섬김, 배려를 더욱더 잘해야 할 것이다.

그래서 제목을 정하여 광고를 하여도 일반인들은 무관심하고 무지할 수 있고 기독인들에게만 관심 대상이 되는 편중된 제목을 정할 경우가 있는데, 이러한 입장에서 기독교인들의 모든 작업이 선교가 되기 위해서

(1) 살아계신 하나님의 말씀을 제목으로 무조건적으로 택해도 좋다. 그 이유는, 혹 공연까지는 못 오더라도 그 말씀으로라도 은혜를 받을 수 있기 때문이다.
(2) 역설적으로 제목을 통하여 흥미와 동기유발을 시킬 수 있는 진실하면서도 획기적인 것을 택해야 한다.
"복음에는 하나님의 의가 나타나서 믿음으로 믿음에 이르게 하나니 기록된 바 오직 의인은 믿음으로 말미암아 살리라."(롬1:17)
무엇을 어떻게 하든지 하나님의 뜻에 합당하며 그 행위의 중심이 하나님께 있다면 분명히 하나님께서 함께 하시며 역사를 하실 것이다.

2) 시간구성

일반적으로 무용에서의 시간은 작품 시간과, 동작 표현 시간, 작품 배경의 시간, 작품 내용의 시간이 있다. 작품시간은 작품의 총길이를 의미하며, 동작표현의 시간은 동작이 표현되는 시간과 동작표현을 통해서 알 수 있는 시간을 의미한다. 작품배경의 시간은 작품이 진행되는 내용에서 시간, 즉 아침, 점심, 저녁 또는 몇 시쯤인가에 대한 것을 나타내며, 작품 내용의 시

간은 작품의 내용에서 축소, 확장 등에 의한 과거, 미래, 등에 대한 시간을 의미한다.

(1) 시간과 음악적 요소와의 관계

움직임을 할 때 중심 쪽으로 이르다가 갑자기 멀어지는 것, 이 과제는 어떤 외부의 도움 없이 동시에 일어나는 것 또는 급한 동작이 일어나는 순간을 함께 느끼는 것이다. 중심으로부터의 무용수의 거리는 다양해질 수 있으며, 그 결과 중심으로부터의 거리에 따라 계속 오는 느린 속도들은 다른 속도로 될 것이다. 그러므로 동시에 발생한다는 것은 더 어렵게 된다. 소극적이고 집중적인 모습을 나타낸다.

또한 안무가에 의해 주어진 공통된 움직임, 리듬 그리고 조화된 동작이 아닌 준비, 읽기, 내려치기와 회복박자를 위해 드럼 또는 피아노 반주로 시작하였다가 점차로 그것을 없애고 청각적인 도움 없이 계속한다.

똑같은 과제는 중간에 더 빠른 회복과 함께 미끄러지거나 또는 움직임으로 시도될 수 있다.

이것은 강세가 더 미묘해짐에 따라 더 어렵게 될 것이다. 아래의 것은 동시에 발생하는 기술이 구성을 위해 연습될 수 있는 상태의 실례들이다.

반주가 분위기가 되고 서로를 유지하도록 해주는 다른 방법은 없다.

시각적인 암시와 청각적인 암시가 무용수의 계산으로 이용되어야 한다.

이것은 움직임의 시간 길이를 계산하는 방법이며, 이는 음악적인 박자와 일치하지 않고 리듬과 움직임의 지속 기간을 따른다. 성취되고 알려진 마루패턴과 알려진 움직임을 위한 구체적 재료와 함께 기본적인 계획이 세워진다. 답해지지 않은 질문들은 얼마나 많으며, 얼마나 긴가, 무슨 박자이며 언제 시작되는가? 안무가는 지켜보면서 무용을 해보자. 동시에 일어나는 사건의 순서들이 발생할 것이며, 때로는 아름답다. 그것들이 발생할 때 안무가는 소리를 질러야 한다. 무용수는 주위를 둘러보고 소리에서 무용수를 끄집어내야 하며, 동시에 일어나는 것이 다시 발견될 수 있는 것을 알 필요가 있다. 동시에 일어나야만 하며 핀으로 찌르는 듯한 순간 이후에는 스텝의 지속 기간을 식별하는 어떤 다른 방법 또는 하나하나 세는 등의 양에 관한 작업들이 행해져야만 한다. 동시에 일어나는 순간들은 점점 더 발생할 것이다. 많은 것이 시각적으로는 중요하지 않으나 정점의 순간들을 이루기 위해서는 필요하다. 안무가와 무용수는 그것들을 암시 반복할 수 있다.

(2) 시간을 구성하는 형식

- **4단위 형식**: 모티브 동작을 기점으로, 발전된 동작, 다른 동작, 종결을 지을 수 있는 동작 순서로 구성된 형식이다.
- **론도형식**: 모티브 동작 사이마다 다른 동작을 삽입하는 형식이다.
- **캐논형식**: 같은 형식의 군을, 일정한 tempo 뒤에 행하는 형식이다.
- **두미노형식**: 점층적으로 서거나 엎드러지는 형식이다
- **파도형식**: 파도문양으로 물결치는 모습을 나타내는 형식이다.
- **문답형식**: 서로 다른 동작으로 응답하는 듯한 형식이다.
- **반복형식**: 같은 것을 반복, 강조하는 형식이다.

3) 공간구성

공간에는 무대공간, 공간사용, 작품내용의 공간, 움직임에서의 공간으로 나눌 수 있다. 무대공간 및 공간사용은 현재 우리가 사용하고 있는 1차원적인 의미의 무대를 이야기하고 이를 어떻게 사용할 것인가에 관한 것을 말한다. 작품내용의 공간은 작품에서 의미하는 공간을 이야기하며 움직임에서의 공간은 움직임을 통하여 생성되는 공간을 의미한다.

공간은 무용창작의 중요한 요소로 무용수들의 잠재적인 움직임을 개발하고 그 움직임을 자유롭게 하려면 공간의 중요성을 인식하여야 한다.

공간에 대한 자각은 많은 경험과 특별한 계기에 의해 생긴다. 공간은 사물의 형태를 보는 것과 사물의 이름을 아는 것과 같이 구체적일 필요가 있다. 다시 말해 시각적으로 알고 있는 것들은 근육운동으로 느껴져 동작들로 연결되는 것이다.

(1) 공간의 이용

공간을 채운다는 것은 신체 자신이 한 범위 내에서 공간의 선택된 부분을 활용하는 것이다. 이 공간을 팔, 다리, 몸통, 머리로써 채우는 데 있어 이러한 모든 것들이 서로 공통의 관심을 가지고 함께 움직일 수 있고 또는 각자 자신의 선택된 동작들만을 할 수도 있는 것이다.

(2) 공간의 면

공간에는 다음 3가지 기본적인 부분이 있는데, 하나는 높고 낮음, 또 하나는 깊고 얕음, 마지막으로 이둘 사이의 중간 수준이 있다. 높은 위치는 뛰어오르거나 한쪽 발 끝 또는 두 발 끝으로 균형을 잡으면서 위로 팔, 다리를 뻗는 동작이고 낮은 위치는 무릎을 완전히 구부려서 기고, 앉고, 눕고, 쭈그리는 동작이다.

중간 위치는 신체 둘레로서 수평적인 수준으로 발을 떼거나 구부리는 동작들이다. 낮은 곳으로부터 높은 위치로 가는 것이 위로 향하는 동작이고 그 반대는 깊게 내려가는 동작들이다. 이러한 것들이 결합하여 기본적인 공간의 면들을 형성하는 것이다.

(3) 신체의 범위

일반적인 공간은 신체의 범위를 넘어선 모든 것이다. 신체의 각 부분들은 근육 범위 내에서 그들 자신의 범위를 가지고 있는데, 이것은 인접한 부분들을 포함하지 않고 신체의 각 부분이 자유자재로 활용할 수 있는 공간의 부분들인 것이다.

무용수는 공간의 자연스러운 움직임을 경험하면서 인접한 범위가 아닌 다른 곳으로 팔과 다리를 뻗고 정반대의 움직임을 위해 신체 중심의 부수적인 움직임과 더 정확한 움직임을 할 것이다.

공간의 부분과 신체 범위는 서로 다른 인식의 관점으로부터 보이는 같은 공간이다. 공간의 부분은 주위를 구분하고 신체 범위는 구분된 신체 주위의 자각을 가져온다.

(4) 공간에서의 확대

중심을 멀리하고 곧게 뻗는 것은 공간 속으로 확대하는 것이다. 중심을 안으로 하면서 구부리는 것은 신체 내로 수축되는 것이다. 이 변화들로부터 2가지 상태가 생겨나게 되는데, 즉 신체로부터 멀고 가까운 것이다. 신체는 공간 속으로 확대할 수 있다. 그것은 우리가 길게 팽창했다고 할 수 있다. 반대의 상태는 동시에 외적 그리고 내적 당김에 의해 일어난다. 물리적으로 중심을 갖고 외부, 그리고 내부로 향하는 단순함은 이 양면성의 좋은 대조가 된다. 신체가 공간 속으로 팽창함에 따라 확대되고, 그것이 중심을 향하게 될 때 작아지게 되는데, 이것이 신체 형태의 요소이다. 팽창과 확대의 공간적인 면에 대한 관심은 무용수들에게 그들의 뻗어진 다리, 몸통 그리고 팔에서 긴 선을 성취하도록 도와준다.

(5) 시공간의 구성 형식

공간의 이동에 따라 시간의 변화를 갖는다. 이 두 요소는 불가분의 유기적 요소이다.

(6) 공간을 구성하는 형식

공간은 점, 선, 면, 입체로 변형되며 한 사람 또는 한 군집 등을 점으로 시작하여 공간에서 이동하여가는 동안 다양한 공간을 구성하게 된다.

이때, 기본적으로 사용하는 공간형식은 다음과 같다.

• 대칭(Symmetry)형식

운동의 강약, 리듬, 방향, 시간, 표현 등이 좌, 우 동일한 형식이다.

안정되고 균형이 잡힌 형식이다.

동시성, 이시성 symmetry가 있다.

• 비대칭(Asymmetry)

좌우가 동일치 않은 형식, 불안정하고 균형을 잃은 형식이다.

• 대조(Contrast)형식

서로가 상반되고 비교되는 형식이다.

상하, 전후, 강약, 좁고 넓음, 수평과 수직, 길고 짧음, 굵고 가늚, 무겁고 가벼움, 날카롭고 둔함 등의 형식이다.

(7) 무대 공간

무대 공간은 표현이 이루어지는 공간, 즉 무용수가 춤을 추는 곳을 이야기하며 주관적 · 객관적 · 기계적 요소를 갖는 공연예술에서 무대 공간은 기계적 요소에 해당한다(주관적 요소는 공연자, 객관적 요소는 관객이다).

① 무대 구획의 준비

무대 구획은 움직임에 의한 구성임을 의식하고 고려하여 한다.

- 어떠한 위치에서 시작할 것인가?

- 어떠한 선에서 전개할 것인가?

- 어떠한 질에서 변화할 것인가?

- 어떠한 양에서 변화할 것인가?

- 어떠한 속도에서 변화할 것인가?

- 어떠한 장치에서 변화할 것인가?

- 어떠한 음 또는 음색, 음약, 형태, 이미지(image), 감정으로 변화할 것인가?

위의 문항을 고려하였다면 창작자의 무대 재능에 의해 창출되어야 한다.

전체 구획에 앞서 안무자는 작품을 뚜렷이 파악하고 작품의 성격에 적합한 구획을 했는지, 출연자의 능력에 적합한 구획인지 고려하여야 한다. 또한 사전답사를 통해 무대의 구조 및 제반 설비의 여건을 파악하여 고려한 후 구획을 함으로써 완전성을 기해 잦은 유동성이 없도록 하는 것이 바람직하다. 그러나 무대가 정해지지 않거나 지방일 경우, 변경이 되는 경우 혹은 창작자의 의도대로 구획을 하였으나 상황에 따라 변이가 일어나는 경우도 있다.

③ 무대 구성의 방법(동작 및 공간 형성에 한함)
무대 구성은 일곱 가지의 단계를 거쳐 형성된다.

첫 번째, 음악시간, 작품의 흐름(성향), 작자의 의도를 적합하게 하여 전체를 구획한다.

두 번째, 첫 장면을 결정하는 데 있어 우선적으로 무용 작품 또는 창작 의도에 맞추어야 하며 무대의 기계적 요소에 부합하여 방해가 되지 않는가를 파악해야 한다.

세 번째, 진실하고 성실한 방법과 창작자의 예술적 감흥에 따라서 전개를 한다.

네 번째, 전체 작품의 진행 중 충격의 삽입 횟수를 정한다. 이는 작품성을 분명히 하고 전달을 용이하게 하기 위해서이다.

다섯 번째, 충격의 성격 및 크기에 따르는 공감대 형성 효과와 그 효과의 감성의 기복을 관객의 입장에서 정리해본다.

여섯 번째, 귀납법, 연역법 등을 적용하여 클라이맥스(절정)를 어디에 둘 것인지를 결정한다.

일곱 번째로 종결처리(Last seen)를 어떻게 할 것인지를 결정하는데 어떠한 장면, 위치, 빛, 장치, 느낌, 음향 등을 고려한 메시지(message)를 중요시해야 한다.

④ 무대의 구획

●미국의 무대 구획●

up Right (U.R)	up Right center (U.R.C)	up center (U.C)	up left center (U.L.C)	up left (U.L)
Right (R)	Right center (R.C)	center (C)	left center (L.C)	left (L)
Down Right (D.R)	Down Right center (D.R.C)	Down center (D.C)	Down left center (D.L.C)	Down left (D.L)
main cartain Apron				

●일본의 무대 구획●

下方後部 (下後)	中方後部 (中後)	上方後部 (上後)
下方中部 (下心)	中方中部 (中心)	上方中部 (上心)
下方前部 (下前)	中方前部 (中前)	上方前部 (上前)

●우리나라의 무대 구획●

좌방	후면 전면	우방
좌 방	중 방	우 방
좌 방	후면 중면 전면	우 방

좌방후면 (좌방)	우방후면 (후방)	좌방후면 (좌후)	중방후면 (중후)	우방후면 (우후)
좌방전면 (좌전)	우방전면 (우전)	좌방전면 (좌전)	중방전면 (중전)	우방전면 (우전)

左方後面 (左後)	中方後面 (中後)	右方後面 (右後)
左方中面 (左中)	中方中面 (中心)	右方中面 (右中)
左方前面 (左前)	中方前面 (中前)	右方前面 (右前)

■직선

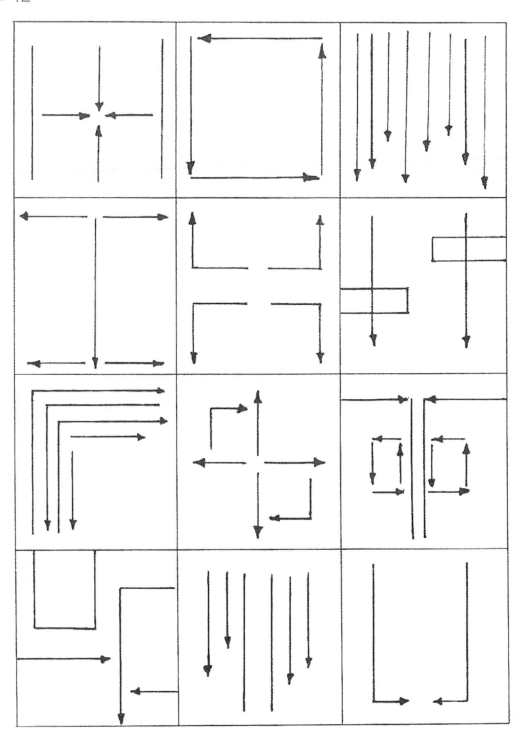

성서에 의한 무용창작의 완성과 조건

■직선(사선 포함)

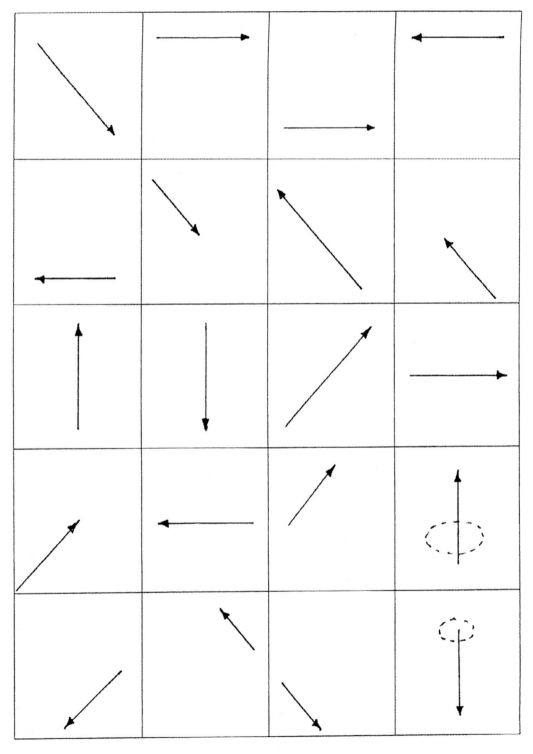

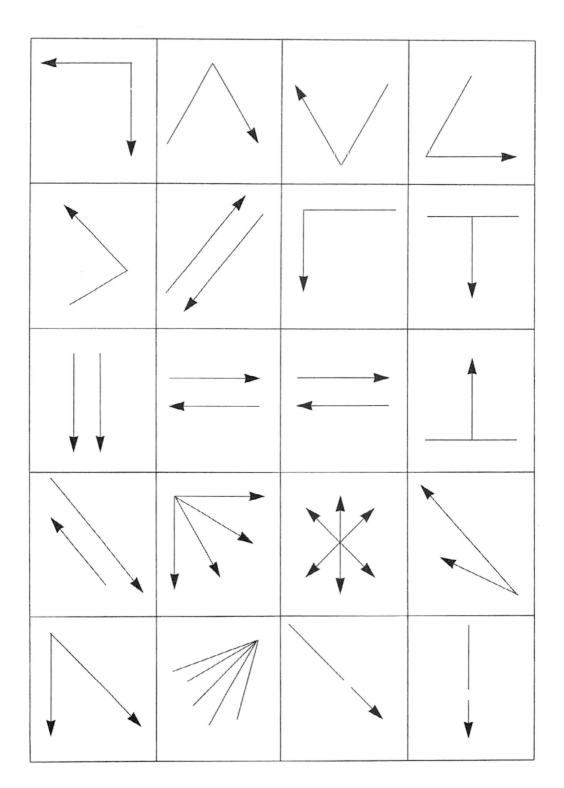

■곡선

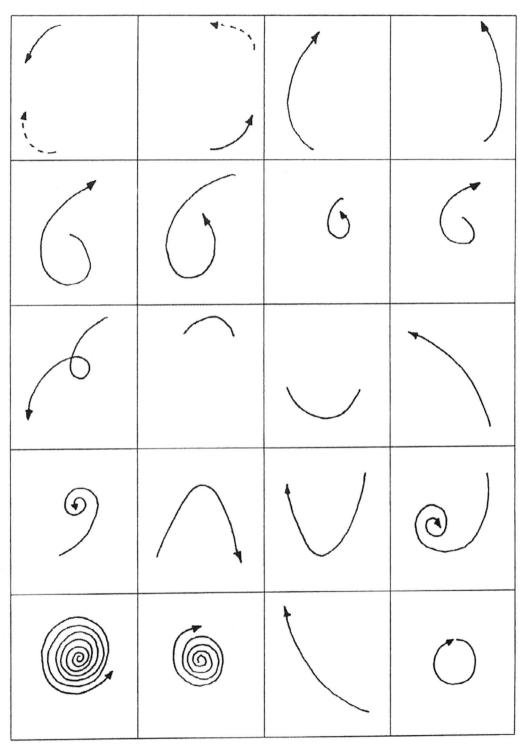

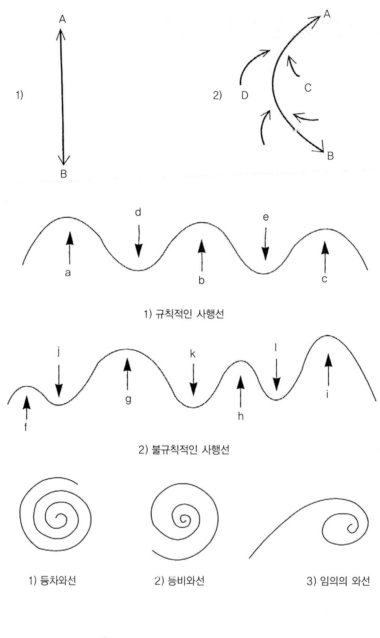

1)

2)

1) 규칙적인 사행선

2) 불규칙적인 사행선

1) 등차와선　　　　　2) 등비와선　　　　　3) 임의의 와선

1) 원추나선　　　　　2) 임의의 나선

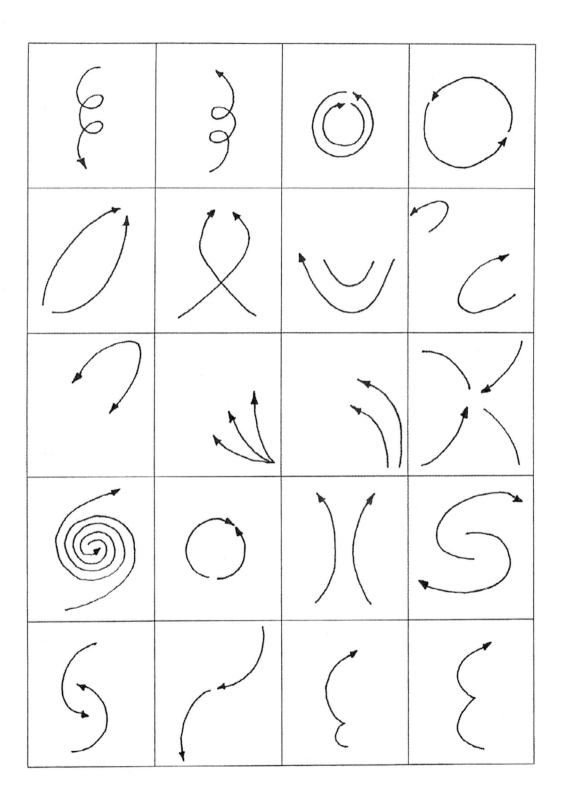

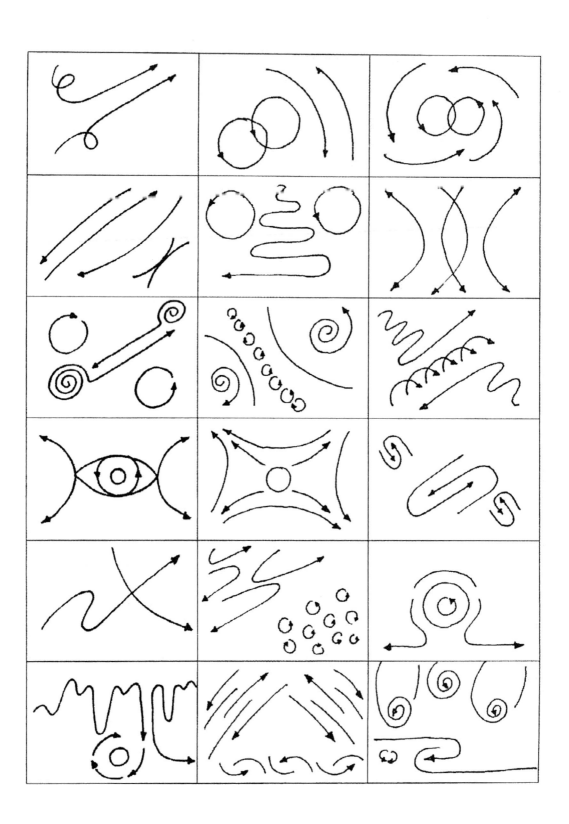

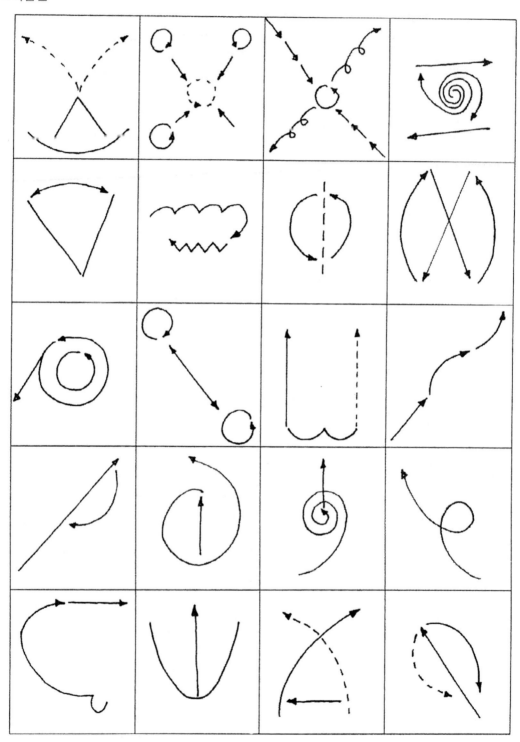

■공간구성의 실제

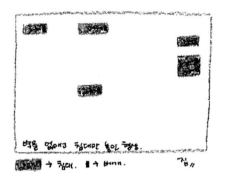

벽을 없애고 침대만 놓인 형상.

▓▓ → 침대. █ → 베개.   집 //

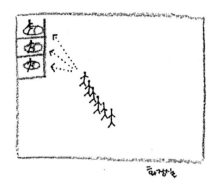

동경장면

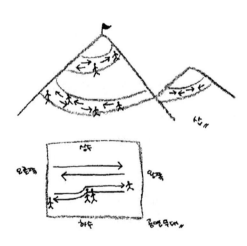

산 //

공연무대 //

강의실 //

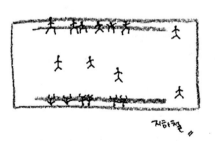

지하철 //

4) 표현구성

(1) 동작과 표현

동작에 관한 연구는 생리학적 및 심리학적 요소들을 파고 들어가야 한다. 이러한 연구는 의지와 연합을 통해서 뿐만 아니라 운동 지각적 감각에 자각과 정신상태의 다양함을 통해서 실행된다. 어떤 동작을 실행하기 위해 우리는 노력을 해야만 한다. 이 노력은 에너지의 소비를 포함하고 있다. 주관석으로 그것은 특별한 운동 지각적 감각에 의해 자신을 표현하고 있으며, 그로 인한 편안하거나 편안치 못한 정신적 상태는 우리 동작의 형태를 결정하는 데 중요한 역할을 담당한다. 동작을 좀 더 깊이 생각해보면 다양한 다른 요소들과의 상호 관계와 그 형태의 상태를 나타내준다. 신체나 혹은 그 부분의 동작이 일어날 때마다 언제나 위치의 변화가 있다는 것을 관찰한다. 즉, 신체는 한 장소에서 다른 곳으로 움직임에 의해 그 위치가 변화될 수 있거나 혹은 신체의 부분들이 서로서로 위치 변화를 가져올 수도 있고 그러므로 전체적으로 신체의 자세 변화를 야기 시킨다. 그리고 좀 더 이러한 변화들은 이동하는 곳에서 생길 수도 있고 혹은 정지한 곳에서도 발생할 수 있다.

위치의 변화는 방향의 설정과 거리의 적용을 내포하고 있다. 거리를 적용함에 있어서 동작 역시 범위를 갖고 있다. 그래서 우리는 시간을 소비하며 좀 더 나아가서는 동작의 비율과 실행도 내포하고 있다. 따라서 결국에는 동작에 대한 모든 것이 성취되기 위하여 에너지는 어느 정도의 힘과 함께 소비되어야 한다. 또한 그 적용의 핵심이 있어야만 한다. 움직임이 비록 크든, 작든, 빠르건, 느리건, 강하건, 약하건 간에 만약 저항이나 방향, 거리, 기간, 속도 그리고 힘 등이 포함되지 않는다면 어떤 운동도 생겨날 수 없다. 동작에 대한 연구는 필연적으로 이러한 요소들에 대한 심사숙고와 그 하나하나에 대한 관계도 포함하여야 하는 것이다. 일단 이러한 요소들의 결합 가능성을 이해하고 나면 동작의 방식과 형태들은 창조적인 선생님이나 학생들이 새로운 동작 반응을 자극하고 경험하는 수단으로서 끝없이 개발될 것이다.

(2) 리듬과 표현

무용에서 가장 중요한 요소들 중의 하나는 리듬 있는 행동의 육체적 감각적인 효과이다. 리듬 있는 동작의 역학적 행동 단위는 간단히 말해서 기간, 강조, 박자라고 할 수 있다.

(3) 기교와 표현

무용기교는 무용수의 신경과 근육들을 통하여 그의 예술적 능력의 결과인 것이다. 어떤 새로운 행위나 동작을 배우는 과정에서 모든 느낌을 반드시 관찰하고 기록해야만 한다. 그래서 동작 연구는 무용기교에 있어서 무용수의 지식과 표현을 이해하고 발전시키는 데 필요하다. 동작을 조절할 수 있기 위하여 기교가 숙달되기 전에 동작에 대한 근본적·과학적 이해가 반드시 있어야 한다. 우리가 표현에 대해서 연구하고 있을 때 마음이 창조해 내는 조건과 그것이 일하는 것을 통하여 매개체의 성질을 안다는 것은 가장 중요한 것이다. 우리의 반응은 빨리 지나가고 잡을 수 없는 것과 아주 흡사하다.

우리는 실제의 경험을 얻기 위하여 그것을 이해하도록 노력해야 된다. 표현에 대한 노력의 상태를 분석하기 위해서 다른 사람들의 노력에 대한 날카로운 비평뿐만 아니라 우리 능력에 대한 더욱 명백한 인식을 얻도록 이해하는 것이 필요하다.

(4) 표현운동의 미형성

여기에서는 미적 표현의 문제를 들어 미적 표현의 본질을 밝히고, 다음으로 미적 표현으로 존재하는 표현운동의 형식을 분류하여 표현운동의 미적 성격을 추구하고자 한다.

고바야시 신지의 무용미학의 이론에 따라 다음의 내용을 살펴볼 수 있다.

① 미적 표현

미적 표현이라 불리는 표현내용에는 수많은 요소가 존재하고 있다.

첫째, 내면적 요소는 표현형식을 결정하는 근본적인 요소이다.

둘째, 형식적 요소는 내면적인 요소의 대변자로서의 역할을 하는 요소이다.

셋째, 조화의 요소는 내면적인 요소와 형식적인 요소의 조화를 담당하는 중개의 역할을 하는 요소이다.

넷째, 표상(表象)요소는 내면요소나 형식요소 속에서 활동하여 두 요소에 창조성을 부여하고 있다.

다섯째, 생명요소는 내면요소, 형식요소, 표상요소 등의 근원이 되는 요소이다.

② 표현운동의 분류

표현형식의 분류방법에 의하면 수많은 표현운동 중에서 구상적(具象的), 추상적(抽象的),

구조적(構造的) 요소라는 세 가지 전형적인 요소를 발견할 수 있다.

- 구상적 요소의 표현운동 – 모방표현형식
- 추상적 요소의 표현운동 – 감각표현형식
- 구조적 요소의 표현운동 – 구조표현형식

위에 세 가지의 표현형식의 단계에 대해 알아보기로 하자.

모방표현

- 맹목적 모방표현은 모방표현 중에서도 가장 초보적인 단계의 형식이다.
- 주관적 모방표현은 맹목적 모방표현의 기반 위에 자기의 주관을 강하게 드러낼 수 있는 표현형식이다.
- 객관적 모방표현은 맹목적인 표현이나 주관적인 표현보다 가치 있는 표현형식이다. 단순한 흉내나 자기 만족적인 표현성이 아닌 객관적 입장의 표현성이 있기 때문이다.

감각표현

- 감각표현이란 오감(五感)을 통해서 지각된 여러 가지 축적경험으로 형성된 표현형식을 가리킨다.
- 이 표현형식을 분석해보면 감성적 감각표현과 종류별 감각표현의 두 형식으로 나눌 수 있다.
- 감성적 감각표현이란 대상의 내용을 느낌만으로 표현하는 형식이다.
- 종류별 감각표현은 산, 바다, 꽃, 인간 등의 종류를 어느 정도까지는 이해시킬 수 있는 표현형식이다.

구조표현

- 구조표현이란 신체 각 부분에 의한 구성이나, 신체와 다른 공간과의 구성에 의해 형성 되는 형식을 말한다.
- 구조표현에는 신체적 구조표현과 복합적 구조표현의 두 형식이 있다.

■표현운동의 분류와 연습단계

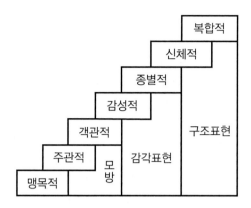

③ 표현운동의 방향적(方向的) 성격

- 표현운동의 방향적 성격요소는 표현운동의 미적 형성을 위해 필요한 요소이다.

- 앞으로 향하는 방향에는 외향성의 적극적인 성격과 향수성(向水性)의 적극적인 성격이 있다.

- 뒤로 향하는 방향에는 전방향이 가지는 전진적인 적극성은 없으나 내면적으로 파고드는 추진적인 예리함과 강함을 볼 수 있고, 전방의 저항을 견디지 못하고 그 저항으로부터 도망치려는 소극적 도피의 성격을 볼 수 있다.

- 오른쪽으로 향하는 방향의 성격에는 우방향에 대한 적극적인 성격과 소극적 성격이 존재한다.

- 좌방향의 성격에는 좌방향에 대한 적극적인 성격과 소극적인 성격이 있다.

- 위로 향하는 방향의 성격에는 수직선이 가진 고양(高揚)의 성격이 존재하므로, 상방향의 표현에서는 높이, 밝음, 희망 등의 형식 감정을 볼 수 있고, 이 형식 감정 외에 또 다른 표현내용을 강조하는 요소도 볼 수 있다.

- 하방향의 성격에는 내면적인 것을 추구하려는 적극성의 성격과 패배적인 소극성의 성격이 존재한다.

■시간의 방향적 성격

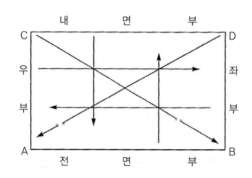 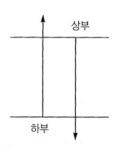

④ 독무(獨舞)의 미와 군무(群舞)의 미

독무의 미적 형식의 조건요소는 복잡성의 요소이며, 군무의 미적 형식의 조건요소는 간소성의 요소이다. 이 두 요소의 대조적인 성격을 이해하지 못하면 군무의 구성이나 안무는 불가능하여, 표현운동의 본질적인 존재에 대해서도 인식할 수 없는 결과를 초래하므로 미적 표현운동을 형성할 수도 없다.

■무용의 인원 구성

독무	Solo
2인무	Duet
3인무	Trio
4인무	Quartet
5인무	Quintet
군무, 합동무용, 집단무용	

4 　작품의 미형성

작품의 미형성은 준비 작업에서부터 토대가 형성되어 내용을 잘 전달할 수 있는 창조적 구성과 안무가 행해져 작품의 미를 발견할 수 있게 한다. 따라서 일시적 아이디어나 외형에만 치중해서는 안 된다.

1) 작품창조의 준비작업

고바야시 신지는 무용미학이론에서 작품창조의 준비작업의 창작의욕, 작품내용 선정, 창작태도, 탁상(卓上)플랜, 제목 선정의 5가지 요소로 나누었다.

(1) 창작의욕

무용을 만들어보고 싶은 의욕으로 미적 무용작품을 형성하는 원동력이라 할 수 있다. 어떠한 대상소재에 존재하는 요소를 통하여 인간이 생명감정을 느끼게 되면서 이를 어떠한 형체로 표현하려고 하는 의욕을 말한다. 이러한 창작의욕은 작품미 형성의 근원적 요소라고 볼 수 있다.

(2) 작품내용 선정

작품내용 선정의 요소는 내·외면적 조건요소를 선정재료로 하여, 소재내용에서 무용작품으로서의 가능성을 발견하려는 요소로 작품을 산출하는 요소라 할 수 있다. 내면적 조건요소는 창작의욕으로 직관적으로 춤을 추고 싶다는 요소가 모든 대상에 존재한다는 것이며 외면적 조건요소는 조형적, 색채적, 운동적, 통일적, 변화적 요소로 단 하나라도 빠져버린다면 적합한 소재라고 할 수 없다.

(3) 창작태도

무(無)에서 출발한 미적 추구의 태도로 창작태도에 따라 미적 형성이 가능하기도 하고, 불가능하기도 하다. 창작 태도는 창작자가 예술적 경험 등을 통하여 다른 요소를 작품표현에 응용해보는 채집형의 창작태도, 우연성에만 의존하는 기적형의 창작태도, 미적 추구의 욕구만으로 작품을 형성하려는 본질적인 창작태도로 나눌 수 있다.

(4) 탁상(卓上)플랜

작품형성의 모든 조건을 고려하여 책상 앞에 앉아서 작품의 상(想)을 짜내는 요소로 형식결정의 활동과 작품을 구성하는 활동을 한다. 작품의 형식과 구성활동에 대해서는 다음 소단원에서 설명하도록 하겠다.

(5) 제목 선정

무용작품에서 제목은 인간의 이름과 같은 의미의 요소임으로 심사숙고하여 결정하여야 한다. 작품 완성 후보다는 구성·안무에 들어가기 전 결정하는 것이 작품의 발전방향을 한층 더 명확히 인식할 수 있다.

2) 작품 형식 및 구성의 단계

(1) 형식 결정의 요소

작품형성의 기본적인 요소로 작품을 형성을 하기 이전에 형식결정을 하지 않으면 통일적 요소가 결여될 위험이 있다.

무용의 형식에는 이야기 형식의 구상적인 표현요소가 주체가 되는 '연극적 무용형식'과 추상적 표현요소가 주체가 되는 감각적 형식의 '순수한 무용형식'이 있으며 두 형식은 공통적인 여러 종류의 내·외면적 통일요소를 갖는다. 내면적 형식의 통일 요소는 서정적, 지성적, 풍자적 등의 성격적 형식 요소가 존재하며 외면적 형식의 통일 요소는 무용수의 수를 결정하는 양적 형식과 직선적, 곡선적, 동적, 정적 등의 운동과 운동의 색채와 명암을 통일하는 질적 요소가 있다.

이러한 형식요소가 존재하는 무용의 작품을 형성하기 위해서는 연극적, 순수적 요소 중 선택을 하여 결정된 형식에 따라 내면적 형식의 통일요소를 결정하고, 외면적 형식의 통일 요소 중 양적 형식과 질적 형식을 선택하는 단계적 선정방법을 거쳐서 형식을 통일해야 한다.

(2) 작품 구성의 단계

작품구성의 단계는 모두 6단계로 다음과 같은 구성적 단계를 거치지 않으면 미적 작품을 형성하기 어렵다.

작품 구성의 1단계는 작품을 발표할 장소의 검토로 장소에 따라 다른 표현효과를 나타내는 것이 무용작품임으로 장소에 적합한 작품을 형성하여야 한다.

작품 구성의 2단계는 작품의 시간설정의 요소로 작품의 길이를 의미하는 시간설정은 작품 창작의 초기단계에서 결정해야 작품의 계획적인 구성을 형성할 수 있다. 작품 시간이 제한되게 주어지거나 창작자가 설정할 때는 작품 내용의 조건이나 프로그램상에서 차지하는 조건을 고려하여 설정해야 한다.

작품 구성의 3단계는 작품의 전형적인 구성요소를 찾는 것으로 작품이 무대 위에서 그리는 전형적인 구성을 발견하려고 하는 요소이다.

작품 구성의 4단계는 작품구성을 데생하는 요소로 앞선 3단계에서 찾아낸 전형적 구성요소를 발전시켜 종이 위에 구성하여 부분적 구성이나 전체적 구성을 검토하는 작업이다.

작품구성의 5단계는 클라이맥스를 설정하는 요소로 작품의 골격을 형성하고 그 위에 살을 붙이는 작업 중 하나로 작은 클라이맥스와 중간 클라이맥스, 큰 클라이맥스의 요소가 필요하다.

작품구성의 6단계는 표현운동의 속도를 설정하는 요소로 클라이맥스까지 설정된 작품 구성에 표현운동의 속도를 상정하여 각각의 구성부분에 속도를 만들어 주는 요소이다.

① 작품을 발표할 장소의 검토

② 작품의 시간설정의 요소

③ 작품의 전형적인 구성을 찾는 요소

④ 작품 구성을 데생하는 요소

⑤ 작품 구성에 클라이맥스를 설정하는 요소

3) 작품의 구성과 안무

구성은 탁상플랜의 창조활동에 의해 형성되는 것이고, 안무는 실제적인 창조활동에 의해 형성되는 것이므로 기존의 정기적인 표현운동의 배합만으로 안무를 하는 것이 아니라, 즉흥 운동에 의해 전형적인 표현운동을 끌어내면서 창조적으로 형성하려는 안무방법을 선택해야 한다. 안무를 할 때는 작품의 흐름의 요소와 변화의 요소를 충분히 고려해야 한다.

"나는 머릿속에서 상상해서 춤을 춘다……. 나는 머릿속에 무언가의 이미지를 상상하는 것을 좋아한다. 다섯 걸음씩 걷는 말의 느린 걸음, 평원을 달리는 기린, 길게 늘어나는 고무 밴드-그래서 그러한 이미지들이 내 몸을 통해 표출되도록 한다."

-엘리엇 펠드

*엘리엇 펠드 1942년 출생. 미국 출신의 무용수겸 안무가. 아메리칸발레시어터의 솔리스트로 활동하다 엘리엇 펠드 발레단 설립.

VI. 무용과
자매예술의
조화

음악은 무대 장면의 전환 시 없어서는 안 될 중요한 부분이다. 음악은 운동을 일으키는 충동의 한 조건으로 음악을 들음으로써 음악의 리듬에 맞추어서 움직여지는 춤을 추게 하는 동기가 된다. 연기자의 감정 표현을 돕고 극적 분위기를 조성하며 매끄럽게 장면을 전환시키기도 하고, 클라이맥스로 유도하기도 한다. 음악이 있으므로 움직임이 돋보이게 하기도 하며 자연스러움을 주기도 한다.

1) 무대음악

연극의 한 부분으로서의 음악으로 독립된 예술로서의 음악이 아니라 연극의 일부를 이루는 음악을 일컫는 말이다. 연극을 위한 음악이므로 무대장치인 효과음향의 범위를 벗어나 음악이 작품 내용의 근간을 이루기도 한다.

연극에서 음악은 기분을 전환시키고 감정을 강조하거나 고양시키며 장면과 장면을 연결해 주는 부수적인 역할을 할 뿐만 아니라, 작품의 구성과 등장인물의 성격, 주제, 양식을 확립하는 데도 크게 기여한다. 또한 사건의 핵심에 개입하여 작품의 방향을 좌우하는 중심요소로 작용하고 극적 효과를 높이기도 한다.

음악은 본질적으로 자극성이 있다. 음악은 인간의 기관을 활동하게 한다. 결국 음악이 연기에 기여하는 가치는 역동적인 것이다. 음악의 강한 힘은 인체조직이 힘차게 움직이도록 하는 감정을 동요시킨다. 음악은 지극히 정력적인 유형으로서 활발한 음조변화와 속도의 특징이 있다. 음악의 음조변화는 정신의 고취에 강한 영향을 미친다. 그러나 음악의 연극적 가치를 탐색하는 사람은 간단한 박동적 동작과 간단한 음악의 음조라고 하는 기본 요소가 제일 큰 효과를 낳는다는 사실을 우선 알아야 한다.

음악의 근본적 특성은 구조적 관계나 함축적인 상징보다는 풍부한 음조에 있다. 음조와 박동은 듣는 사람과 보는 사람의 호흡, 맥박과 같은 무의식적인 활동에 영향을 주는 동안 박동과 음조의 양식 역시 의지에 따라 움직이는 근육조직을 동요시켜서 모든 인간의 행동에 중요한 영향을 미친다.

음악적 효과의 기본요소는 이미 고찰한 바와 같이, 음조에 있다. 음조, 특히 음성의 어조는 어떤 특별한 힘으로 듣는 사람에게 자극을 준다. 어조는 인간의 모든 의식과 긴밀하게 연관되어 있기 때문이다. 귀의 가장 큰 기능은 인체 조직을 환경에 적응하도록 만드는 것이다.

《음악의 심리학》에서 제이즈 머셀 박사는 다음과 같이 말하고 있다.

"귀에 연결된 신경은 절제된 동작이 의존하는 균형감각, 상하감각, 방향감각을 제공하므로 특히 중요하다. 그러므로 음악은 인체의 동작과 절제에 대한 우리의 느낌과 아주 긴밀하게 연관된 수단인 청각적인 경험을 이용하는 예술이다."

어조는 직접 신경 기관에 근거를 두고 작용하여 환경에 대해 청종의 광범위한 감정을 불러일으킨다. 높은, 강한 어조는 경고, 위험, 흔한 흥분의 감정을 조성하고 낮은, 부드러운 어조는 사람을 진정시키고 안심시키며 잠들게 한다. 머셀 박사는 또 "청각적 경험은 동물계의 본능적, 감정적 반응과 주로 연관되어 있다. 청각적 경험은 자극, 유혹, 도전을 가장 잘 전달해 준다. 우리 인간은 확실히 청각적 경험이라는 유산을 갖고 있다."

《경험의 예술》에서 음악의 효과를 논하면서 존 듀이는 음조의 신체적, 정서적 영향에 대해 같은 이야기를 하고 있다. "음성은 일어나기 쉬운 것을 가리키면서 임박한 것과 일어나고 있는 것을 전달한다. 음성은 시각보다 사실을 사실로 받아들이는 감각이 더 강하다." 음악적 음조로 이상화된 음성은 기대감, 실현감, 환경에 적응하는 감각을 직접적으로 나타낸다.

2) 무용음악의 개념

무용음악이란 갖가지 무용에서 나타나는 박자와 리듬유형을 반복되는 박자군으로 구성한 음악을 말한다. 대부분 무용과 선율이 동일한 리듬을 타고 흐르게 된다. 또한 리듬의 강세뿐 아니라 악구의 길이, 분위기도 대부분 일치한다.

음악의 형식이나 선율, 화성, 구조 같은 요소들은 무용과 절대적으로 일치하는 것은 아니지만, 안무가가 이미 작곡된 음악을 가지고 적절한 동작을 붙이거나, 기존의 안무를 보고 음악가가 작곡을 하거나 해서 음악과 무용의 형식은 밀접한 관계를 유지하고 있다. 심각하고 복잡한 형식은 무용음악으로 적당하지 않다. 그렇다고 해서 반드시 명확하고 간결한 음악만이 무용음악으로 사용될 수 있는 것은 아니다. 음악의 분위기에 따라 무용이 달라질 수 있다.

무용음악에서는 예술적인 음악의 흐름도 중요하지만 기본적으로 무용동작에 알맞은 템포,

리듬, 아티큘레이션, 프레이즈, 분위기 등을 갖는 것이 더 중요하다. 거기에다 예술성을 가미한다면 완벽한 조화를 이루는 무용음악이 되는 것이다.

(1) 무용과 음악에 대한 현상
① 무용과 음악과의 관계

무용과 음악은 불가분의 관계를 갖고 상호작용하고 있다. 서양역사상 발레는 음악연주와 함께 그 작품이 존재해 왔고 무용은 음악의 시각화로서의 의미를 가졌다. 그것은 동양에서도 무용은 그것이 음악이었고 무용작품은 그것이 곧 음악작품이었다. 고대사회에서는 음악과 시가와 무용은 서로 구별되지 않고 종합예술로서 성립되었으며, 악경(樂經)에는 비록 악기로 곡조를 아뢰이되 무용이 따르지 아니하면 가히 악(樂)이라 이르지 못한다 하여 오늘날의 음악과 무용의 종합예술을 악이라 하였던 것이다. 최근에는 음악가들과 무용인들 사이에 점점 거리가 생기고 있다. 각 분야에 절대적인 필요성에도 불구하고 두 장르가 서로 대립하고 있는 것이다. 거기에다 서로를 격하시키고 있는 것이 현실이다.

이런 사실에는 많은 이유가 있다. 19세기 발레는 단지 발레리나 한 명에 모든 것을 걸고 있었다. 관중들은 한 명의 주역 발레리나의 동작에 모든 환호를 보냈고, 이런 상황에서는 발레음악작곡가들은 서커스단의 관중동원 팡파르 역할밖에 할 것이 없었다. 물론 차이코프스키, 글라주노프, 들리브 같은 훌륭한 음악가들은 음악의 빈곤에 대해 개탄하기도 했다. 하지만 그 당시 대부분의 발레음악들은 개성이 없었고, 코펠리아 혹은 잠자는 숲속의 공주의 음악에서 보이는 서정적인 역동감 같은 것도 찾아볼 수 없었다. 그러나 안무가, 무용수, 관중들 모두 다 이런 것에 대해 상관하지 않았다. 그들의 관심은 다른 데 있었던 것이다.

② 무용에 있어서 음악의 필요성

발레를 하는 수많은 사람들 중에 발레에 있어서 음악이 중요하지 않다고 생각하는 사람은 한사람도 없다. 하지만 문제는 그 많은 무용수나 음악가들이 무용에 있어서의 음악의 역할을 가볍게 생각하고 있다는 점이다. 그저 작품을 이끌어 가는 단순한 도구 정도로 생각하고 있는 것이 현실이다.

물론 무용에 있어서 음악이 박자관념에 입각해서 너무 주가 된다면 그 공연은 너무도 딱딱하고, 기계적인 춤이 될 것이다.

하지만 우리가 생각해야 할 점은 반대의 경우이다. 이 경우는 실로 심각하다. 무용수는 무용수대로 음악은 음악대로 연주되는 공연을 우리는 자주 접할 수 있다. 이 경우는 기초적인 두 분야의 전문성을 배제한 경우이다. 제 아무리 테크닉이 뛰어난 무용수라 할지라도 음악과 조화를 이루지 못한다면, 그것은 예술가라기보다는 체조선수에 가까운 예가 될 것이다. 최근의 무용공연들에서 우리는 음악이 무시되는 경우를 많이 보고 있다.

음악이 무용에서 단순한 박자의 개념에 그쳐서도 안 되고, 또 무용의 모든 감정에 우선해서도 안 된다. 뛰어난 무용가들은 음악에 이끌려 작품을 안무하는 것이 아니고, 음악을 안무 목표에 적합하게 사용해 왔다. 음악과 무용이 하나로 연결된다는 것은 정말 어려운 현실이다.

오스틴(Austin)은 무용과 음악 사이의 오랜 논쟁을 심판해 줄 수 있는 사람은 무용수들밖에 없다고 했다. 춤을 추는 사람의 생각으로 음악은 이용되는 것이다. 물론 무용수 자신이 작품을 구성하는 것은 아니지만, 결국 그 작품을 현실적으로 춤추어야 하기 때문이다.

무용에 있어서 음악이 절대적으로 필요하긴 하지만, 음악과 무용을 표리관계에 있는 예술 간의 관계로 보아 무용을 음악에 맞추어 몸을 움직이는(to move the body to music) 것으로 정의하는 일이 많은데, 무용과 음악은 본질적으로 별개의 독립예술임은 재론할 필요가 없는 것이다.

(2) 무용음악의 구성요소와 반주법
① 무용음악의 구성요소

중세의 음악에서부터 현대의 대중음악에 이르기까지 많은 음악들이 무용음악으로 쓰여 왔다. 그 수많은 음악들 중에는 무용을 위한 공통적인 구성요소들이 있다. 크게 다섯 가지로 나뉘는 요소들은 아래와 같다.

■ 음악의 느낌

여기서 말하는 느낌이라고 하면 곡 전체의 분위기를 말한다. 특정 장르, 예를 들어 꼭 클래식음악에 범위를 한정시킬 필요는 없다. 그 음악이 아프리카 원시부족의 타악기 연주이든, 모차르트의 콘체르토이든지 상관없다. 장르를 뛰어넘어 그 곡의 분위기가 춤을 추기에 적합한 것인지 아닌지가 중요한 절대적인 요소인 것이다.

▪음악의 리듬

리듬은 길고 짧은 음과 셈여림이 시간적으로 결합된 것을 의미하며, 이것은 음악의 기초와 토대를 이루는 가장 중요한 요소이다.

리듬의 한 단위는 박(拍, Beat)으로서 주어진 마디 안의 박수는 같다. 박의 악센트가 붙여짐으로써 여러 박자가 모인 그룹으로 나눌 수 있는데, 이를 박절(拍節, Meter)이라 한다. 그러니까 넓은 의미의 리듬은 음의 시간(time)과 박, 박절이 적당히 배합된 것을 의미한다.

하지만 음악의 의미에서 리듬의 개념과 무용에서의 리듬의 개념은 조금 차이가 있다. 음악의 의미에서 리듬은 단순함에서 섬세함에 이르기까지 다양하고 복잡한 조직체라 할 수 있다. 리듬에 대한 정의는 리듬이란 말이 본래 그리스어 Rhythmos로부터 왔는데, 이 말의 의미 자체로는 '흐름'이란 것에서도 그 뜻을 찾을 수 있겠다.

춤을 추기에 적합한 음악의 박자는 3박자와 2박자가 주류를 이룬다. 현재의 안무 작품에서는 예외적인 박자가 사용되기도 한다. 무시되기 쉬운 부분이 무용음악의 박자 부분인데, 사실 절대적으로 중요한 구성요소의 하나이다.

▪무용음악의 프레이즈

무용음악에서 프레이즈의 역할은 중요한 구성요소이다. 위에서 언급한 박자의 개념이 이 프레이즈의 범주 안에서 이루어지기 때문이다. 안무에 있어서나 무용수들 자신의 동작 수행에서도 이 프레이즈의 역할은 대단하다. 사실 실제의 무용공연에서 이 프레이즈가 중시되지 않은 작품들을 많이 접할 수 있다. 이것은 극히 위험한 현상이며 배제되어야 하는 부분이기도 하다. 박자와 박자가 이어지는 요소인 이 프레이즈는 자연스러운 연결이 안무가와 음악을 만드는 사람의 능력이요, 작품의 완성도의 척도인 것이다.

▪무용음악의 템포

음악의 속도, 다시 말해서 음악의 템포에 의해서 리듬이 완성된다. 이 리듬의 완성이 무용에 있어서 스텝의 안정성을 이룰 수 있다.

특히 무용음악을 연주하는 반주가나 지휘자가 가장 중요하게 생각해야 할 부분이기도 하다. 무용수들의 공연당시의 컨디션을 중요하게 염두에 두어야 하며, 음악과 무용이 조화를 이루는 가장 중요한 관건이기 때문이다. 조금은 자율적이고 즉흥적인 부분이지만 절대로 무시되어져서는 안 된다.

우리가 흔히 접할 수 있는 발레음악 가운데 '백조의 호수'가 있다. 물론 그 누구든지 불후의 명작이라는 견해에는 의의가 없을 것이다. 하지만 이런 걸작 음악도 환경에 따라 많은 부분의 느낌이 달라진다. 여기에 가장 중요한 것이 템포이다.

속도의 변화에 따라 그 곡이 단순히 청중을 위한 연주곡인지, 아니면 발레공연 실황용인지 우리는 알 수 있다 무용수가 아라베스크 동작 후에 뒷발이 언제 바닥에 착지하느냐에 따라 음악의 속도는 조금이나마 변화하게 된다. 쉽게 말해서 작곡자의 의도해서 만들었던 악보 그대로 연주되지는 않는다는 것이다. 물론 템포를 변화시키는 요인 중에는 악천후나 좋지 않은 무대 환경들을 들 수 있다.

발레스튜디오에서는 발레교사나 피아노 반주자에 의해서 무용템포가 결정된다. 공연에서의 무용템포와 스튜디오에서의 무용템포는 차이가 있다. 스튜디오에서의 무용템포는 거의 변화 없이 고정적인데 반하여 공연실제에서의 무용템포는 여러 가지 요인에 의해 다양하게 변화하는 것이다.

하지만 스튜디오에서의 무용템포가 변화 없이 제한된다고 하지만, 무용수들이 반복적인 그리고 기계적인 동작은 반복하는 단순함을 방지하기 위해서 여러 가지 다양하고 변화 있는 음악을 접할 수 있어야 한다.

■ 무용음악의 성격

음악에는 수많은 걸작들이 있다. 하지만 모든 곡들은 시대상황이나 작곡자에 따라 각자의 성격이 다 다르고 분위기도 각각이다. 무용음악에서도 마찬가지다. 물론 무용음악이라는 장르는 그 작곡 의도가 무용공연을 위한 것이기에 많은 부분이 공통되고 비슷하기도 하지만, 안무자의 의도와 작품의 성격에 따라 또 많은 부분이 개성 있게 표현된다.

수많은 발레음악이 있지만 차이코프스키의 백조의 호수와 밍크스의 돈키호테는 그 성격이 판이하다. 백조의 호수의 서정성은 돈키호테의 다이내믹과 판이하다. 이처럼 나타나는 차이점은 바로 음악의 성격의 차이인 것이다.

하지만 이런 음악의 차이와 성격을 잘 파악하지 못하는 안무가나 무용수는 자기의 역할을 위험하게 수행하는 예라 할 것이다.

(3) 음악의 형식

① 음악의 형식의 뜻

단순한 민요의 가락이나 동요에서부터 큰 규모의 관현악곡에 이르기까지의 모든 악곡은 일정한 형식에 의하여 작곡되는데, 이 형식을 악식 또는 음악형식(MUSICAL FORM)이라한다. 음악의 형식은 음의 연결에 의하여 작곡자의 사상과 감정을 질서 있게 통일시키는 동시에 그것을 변화 있게 전개시키는 음악적인 계획이기도 하다.

■ 가요형식(Lied Form, Song Form)

간단한 성악 곡조나 또는 작은 기악 곡조에서 쓰이는 형식으로 다음과 같다.

– 한도막형식(One-part Song Form)

큰악절 하나로 이루어진 곡조인데, 곡조 가운데서 가장 작은 형식으로서 동요나 민요와 같은 단순한 곡조에 쓰이며 8마디로 되어 있다. (a-a, a-a, a-b 등)

– 두도막형식(T재-part Song Form)

큰악절 2개 모인 곡조로서 흔히 16마디로 되어 있다. (A(a-a')–B(b-a'), A(a-a')-B(b-b') 등)

– 세도막형식(Tree-part Song Form)

a. 작은세도막 형식 – 세 개의 작은악절로 이루어 진 곡조로서 12마디로 되어 있다.

b. 홑세도막형식(Simple Thsrr-part Song Form) – 겹세도막형식과 구별하기 위하여 홑세도막이라고 하는데 큰악절 세 개가 모인 24마디의 세도막형식을 이르는 것이다.

(A-B-A, A-B-A', A-B-C 등)

위에서 설명한 여러 형식의 마디수는 규칙적인 구조에 의한 것이지만 때로는 예외로 동기의 확대 또는 축소에 따라서 그 마디 수에 변동이 생겨 불규칙적 구조가 될 수도 있다.

■ 겹세도막형식(Compound Three-part Form)

세도막형식이 확대된 것으로서, 두도막형식이나 세도막형식이 세 개 합쳐진 것, 즉 두도막형식이나 세도막형식을 한 묶음으로 한 형식이다.

멜로디 구성을 보면, B는 A와 대비적인 느낌을 줄 수 있는 멜로디로 되어 B를 향용 트리오(Trio)라고 부르며 다시 A가 반복되므로 다카포형식(Dacapo Form)이라고도 한다.

이 형식은 행진곡, 왈츠, 마주르카, 미뉴에트, 녹턴 등의 기악 곡조에 쓰인다.

주 Trio란, 겹세도막형식의 B부분을 오보에 2개와 파곳 1개, 즉 3중주로 연주했던 것에 기인하며 A-B-A를 Tutti-Trio-Tutti로 연주한 것이다.

■론도형식(Rondo Form)

어떤 주제가 여러 번 되풀이되는 동안 그 사이사이에 이와 대조되는 제2주제를 끼워 연주하는 형식으로 크게 보면 세도막형식이라 할 수 있다.

A-B-A-C-A-B-A - 론도형식

A B A - 세도막형식

주 론도형식은 프랑스의 Rondeau에서 유래된 것으로서 중세 프랑스에서는 독창과 합창이 엇갈려 여러 번 반복되는 성악곡의 형식을 론도라고 하였다.

주 주제의 반복 회수에 따라 론도형식을 두 가지로 나누기도 한다.

　－고전 론도형식(작은론도형식, 홑론도형식)

　　주제가 3번 정도 반복되는 론도형식. A-B-A-C-A

　－근대 론도형식(큰론도형식)

　　주제가 3번 이상 반복되는 론도형식, A-B-A-C-A-B-A

　　론도형식은 기악곡조가 매우 발달한 고전팜시대에 완성되었으며 독립적인 곡조도 많으나 소나타의 마지막 악장엔 흔히 쓰인다.

■변주곡형식(Variation Form)

한도막형식 또는 두도막형식으로 된 간단한 멜로디를 주제로 하여 이것을 화성, 리듬, 멜로디, 조성 또는 속도 기타 방법으로 변화시켜 하나의 변주곡으로 만드는 것이다.

주제의 변주형태에 따라 다음 두 가지 변주곡으로 나눈다.

　－장식변주곡

　　주제를 장식하고 변화를 줌에 있어서 비교적 주제의 형태를 충실히 지켜가는 것

　－성격변주곡

　　주제가 자유롭게 변주되기 때문에 그 원형보다는 각 변주곡의 독특한 성격을 나타내는 것

■소나타 형식(Sonata Form)

이 형식은 주제를 제시하는 제시부와 주제 및 다른 주어진 멜로디를 전개시키는 발전부와 주제가 다시 나타나는 재현부의 세 부분으로 되었으며 크게 보면 론도형식과 같이 세도막형식이 된다.

　－제시부

　　성격이 다른 두 개의 주제가 제시되는 부분으로서, 제1주제 후에 경과구를 거쳐 제2주제가 제시

되어 짧은 종결악구로 발전부에 있다.

두주제의 조성은, 제1주제가 장조면 제2주제는 딸림조가 되고, 단조면 제2주제는 나란한 장조가 된다.

- 발전부

제시부에 제시된 주제를 동기적으로 발전하는 부분으로서 작곡자의 역량이 가장 많이 발휘되는 중간부이다.

- 재현부

제시부와 같은 구조를 형성하지만, 두 제주의 조성이 달라진다. 즉, 제1주제가 장조면 제2주제는 같은 장조가 되고 단조의 멜로디라면 제2주제는 같은 으뜸음조가 된다. 그리고 끝 부분은 소나타형식을 끝맺는 종결악정(Code)이 따른다. 소나타형식의 규모가 큰 것은 제시부 앞에 서주부를 두어 그 곡조의 분위기 또는 주제를 암시하는 구실을 하게 한다. 이 소나타형식은 흔히 소나타, 교향곡, 협주곡 등의 제1악장에 쓰인다.

■ 푸가형식(Fugue Form)

소나타 형식이 단성음악의 가장 주요한 형식이라면 푸가는 대위법적 다성음악의 완전한 형식이다. 여러 개의 발전부로 구성되며 하나의 발전부는 주제 다음에 딸림조의 응답이 따름으로써 자유스런 모방으로 이끌어 간다. 이 발전부가 끝나면 짧은 경과구를 거쳐 다시 제발전부가 전개되어 주제와 응답이 따르게 된다.

■ 다악장형식

- 소나타(Sonata)

바로크소나타 - 교회소나타와 실내소나타로 나누며 Andante - Allegro - Andante - Allegro 의 빠르기로 구성된다.

고전소나타 - 이 소나타는 하이든에 의하여 형식의 완성을 보았고 모차르트가 우미한 요소를 가미했고 베토벤에 이르러 형식과 내용이 충실한 예술로 발전되었다.

제1악장: 소나타형식, Allegro

제2악장: 가요형식, Andante 또는 Adagio

제3악장: 미뉴에트 또는 스케르초

제4악장: 론도형식 또는 소나타형식, Allegro

- 실내악(Chamber Music)

몇 개의 악기가 연주하는 소나타를 말하며 3중주, 4중주, 5중주 등으로 불린다.

- 교향곡(Symphony)

관현악으로 연주하는 소나타를 말하며 짜임새가 완전하고 그 규모가 큰 관현악의 대표적인 악곡이다.

- 협주곡(Concerto)

바로크 협주곡

바로크시대에 사용된 형식으로 합주협주곡이라 부르며 Allegro-Andante-Allegro의 세 악장에 합주와 독주가 교대로 연주하는 형식이다.

고전 협주곡

고전파에 의하여 완성된 형식으로서 독주협주곡이라고도 부른다.

소나타의 제 3악장을 생략한 3악장 형식으로 독주와 관현악은 대립하여 연주하고 특히 독주악기의 기교를 발휘할 수 있는 카덴차가 제1악장 또는 제3악장에 놓인다. 소나타에 있어서 독주악기로 연주되는 내용의 소나타를 흔히 소나타로 부르며 몇 개의 악기를 위한 소나타를 실내악, 관현악을 위한 소나타를 교향곡, 독주를 위한 관현악의 소나타를 협주곡이라 하기 때문에 짜임새는 꼭 같은 소나타이다.

- 모음곡(Suite)

고전모음곡

17~18세기에 사용된 모음곡으로 춤곡을 일정한 순서에 따라 배열한 통상 4악장의 곡조를 말한다.

- 알레망드(Allemande): 4/4박자의 도이치 춤곡
- 쿠랑(Courante): 4/3박자의 경쾌한 프랑스 춤곡
- 사라방드(Sarabande): 4/3박자의 느린 스페인 춤곡
- 지그(Gigue): 8/3, 8/6박자의 빠른 영국 춤곡

근대 모음곡

일정한 형식 없이 표제가 붙은 소규모의 곡조를 작곡자의 표현의도에 따라 모은 곡조를 말한다.

■ 기타 기악곡 형식

- 교향시

교향시곡은 시적 또는 회화적 내용을 음악으로 표현한 표제음악의 주요한 단악장 형식으로서 리스트에 의하여 창안되면서부터 주로 고전주의적 낭만파 작곡자들에 의하여 많이 쓰였다.

- 서곡

프랑스 서곡: 17, 18세기에 쓰인 서곡으로 느리고 빠르고 느린 세 부분으로 되어 있다.

이탈리아 서곡: 빠르고 느리고 빠른 세 부분으로 되어 있고 오페라, 오라토리오 등의 개막될 때 쓰이는 외에 독립된 서곡으로도 작곡되는데, 이를 연주회용 서곡이라 한다.

- 춤곡

행진곡: 겹세도막형식으로 작곡된다. 축제행진곡, 군대행진곡, 결혼행진곡, 장송행진곡 등이 있고 이것을 실용행진곡과 예술행진곡으로 분류한다.

미뉴에트: 4/3박자의 우아한 프랑스 춤곡

왈츠: 고전 왈츠는 느리고 비엔나 왈츠는 약간 빠른 4/3박자의 오스트리아 춤곡, 연주를 위한
　　　독립적인 왈츠도 있다.

가보트: 2박자, 4박자의 보통 빠르기를 가진 프랑스 춤곡

마주르카: 3박자의 화려하고 쾌활한 폴란드의 춤곡

폴로네즈: 활기 있는 3박자의 폴란드 춤곡으로 쇼팽이 마주르카와 함께 그의 피아노곡에 쓴 춤
　　　곡이다.

볼레로: 3박자의 생기 있는 스페인 춤곡

폴카: 경쾌한 2박자의 체코 춤곡

탱고: 2박자의 아르헨티나 춤곡

기타 춤곡: 부레, 갈롭, 살타렐로, 타란텔라, 룸바, 폴스트롯, 파스피에 등

- 즉흥곡

작곡자의 악상을 즉흥적 요소를 넣어 자유롭게 다듬은 악곡으로 슈베르트, 쇼팽의 작품이 대표
적이다.

- 스케르초

미뉴에트와 같은 형식으로 이보다 빠르고 리듬이 경쾌하며 매우 유머러스하다.

- 전주곡

어떤 악곡의 처음에 연주되는 부분이며 바흐(평균율 피아노곡집)에서도 쓰였다.

- 녹턴

속도가 느리고 표정에 넘친 멜로디로서 몽상적인 분위기를 묘사하는 낭만파의 악곡이다. 아일
랜드의 작곡가 존 필드에 의하여 창시되어 쇼팽에 이르러 예술적 악곡으로 발전되었다.

- 랩소디

민속적 성격을 띤 자유로운 형식의 곡조로 기술적 표현이 어려운데 거쉰의 "랩소디 인 블루"가
유명하다.

- 세레나데

애정이나 존경을 품은 사람에게 바치는 저녁 음악을 뜻하는 성악곡

- 연습곡

연주 기술을 익히기 위한 곡조이지만 쇼팽과 리스트의 연습곡은 예술적인 악곡으로 승화시켰다.

- 무언가

멘델스존에 의하여 이루어진 가사 없는 가곡을 뜻하며 일종의 즉흥적인 피아노 곡조이다.

- 발라드

본래는 이야기를 엮은 시를 말하는 것이지만 그것을 바탕으로 기악 곡조를 만든 것이다.

- 로만스

서정적이고 화려한 공상세계를 그린 기악곡으로 모차르트 이후에 쓰였다.

- 카프리치오

  흔히 겹세도막형식으로 작곡되는 발랄하고 쾌활한 변화성이 많은 악곡이다.
- 판타지

  일정한 형식 없이 작곡자의 환상대로 자유롭게 작곡되는 기악곡조이다.
- 간주곡

  악장이나 악곡중간에 삽입되는 작은 곡조로서 처음에는 극 중간에 연주되었으나 독립된 간주곡
  도 있다.
- 디베르티멘토

  소규모 실내악 편성으로 다악장형식의 곡조이다.
- 샤콘느와 파쌀칼리아

  변주곡과 같은 형식으로 샤콘느는 화성조직을 갖춘 주제의 변주이며 파싸칼리아는 베이스에 주
  어진 단성의 주제에 대한 변주형식이다.
- 바르칼롤레

  8/6박자의 뱃노래를 뜻한다.
- 카바티나

  본래 가극 중의 서정적이 독창곡을 뜻하는데 이와 같은 가락으로 기악 곡조화한 것이다.
- 인벤션

  카논, 푸가와 더불어 다성음악 기법의 하나로 짧은 주제를 모방하여 전개하는 간단한 기악 곡조
  이다.

■ 성악곡 형식
  - 민요

    그 민족의 특유한 감정이 담겨진 소박한 노래로 예술적인 창작품이 아니지만 근대에 이르러 작
    곡가의 작품으로 쓰이기도 한다.

  - 가곡

    일정한 형식 속에서 시와 음악의 융합을 꾀한 곡조로서 다음과 같은 것이 있다.

    유월가곡: 2개 이상의 절을 가진 가사에 대하여 첫 절에 붙여진 가락을 내용의 차이에 관계없이
    　　　　　둘째 절에도 같은 가락을 붙인 가곡으로 장절가곡이라고도 한다.

    통절가곡: 슈베르트의 가곡 '마왕'에서처럼 각 절마다 그 내용에 맞는 멜로디를 달리한 가곡으
    　　　　　로서 이를 예술가곡이라고도 부른다. 통절가곡은 시의 음악적 표현에 중점을 두어 시
    　　　　　와 노래와 반주가 완전히 결합되는 고상한 예술적인 노래이지만 유절가곡에서도 예술
    　　　　　가곡이 없는 것은 아니다.

  - 모테트와 마드리갈

    다같이 중세의 무반주 합창곡으로서 모테트는 종교적인 내용의 가사가 있고 마드리갈은 목가적

인 사랑의 노래가 많다.

– 오라토리오

종교적인 내용에 의한 규모가 큰 서사적인 악곡으로서 독창과 합창 관현악을 구사하여 레시타
티브와 아리아를 포함한 극적인 음악이지만 의상이나 연기는 하지 않는다.

– 수난곡

예수 또는 그 밖의 성서나 예수의 전설 속에 나오는 인물의 수난을 음악적으로 표현한 것이다.
곡조 구성은 오라토리오와 같으나 수난의 내용이 다른 것뿐이다.

– 칸타타

칸타타도 오라토리오, 수난곡과 같은 구성을 갖추고 있으며 세속적인 내용의 실내칸타타와 종
교적인 교회칸타타로 나눈다. 원래 칸타타는 소나타와 구별되는 일반적인 성악곡을 뜻하였는
데, 17세기에 이르러 교회음악이 도입 되면서 명확한 형태를 갖추게 되었다.

– 미사곡

가톨릭교회의 여러 의식에 쓰이는 음악으로서 특수미사와 통상미사로 나눈다.

– 진혼곡

죽은 자의 영혼을 기구하는 미사로서 통사미사곡의 일부가 빠지고 새로운 내용의 악곡이 삽입
된다. 지금은 곡조 전체를 작곡하는 경우도 있어서 장의 수는 일정치 않다.

– 오페라

오페라는 음악, 문화, 연극, 미술, 무용 등을 합친 종합예술로서 독창(아리아, 레시터티브)과 중
창, 합창, 합주, 관현악 등의 연주형태로 구성되는 극음악이기도 하다.

– 오페레타

간결하면서도 유머가 곁들인 내용을 경쾌하고 알기 쉽게 대중음악으로 연출하는 음악극으로서
형식은 오페라와 같다.

– 코랄

루터가 개혁한 신교의 합창곡으로 도이치 특유의 리듬과 멜로디로 되어 있다.

3) 국악

(1) 국악의 개념

예부터 전해온 우리민족 고유음악의 총칭을 국악이라 한다. 그러나 한민족은 오랜 역사 동
안 많은 이동과 타 민족과의 문화적 교류도 많았으므로 그 한계를 규명하기가 어렵다.

일반적으로 한반도를 중심으로 생활해온 집단체를 한민족이라 하는 것이 통례이며 다른 민
족에서 이입된 음악이라 할지라도 한민족의 정서로 동화되어 전해져 오는 것은 국악의 범주

에 포함된다. 특히 서양 음악이 들어온 근대에 작곡된 음악들도 우리 민족의 사상과 감정을 바탕으로 작곡이 된 것이라면 국악의 영역에서 제외될 수 없을 것이다.

(2) 음조직
① 삼분손익(三分損益)
우리나라 음악에서 사용되는 음조직은 삼분손일법과 삼분익일법을 교대로 하영하여 음률을 산정하는 삼분손익법을 따른다.

삼분손일법은 율관의 길이를 3등분하여 그 1/3을 제거하고 나머지 2/3의 관장으로 다음 음률을 산출하는 방법이며, 삼분익일법은 3등분한 관장의 1/3에 원래 관장을 더하여 1과 1/3의 율관에서 음률을 구하는 방법이다. 따라서 삼분손일법에 의하여 완전 5도 높은 음률을 얻고, 삼분익일법에 의하여 완전 4도 낮은 음률을 얻게 되므로 피타고라스의 산정법과 결과적으로 같아 결국 12율을 얻게 된다.

② 율명(律名)
어떤 음을 기준으로 해서 이를 삼분손일하여 완전 5도위의 음률을 얻고, 이를 다시 삼분익일하여 완전 4도 아래의 음률을 얻게 된다. 이러한 방법을 되풀이하면 서로 다른 음률을 구할 수 있다.

율명은 절대적인 음의 높이를 나타내는 것이 아니라 황종의 음높이에 따라 상대적으로 변한다. 아악이나 당악에서는 황종의 음높이가 다(C)에 가깝고, 향악에서는 내림 마($e\flat$)에 가까운 두 가지 음높이가 있다.

- 황종이 다(C)음인 음악들 : 종묘제례악, 정동방곡, 문묘제례악, 유황곡, 낙양춘, 보허자 등
- 황종이 내림 마($e\flat$)음인 음악들 : 여민락, 영산회상, 천년만세, 징읍, 취타, 가곡, 가사, 시조 등

③ 5성 · 7성
국악에서 많이 쓰이는 음계의 하나인 5음 음계를 5성(聲)이라 하고, 중국에서 유래된 음악에 쓰인 7음계를 7성(聲)이라 한다.

7성은 5성에 변궁과 변치가 더해진 것으로 현재 전해지는 국장 중 7성으로 된 것은 공자묘에서 사용되는 음악뿐이다.

5음계	궁		상		각		치		우	
	도		레		미		솔		라	
7음계	궁	상		각	변치		치	우		변궁
(중국식의 표기)	도	레		미	파#		솔	라		시

④ 율정(律程)

서양 음악의 음정과 같은 뜻으로 음과 음 사이의 거리를 국악에서는 율정이라 한다. 반음의 수를 나타내는 것으로 1율(一律)은 서양 음악의 단 2동, 2율은 장 2동, 3율은 단 3도와 같고, 12율은 1옥타브와 같다.

⑤ 음계(音階)와 선법(仙法)

우리나라 음계는 5성에 의한 5음 음계와 3음 음계가 대표적이다. 5음 음계를 바탕으로 출발음의 위치에 따라 다음과 같은 선법이 구성된다.

■음계와 선별

음					중국식	한국식
도	레	미	솔	라	궁조	
레	미	솔	라	도	상조	
미	솔	라	도	레	각조	
솔	라	도	레	미	치조	평조
라	도	레	미	솔	우조	계면조

그러나 위의 선법을 모두 사용하지 않으며 치조와 우조만을 사용하며 치조를 평조라고 하고 우조를 계면조라고 한다.

• 평조

평조는 임종을 으뜸음으로 하는 평조평조(平調平調)와 으뜸음이 임종보다 4도 위에 있는 우조평조(羽調平調)가 있다. 평조는 양금 신보에 의해 서양음악의 장음계에서 파와 시가 생략된 음계이다.

• 계면조

임종을 으뜸음으로 하는 평조계면조와 그보다 4도 높은 황종을 으뜸음으로 하는 우조계면조가 있다. 계면조는 서양음악의 단음계에서 레와 파가 생략된 음계이며 역시 양금 신보에 의한다.

계면조는 황종, 중려, 임종의 3음이 두드러지게 사용되어 3음음계적 기능이 강할 때가 많다. 특히 남도 지방의 음악에서 이런 기능을 뚜렷하게 볼 수 있는데, 황종은 떠는 목이라 하여 굵은 요성으로 연주하고 임종은 꺾는 목이라 미묘한 꾸밈음이 수반된다.

(3) 장단과 빠르기

① 장단

일정한 리듬형을 장단이라 하며 장단은 대부분 장구로 연주되며 때로 북을 사용하기도 한다. 악기나 성악에 장구가 장단을 더함으로 리듬의 다성적 변화와 셈·여림이 증대되고 박절이 분명해지는 등 음악을 멋스럽게 하는 효과를 낸다.

장구는 여러 가지 연주법이 있지만 현재 일반적으로 사용되는 연주법은 다음과 같다.

쌍 또는 합창단	북편과 채편을 동시에 친다.	덩
편 또는 채	북편을 한 번 친다.	쿵
고 또는 북	채편을 한 번 친다.	덕
요 또는 굴리기	채편을 장구채로 굴려서 3~4회 정도 연타를 한다.	

북편은 장구의 왼편을 말하며 오른편보다 통이 크다.
이 부분은 맨손의 바닥으로 치며 채편은 장구의 오른편을 말하며 장구채로 친다.
흔히, 변죽(북통의 언저리)을 칠 때가 많다.

조선 후기에 들어와서 장구 장단이 단순화되면서 일정한 기본 유형을 반복하게 되었으며 이 기본형은 정악과 민속악으로 나누어진다.

■ 정악장단

삼현 영산회상 : 영산회상의 한 갈래로 관악기가 중심이 되는 관악합주곡 중 하나이다.

상영산 : 영산회상의 첫 번째 곡으로 상영산을 구성하고 있는 1장단은 20박이며 그 20박은 장구점에 의하여 4개로 나뉜다. 즉, 20박 1장단의 장구점은 합장단이 6박, 채편이 4박, 북편이 4박, 굴림채가 6박으로 되어 있다. 전체가 4장으로 된 상영산은 제1장 3각, 제2장 4각, 제3장 4각, 제4장 6각으로 되어 있고, 1·2·3장 끝에 나오는 동일한 종지선율에 의하여 장이 구분된다.

중영산 : 영산회상의 두 번째 곡으로 장단은 상영과 같지만 장구가 1각 끝 박에서 채편으로 점을 찍어 각의 종지를 분명하게 하여준다.

세령산 : 잔영산이라고도 하며 1각이 10박이어서, 1각의 길이가 중영산보다 절반이나 빠른 데다가 1박의 속도도 중영산보다 빠르다.

삼현환입 : 영산회산을 이루는 다섯 번째 곡으로 6박자 또는 3박을 둘로 합친 리듬인 도드리장단으로 짜여 있다.

하현환입 : 영산회상의 여섯 번째 곡으로 하현도드리의 제2장에 이르러서는 음역이 상영산과 같은 4괘로 내려오고 한배도 느려짐에 따라 곡 전체의 분위기를 전환 시켜준다.

도드리 : 영산회상 가운데 도드리류 곡에서는 18/4박자나 6/4박자로 쓰인다.

염불환입 : 영산회상 중 일곱 번째 곡이다.

군악 · 타령 · 계면가락 : 12장단

도드리 · 타악가락 도드리

양청 도드리 : 웃도드리의 변주곡으로 양청환입이라고도 한다. 《보허자(步虛子)》의 파생 곡인 웃도드리에서 변조된 곡으로 4분의 6박자인 웃도드리를 8분의 12박자의 음악으로 바꾼 것이다.

염불타령 : 《염불환입(念佛還入)》의 초장의 첫째 장단에서 20째 장단에 해당하는 곡이다.

취타 : 행진에 쓰이는 음악으로 12박이며 4분의 12박자가 된다.

절화 : 한 장단이 4분의 8박자로 되어 있는 길군악장단이다.

가곡장단 : 매우 느린 16박 장단이다.
· 16박 장단: 고악보의 16정간과 같은 형태
· 10박 장단: 편락, 편수대엽, 언편이 보통 빠르기의 10박 장단
· 편장단

가사 : 12가사 중 백구사 · 춘면곡 · 건곤가 · 어부사 · 황계사 · 길군악 · 수양산가 · 매화타

령은 6박 도드리이며 상사별곡·처사가·영양가는 5박 장단, 4/5박자이다. 권주가
는 불규칙 장단이다.

시조 : 5박장단과 8박 장단이 교대하며 5/4박과 8/4박이 된다.

■ 민속악 장단

–판소리 및 산조

진양조 : 가장 느린 장단이나. 6박(拍)이 한 각(刻·脚)이 되고 4각이 모여 한 장단(24 박)이
　　　　된다.

중모리 : 12박 장단이다. 보통 빠르기의 12박으로 대개 1박을 4분음표로 나타내어 12/4박
　　　　자로 적는다.
　　　　'덩 궁 딱 궁 딱 딱딱 궁 궁 딱 구 웅 궁'

중중모리 : 조금 빠른 장단으로 12박 장단이다. 3분박 구성의 느린 4박으로 되어 있으며,
　　　　　12/8박자나 6/8박자로 적는다. 첫 박에 덩을 크게 치고, 제9박의 덕 을 강하게
　　　　　쳐서 소리를 맺는다.
　　　　　'덩 궁 딱 궁 딱 딱 궁 궁 딱 궁 웅 궁'
　　　　　중모리 장단을 조금 빨리 치면 된다.

자진모리 : 비교적 빠른 12박의 장단이다. 1박을 8분음표로 나타내면 8분의 12박자가 된다.
　　　　　그러나 일반적으로 3박을 묶어 1박으로 치기 때문에 4박이 한 장단이 된다.
　　　　　'덩 궁 쿵 딱 궁'

단모리 : 휘모리, 세산조시라고도 하며 자진모리장단이 빨라져 2분박이 된 장단이다.

엇중모리 : 판소리에서 쓰이는 장단의 하나로 보통 빠르기의 6박이다.
　　　　　'덩 궁 딱 궁 딱 궁'

굿거리 : 세마치장단과 함께 민속악에서 가장 많이 사용되는 12박 장단으로
　　　　'덩기덕 쿵 더러러러 쿵기덕 쿵 더러러러'

세마치 : 경기 민요와 같이 조금 빠른 3박의 장단형이다. 이 장단은 3분박으로 나누어지므
　　　　로 보통 9/8박으로 적는다.
　　　　'덩덩덕쿵덕'
　　　　위의 장단을 고수가 즉흥적으로 변주하여 칠 때를 변채라 한다.

■ 잡가 및 민요장단

잡가 · 민요 등 민속악 중 널리 알려진 곡의 장단은 다음과 같다.

세마치장단 : 아리랑, 밀양아리랑, 도라지타령, 노들강변, 양산도, 방아타령, 건드렁타령, 자진배따라기, 영변가, 수심가, 엮은 수심가, 사설난봉가 등

타령 장단 : 는실타령, 강원도 아리랑

볶는타령 장단 : 자진방아타령, 노랫가락, 경복궁타령, 신고산타령, 궁초댕기

늦은 굿거리 : 쾌지나 칭칭나네

굿거리장단 : 오봉산타령, 양유가, 창부타령, 박연폭포, 천안삼거리, 뱃노래, 태평가 등

진양조 : 육자배기

늦은 중모리 : 남도 흥타령

중중모리 : 남원산성

중모리 : 새타령, 농부가

자진모리: 진도아리랑

중모리: 늦은 중모리, 자진굿거리. 혼합장단 : 보렴

　　　　중중모리, 자진굿거리. 혼합장단: 강강술래

도드리장단: 감내기, 배따라기, 유산가, 집장가, 소춘향가, 평양가, 선유가 등

세마치 · 굿거리 · 도드리 혼합장단: 달거리

세마치 · 도드리 혼합장단: 제비가, 형장가

② 빠르기

국악에서 빠르기는 장단의 유형에 따라 결정되는 경우가 많으나, 따로 나타내지 않는다. 곡의 이름에 만(漫 · 느리게), 중(中 · 중간 속도), 삭(數 · 빠르게)을 붙여 빠르기를 나타내는 음악도 몇몇 있다.

산조 장단의 빠르기를 M.M(Metronome)으로 표시하면 다음과 같다.

진양조	♩. = 약 35
중모리	♩ = 약 60~94
중중모리	♩ = 약 80~100
자진모리, 휘모리	♩ = 약 96~144
단모리	♩. = 약 200~230

(4) 형식

① 선율형

국악의 선율은 일정한 형식이나 동기, 악절의 구성 등이 매우 다양하여 특정한 유형으로 설명될 수 없다. 비교적 단순한 민요 등은 음절이 분명하나 그 외 대부분은 서양 음악의 선율 발전 방법과 전혀 다르다. 따라서 국악의 선율을 주제 의식이나 변형에 따라 과학적인 내용으로 해석하는 것이 매우 어려우며, 언어적 특성을 고려한 자연스럽고 에피소드적인 선율이라 할 수 있다.

변화 있는 선율은 음절이 장단을 단위로 통일성을 기하고 있으며 장단의 이해는 선율의 이해를 돕는다. 선율은 각가지 미묘한 꾸밈음과 미분음이 주어진 음계 위에 변화를 주므로 매우 다양하고 화성적인 소재와 음색의 변화는 적으나 깊은 뜻과 감동을 갖게 한다.

② 화성

국악은 화성 조직이 있으나 삼현육각으로 연주되는 시나위는 피리, 대금, 해금 등 서로 다른 선율을 연주하며 2, 3, 4, 5도의 화성적 음정은 물론 미분음정도 많이 생기므로 어울림과 안어울림의 변화가 매우 독특하다.

그 외 협주곡에서 합주나 제주로 간혹 연주되거나, 환전 4도나 장 2도 등의 화성적 음정으로 변화가 되는 경우도 있으나 본질적으로 화성의 기능이나 체계가 없으며 독립적인 선율들이 연주되면서 생기는 화성인 것이다.

③ 꾸밈음

국악의 선율은 꾸밈음이 매우 많으며 다양하고 종류도 많다.

④ 형식

국악에서는 특정한 형식이 있지는 않으나 통계적으로 악장간의 빠르기에서 공통점이 있고, 반복형식이 도드리가 있다.

■빠르기에 의한 연주형태

긴소리 다음에 빨라지는 형식: 보통 느림 – 보통 – 빠름의 순서의 악장

　　　　　　　　　　기악곡; 상영산, 중영산, 세령산

　　　　　　　　　　무용곡; 염불, 타령 ,굿거리

　　　　　　　　　　산조; 진양조, 중모리, 자진모리순서로 연주

긴 소리 다음에 빠른 곡을 연주하는 형식: 유자배기와 자진육자배기

(다른 두 음악을 짝지어 연구)　　　　방아타령과 자진방아타령

　　　　　　　　　　　　　　　배따라기와 자진배따라기

긴 소리 다음 빠른 곡조를 연주하는 형식의 일종 – 처음 곡보다 다음 곡에 더 많은 가사를 붙여

　　　　　　　　　　　　　　같은 음악으로 부르는 가사 처리 방법

　　　　　　　　　　　　　　평시조와 사설시조, 초삭대엽과 편수심가와

　　　　　　　　　　　　　　엮음수심가 등

　　　　　　　　　　　　　　반드시 계속하여 연주되지는 않음

■도드리

음악을 끝까지 연주하고 다시 처음부터 반복하여 중간에 끝나거나, 중간으로 돌아가서 끝까지 반복하는 두 가지 형식을 도드리라 한다.

이러한 형식에 의하여 연주되는 곡은 음악의 이름도 도드리라 부르므로 음악이름과 형식이 같은 말이며 서양음악의 다카포(Da Capo)나 달세뇨(Dal Segno)와 같은 것으로 보허자가 대표적이다.

(5) 기보법

국악 기보법에는 율자보, 공척보, 약자보, 육보, 합자보, 정간보, 오음약보, 음음표의 8가지 종류가 있으며 시대적 변천과 악기의 특색을 가진다.

① 율자보

일명 율보라고도 하며 12율여의 첫 머리를 땋아서 사용하던 문자악보를 말한다. 아악의 음역인 12율 2청성(편종과 편경의 음역)을 나타내며, 조옮김의 자유로운 이점이 있는 반면 음역이 좁아 불편하고 시가를 표시하지 못하는 단점을 가진다.

② 공척보

당나라 속악보로 우리나라에서도 사용되었던 고악보이다. 12율 4청성을 10개의 문자로 나타낸 것이며 시가를 나타내지 못하는 것과 조옮김이 자유롭지 못한 것이 단점이다.

③ 약자보

송나라 때 속악보를 우리나라에서 사용한 것으로 12율 4청성을 12가지 기호로 나타낸다.

④ 육보

악기소리를 모방하여 한글로 적은 구음 기보법이다. 악기마다 그 특징에 따라 서로 다르고 완전한 음높이를 알기 힘들며 시가도 나타내지 못한다.

거문고: 당, 덩, 등, 둥, 동, 징 등

가야금: 청, 홍, 등, 당, 동, 징 땅, 지, 찡, 칭, 쫑, 쨍 등

해금: 가, 게, 기로 등

피리: 너, 누, 나, 니 등

대금: 떠, 루, 따, 또, 띠 등

⑤ 합자보

금고(거문고, 가야금, 비파 등의 현악기 악보)에서 흔히 쓰는 악보로 현의 종류나 오른손의 탄법, 왼손의 안현법 등을 나타낸다.

⑥ 정간보

세종대왕이 창안한 세계 최초의 유량악보로 음의 높이나 시가를 모두 적을 수 있는 합리적인 악보이다. 정간의 율명을 적은 것으로 정간은 시가를, 율명은 음높이를 나타낸다. 원래 32정간이었으나 세조 때 16정간으로 개량하였고 서양 악보의 마디와 같은 강(綱)을 사용하였다. 그 후 편의에 따라 1각(한 장단)의 정간을 24정간, 20정간, 12정간, 10정간, 8정간, 6

정간, 5정간, 3정간 등으로 다양하게 사용하였다.

⑦ 오음 약보

세조의 창안으로 궁을 기준으로 上一 , 上二 , 上三…… 등의 숫자를 사용한 악보로 '궁상하보' 라 부르기도 한다.

⑧ 연음표

악보라기보다는 연주의 기법을 나타내는 것으로 가사 옆에 붙여서 부르기에 도움을 주는 것이며 음높이와 시가를 표현하지 못하는 것이 단점이다.

(6) 국악의 갈래

국악의 내용에 따라 분류하면 크게 아악, 속악, 신국악으로 나눌 수 있다.

아악	궁정악	제례악, 연례악, 군례악
	정악	풍류, 정가
속악	종교음악	무악, 법악
	민속악	농악, 시나위, 산조, 판소리, 속요, 민속무
신국악		

① 아악(雅樂)

아악은 고아하고 정대한 음악이란 뜻으로 궁중이나 일부 상류층에서 이루어지던 풍류를 말하며 정악(正樂)이라고도 한다. 좁은 뜻에서는 고려 예종 때 송나라 휘종에게서 전해진 대성아악(大晟雅樂)을 말한다.

㉠ 궁정악(宮廷樂)

궁정에서 있었던 모든 음악을 말한다.

■제례악(祭禮樂)

궁중의 모든 제향에 따르는 음악으로 크게 문묘제례악과 종묘제례악, 경모궁제례악으로 나뉜다.

– 문묘제례악(文廟祭禮樂)

응안지악, 성안지악 등 12율을 궁으로 하는 12곡과 송신 3궁 도합 15곡이 있고 문무 양제의 8일무가 있다. 공자 등 4성과 16현인에게 제사드릴 때 사용하는 것이다.

– 종묘제례악(宗廟祭禮樂)

조선 역대 임금들의 위패를 모신 사당인 종묘와 영령전의 제향에 연주되는 음악으로 보태평과 정대업으로 나누어진다

• 보태평: 선왕들의 문득을 노래한 것으로 평조의 11곡조로 이루어져 있다.
• 정대업: 선왕들의 무공을 기리는 음악으로 계면조의 11곡으로 되어 있다.

보태평에 맞추어 추는 춤은 문무로서 보태평지무라고 하고 정대업에는 정대업 지무가 있다. 줄을 지어 추는 춤은 일무라 하여 천자에는 8일무, 제후는 6일 무, 대부는 4일무, 선비는 4명이 추는 2일무를 쓰게 되어 있다.

종묘제례악의 연주는 문묘악에서와 같이 등가(대뜰 위에서 연주하는 음악)와 헌가(대뜰 아래에서 연주하는 음악)로 나눠져 있으며 서로 바꿔 가면서 연주한다.

등가의 악기 편성은 편종, 편경, 방향, 축, 박, 장구, 절고, 대금, 당피리, 아쟁 등이며 헌가에서는 편종, 편경, 방향, 축, 박, 장구, 진고, 대금, 당피리, 해금 등이 있다.

보태평과 정대업 외에도 전폐에 연주되는 전폐희문과 진찬에 풍안지악, 펄변두에 옹안지악, 송신에 홍안지악이 있다.

– 경모궁제례악(景慕宮祭禮樂)

사도세자의 신위를 모신 경모궁에서 쓰이는 제례악이며 보태평과 정대업에 기하여 희운지악, 유은지악, 숙은지악이 있다.

■ 연례악(宴禮樂)

궁중의 조회나 의식 · 향연 등에 사용되던 음악들이다.

– 연례악곡

200여 곡의 연례악곡이 고려사악지, 악학궤범, 증보문헌비고 등에 전하나 연주되는 것은 다음과 같다.

• 낙양춘: 임금에게 하례할 때나 신하들이 절을 할 때 쓰는 음악
• 보허자: 왕세자의 동화나 궁중 향연 정제 반주음악

- 여민락
- 본령
- 해령
- 수제천: 속명은 정읍이며, 반주곡으로 동동이 있음.
- 여민락
- 만파정식지곡
- 수연장
- 영산회상

– 정재무(呈才舞)

궁중 연례 무용곡이며 60여 종의 음악이 악학궤범이나 증보문헌비고에 전하며 자주 쓰이는 곳은 다음과 같다.

- 처용무: 봉황음
- 검무: 표정만방지곡
- 수연장: 장춘불로지곡
- 포구락: 함영지곡
- 아박: 수제천
- 학무: 일승월항지곡
- 춘앵전: 유초신
- 선유무: 취타

■ 군례악(軍禮樂)

취타악이라고도 하며 왕의 거동이나 장군의 개선에 쓰였다.

- 대취타: 무형지곡이며 12정간을 한 장단으로 7장으로 나뉜 행진곡이다. 태평소만이 가락을 연주하고 나각, 나팔은 단음을 연주하며 타악기가 크게 쓰인다.

  대취타를 관현악으로 편곡한 것을 수요남극이라 부르며 도드리 형식으로 5음 음계를 사용한다. 병행 5도의 진행이 특징이다.

- 취타: 만파정식지곡이 있고 부족할 시 절화, 길타령, 금전악 등을 이어 연주한다.

ⓛ 정악(正樂)

바른 음악이란 뜻이며 궁중이나 일부 양반 사회에서 연주되었고 풍류와 정가로 나눌 수 있다.

가. 풍류

•줄풍류

현악기가 중심이 되고 몇 개의 관악기가 곁들여진 편성으로 방중악, 세악이라고도 부른다.

•대풍류

대나무로 만든 관악기를 중심으로 몇 개의 현악기가 곁들여진 편성이다.

•풍류는 영산회상곡을 말하기도 하고 거문고회상, 현악영산회상, 중광지곡, 우림령은 줄풍류로 연주되는 영산회상이며 관악영산회상, 삼현회상, 표정만방지곡은 대풍류로 연주되는 영산회상을 말한다. 두 편성의 혼합됨은 평조회상, 유초신이라 한다.

영상회상에 나오는 악장은 상영산, 중영산, 세영산, 가락덜이, 상현도드리, 하현도드리, 염불도드리, 타령, 군악, 계면가락도드리, 양청도드리, 우조가락도드리 순이다.

나. 정가(正歌)

가곡, 가사, 시조가 정가에 속한다.

•가곡(만년장환지곡)

시조를 노랫말로 하여 대여음이라 부르는 전주와 후주를 가지며 중여음이라 부르는 간주곡을 3장과 4장 사이에 부른다. 만대엽, 중대엽, 삭대엽의 3형식이 전하다가 숙종 이후 여러 가지 곡조로 바뀌었다.

반주는 거문고, 가야금, 양금, 대금, 피리, 해금, 장구의 세악편성으로 한다.

•가사(歌詞)

조선 중엽부터 생긴 것으로 장편의 가사를 노래하였다. 12곡이 전하며 이를 '12가사' 라고 한다. 12가사는 백구사, 죽지사, 황계사, 어부사, 춘면곡, 상사별곡, 길군악, 군주가, 수양산가, 처사가, 양양가, 매화가이며 대부분 계면조에 간단한 악기 편성으로 반주를 한다.

•시조

조선 영조 때 가객 이세춘으로부터 비롯되어 쉽게 누구나 부를 수 있는 곳이다. 창법에 따라 평시조, 지름시조, 사설시조, 중허리시조, 여창지름시조, 반사설시조, 엮음시조, 엇엮음시조, 웃조시조, 웃조지름시조, 휘모리시조 등으로 구분되고 시조창의 지역이나 억양의 표현에 따라 서울, 충청도지방, 전라도지방, 경상도지방으로 구분하기도 한다. 3음계의 계면조와 5박자, 8박자 등이 있으며 3형식을 취한다.

ⓒ 속악(俗樂)

가. 무악(巫樂)

신라시대의 선악에서부터 유래되었다. 무당들이 굿을 하는 절차에 따라 악(樂)·가(歌)·무(舞)로 나눌 수 있다. 여자 무당을 무(巫), 만신, 단걸이라고 부르고 남자무당은 격(覡) 또는 박수라 하여 지역에 따라 특징이 다르다.

서울굿은 조선시대를, 경기굿은 고려시대를, 남도굿은 백제시대를 영남굿은 신라의 영향을 크게 받았으며 서도굿은 고구려, 제주굿은 제주도만의 독특한 특징을 가진다.

굿에 따라 사용되는 악기는 장구, 북, 피리, 대금, 해금 등 삼현육각과 꽹과리, 징, 자바라 등의 금속악기 등이 부가된다.

사용되는 노래는 도살풀이, 원근소리, 노정기, 바라타령, 대감타령, 노랫가락, 창부타령, 만수받이 등이 있고 장단은 전마치기, 만수받이, 올림채, 부정거리, 반살풀이, 살풀이, 굿거리, 반굿거리, 중모리, 엇모리, 타령, 당악 등의 장단이 쓰인다.

나. 법악(法樂)

불교의 의식에 쓰이는 각종 음악으로 범패가 있다. 범패는 신라 흥덕왕 때 당나라에서 신풍 범패를 도입하여 온 것에서 비롯되었다. 가곡, 판소리와 함께 한국의 대표적인 성악곡이다.

• 홑소리와 짓소리

창법에 따라 구별하는 것으로 홑소리는 혼자서 간단하고 짧게 부르는 노래이며, 짓소리는 긴 소리와 큰 소리의 뜻으로 여러 사람이 복잡한 꾸밈음으로 길게 부르는 노래를 말한다.

범패의 수업 정도에 따라 경문을 외우는 정도의 초보적 범패를 안차비, 전업화된 범패를 겉차비라 하며 안차비를 염불, 겉차비를 바깥차비라고도 부를 때가 있다.

• 재

절에서 행하는 재에 따라 의식과 음악의 규모가 달라진다.

－상주권공재: 죽은 이를 위한 재로 일반적으로 많이 하며 하루가 소요

－십왕각배재: 상주권공재보다 더 큰 규모

－생전예수재: 죽어서 극락세계로 가도록 생전에 올리는 재

－수륙재: 죽은 사람을 위해 올리는 재로 3일이 걸리는 가장 큰 재

－작법: 불교에서 쓰이는 의식무용으로 나비춤, 바라춤, 법고춤 등

다. 농악(農樂)

삼한 이전부터 있었으며 농업의 역사와 함께 발달되었다. 지역에 따라 의상과 순서 등에서 약간의 차이가 있으나 상모를 쓰는 전립대가 전라도 남원, 전주, 무주, 순창, 구례 등에서 성하며, 고깔을 쓰는 우도굿을 화관대라 하고 전라도 정읍, 고창, 김제, 광주 지방에서 성행한다.

형태는 농가의 축원행사인 메귀굿, 기우제, 당상굿과 농사대의 모내기굿, 두레굿, 술메기 등으로 나뉜다. 상쇠가 지휘자 격이며, 부쇠, 소고, 장구, 북, 징 등의 타악기로 연주되고 태평소가 유일한 선율 악기이나 나발, 피리, 대금 등이 가끔 곁들여지는 진풀이 농악도 있다.

8진법이라는 대열의 방법과 12채의 기본 장단에 따라 연주한다.

라. 산조(散調)

악기의 특성과 기법을 최대한 사용하는 독주곡이다. 약 100여 년 전 김창조에 의하여 이루어졌으며 환상적 요소와 즉흥적 요소가 미분음에 의한 꾸밈 등으로 다양하게 연주된다.

평조와 계면조를 바탕으로 진양조, 중모리, 중중모리(굿거리), 자진모리, 휘모리, 단모리 등의 장단에 따른 빠른 모음곡이며 매우 느린 속도에서 점점 빨라지고 장단은 북과 장구가 반주된다. 거문고, 가야금, 대금, 해금, 단소, 피리, 아쟁 등의 산조가 있다.

마. 판소리

조선 중엽에 발달한 평문 문화로 극적인 내용을 가진 긴 이야기를 음악화하였다. 고수가 대사의 내용에 따라 산조와 같은 장단을 치며 북 장단과 추임새를 반주로 해서 혼자 서서 노래한다. 노래를 소리라 하고 소리와 소리 사이 혹은 대사로 이어지는 것을 아니리라 하고 가사에 어울리게 한 손에 부채를 들고 형용 동작을 섞어 진행하는 것을 발림이라 한다.

연주시간은 짧게는 3시간, 길게는 10시간이 넘는 것도 있다. 춘향전, 심청가, 흥부가, 수궁가, 적벽가, 배비장전, 옹고집전, 가루지기타령, 장끼타령, 강릉 매화타령, 무숙이타령, 가짜 신성타령 등 12마당이 있다.

바. 시나위

남도지방의 무악에서 연유된 것으로 굿거리장단과 살풀이장단을 여러 가지 빠르기로 엮는 것이다. 삼현육각으로 연주하는 것이 정상적 평성이나 각 악기가 나름의 즉흥가락을 연주함으로 다선율적 음악이고 불협화한 음정의 마찰이 특징이다.

사. 단가

판소리를 부르기에 앞서 목풀이로 짧게 부르는 것을 말한다. 서정적 장편 시나 판소리의 한 대목을 따로 부르며 장단은 거의 중모리이다. 강상풍월, 고고천편, 관경사, 만고강산, 몽유가, 박석고개, 백수산, 범피중류, 불수빈, 사시풍경가 등이 많이 불린다.

아. 병창(竝唱)

단가나 판소리의 한 부분이나 민요 등을 부르는 이가 가야금으로 연주하면서 부르는 형태를 말한다.

자. 속요(俗謠)

• 잡가(雜歌)

조선 중엽 직업적인 음악인들에 의해 해학적인 긴 사설에 기교 있는 꾸밈새를 더한 노래를 말한다. 직업적인 음악인들은 더벅머리 3패로 1패는 기생, 2패는 퇴기, 3패는 기생조합에 등록하지 않고 잡가만 부르고 떠돌아다니는 여자를 말한다. 남자는 사계축의 소리꾼이라 하였다. 앉아서 노래를 불러 좌창이라 부르기도 하며 장단은 장구로 한다. 경기잡가와 휘모리잡가, 서도잡가, 남도잡가가 있다.

• 선소리

잡가를 서서 부르는 것을 선소리라 한다. 원래 사당패들의 노래이며 여러 가지 가무잡희를 연출하면서 곁들여진 노래를 말한다. 서울 선소리와 서도 선소리로 나뉜다.

• 민요

향토음악으로 우리의 전통과 습관, 생활양식 등을 그대로 알 수 있다.

－경기민요: 가락이 아름답고 악절이 뚜렷하다.

　아리랑, 창부타령, 경복궁타령, 방아타령, 군밤타령, 박연폭포 등

－남도민요: 억양이 강하고 꺾는 목과 떠는 목이 많다.

밀양아리랑, 쾌지나칭칭, 성주풀이, 뱃노래, 새타령, 까투리타령 등

– 서도민요: 비교적 청이 높고 선율이 복잡하다.

신고산타령, 몽금포타령, 산염불, 자진염불, 수심가, 긴난봉가 등

ㄹ 신국악

우리나라 전통음악은 대체로 작곡자나 연대 등의 미상인 경우가 많으며 구전으로 전해졌다. 현대에 맞는 새로운 곡늘이 발표되고 있는데, 이러한 새로운 음악이 우리나라 국악 발전에 중요한 계기가 되고 최근에는 타 장르와 혼합된 퓨전국악도 많이 발표되고 있다.

(7) 우리나라의 악기

① 국악기의 분류

고종 때 박용대 등에 의해 엮어진 증보문헌비고의 악기 재료에 따른 분류로 살펴보고자 한다. 8부 혹은 8음이라 하며 금 · 석 · 사 · 죽 · 포 · 토 · 혁 · 목을 사용하였다.

■악기 재료에 따른 분류

금부	쇠붙이로 만듦	편종, 특종, 방향, 징, 나발
석부	돌을 깎아 만듦	편경, 특경
사부	통에 맨 줄을 뜯거나 퉁겨서 공명	거문고, 가야금, 해금, 아쟁, 비파
죽부	대나무로 만듦	피리, 대금, 당적, 단소, 퉁소
포부	바가지를 재료로 함	생황
토부	흙을 구워 만듦	훈, 부
혁부	통에 가죽 씌워 만듦	장구, 갈고, 좌고, 절고, 소고
목부	나무로 만듦	박, 축, 어

오늘날에는 관 · 현 · 타악기 등으로 분류하여 보편적으로 사용하고 있다.

■연주법에 의한 분류

관악기		
죽부	가로 부는 악기	대금, 당적, 지
	세로 부는 악기	약, 적, 소, 퉁소, 단소
	겹서로 된 악기	향피리, 세피리, 당피리
목부	겹서로 된 악기	태평소
포부	홑서로 된 악기	생황
토부		훈, 나발(소라)
금부		나발

현악기		
사부	찰현악기	해금, 아쟁
	발현악기	거문고, 가야고, 향비파, 당비파, 금, 슬, 대쟁, 월금, 공후
금부	타현악기	양금

타악기		
유율악기	금부	편종, 특종, 방향, 운라
	석부	편경, 특경
무율악기	금부	자바라, 징, 하, 대금, 소금(꽹매기)
	목부	박, 축, 어
	토부	부
	혁부	장구, 갈고, 진고, 절고, 좌고, 소고, 용고, 교방고, 노고, 노도, 뇌고, 뇌도, 영고, 영도, 도, 건고, 삭고, 응고, 중고, 무고

4) 발레무대 음악의 성격

(1) 매력(Glamour)

발레무대 음악은 우선 무엇보다 매혹적인 선율이 흘러야 한다. 신비로우면서 환상적인 모습이 흘러 넘쳐야 한다. 혹자는 이를 도피주이적인 측면으로 보기도 하지만 발레에서의 환상적인 모습은 무엇과도 바꿀 수 없다.

발레음악에서 이런 분위기를 창출하지 못한다면, 다른 어떤 특질이 그 음악 속에 있다하더라도 그 음악의 의미는 축소된다. 작곡가의 성향이 그의 음악이 무대음악의 분위기에 맞게 만들기도 하고 맞지 않게 만들기도 한다. 퍼셀의 음악은 무대 분위기가 있으나, 코렐의 음악에는 없다. 마찬가지로 슈츠의 음악은 있는데, 바흐의 음악에는 없다. 이런 차이는 음악 작곡가이 익두에서 달라진다 하지만 어떤 음악에서 무대의 매력적인 분위기가 없다고, 그 음악 자체의 가치가 없다는 것은 결코 아니다.

(2) 효과(Effectiveness)

좋은 발레무대음악이란 움직임이 동작에 효과를 줄 수 있어야 한다.

오페라의 경우를 보면 알기 쉽다. 오페라에서는 음악과 대사 그리고 드라마틱한 동작이 함께 어우러진 파트너작업을 한다. 오페라 아리아를 독립시켜 들어보면 인위적이며 불완전함을 느낄 것이다. 동작과 대사의 내용으로부터 분리된 오페라 음악은 일차원적으로 되어 버린다. 마찬가지로 Sleeping Beauty의 파랑새 pas de deux도 음악 그 자체로도 매력적이며 경쾌한 느낌을 주지만 움직임과 함께 할 때 그 음악의 효과적인 특질은 더 살아날 것이다.

5) 음향효과

특수한 목적을 위한 공연장을 제외하고 대부분의 공연장에서는 다양한 종류의 공연과 행사를 하게 된다. 대표적인 공연 양식으로 음악, 무용, 연극, 뮤지컬 및 종합 공연 등을 들 수 있는데, 그중 음악 공연의 경우만 보더라도 독주회, 독창회, 실내악, 합창, 오케스트라, 오페라 등 다양한 형태와 규모의 공연이 있다. 이 외에도 연설, 강연회를 포함한 각종 집회 등의 행사를 공연장에서 할 수 있다.

공연의 종류가 다양한 만큼 공연 제작자가 제공하는 공연물의 소리 특성에 따라 특정한 음향적 특징을 갖는 공연장에 적합하도록 여러 전자음향 장비를 다양하게 설치, 운용하게 된다.

자연스러운 음향을 주이하는 서양 고전음악 공연 등의 경우엔 좋은 음향적인 결과를 위해 공연자의 적절한 위치를 선정하고 음향 반사판을 운용하는 것 외에 공연장 자체의 음향적 특성이 좋거나 나쁘거나 그대로 감수하게 된다. 그러나 그 외 대부분의 공연과 행사에는 공연 내용 및 공연상의 특성을 고려하여 각종 전자음향 장비를 적절히 사용하게 된다.

이러한 공연에서 마이크, 음향효과, 플레이 백음향을 조작하는 것이 음향의 주요 업무다. 음향부서에는 무대 뒤 스태프들과의 의사소통을 위한 헤드세트를 조작하는 임무도 맡고 있다.

음향은 보통 한 사람이 조작하지만 디자이너가 공연에 직접 오퍼를 하지 않는 경우에는 음향 엔지니어를 따로 두기도 한다. 만약 규모가 큰 밴드가 공연을 하는 경우 두 사람이 모니터 믹서와 모니터스피커를 가지고 밴드가 자신의 소리를 들을 수 있도록 해주기도 한다.

2 색채

색채는 인간의 심리와 결부되어 무용의 표현성을 더욱 풍부하게 하여 주며, 운동의 미를 더 한층 아름답게 하여 준다. 그리고 색채는 외면적·사실적 표현에서부터 내면적·심리적 표현에 이르기까지 매우 중요한 역할을 한다.

색은 인간의 감정을 자극하고 정서를 유발시키는 중요한 요소로 무대 위에서 주는 색의 요소 또한 중요하다. 색채는 외면적, 내면적, 심리적인 면까지 중요한 역할을 담당하고 있으며 인간이 개성을 가지고 있듯이 색채도 각기 다른 개성을 가지고 있다. 이는 우리의 감정에 작용하여 색감을 체험하게 하고 색의 감각은 시각을 통해 인간에게 심리적인 반응을 일으켜 인간의 감정과 정서에 작용한다. 우리의 눈으로 모든 사물을 느끼는 것을 지각하여 색채는 광원—태양, 전등, 발광체, 광선, Energy—으로부터 나오는 광선이 물체에 비추어 반사, 분해, 투과, 굴절, 흡수될 때 안구의 망막과 여기에 따르는 시신경을 통해서 대뇌중추로 보내져 자극됨으로써 감각된 현상으로 나타난다. 즉, 빛이 시각을 통해 감지되는 것이다.

모든 색은 각기 고유의 성질과 특성이 있어 구별되는데, 그 구별에 필요한 색상, 명도, 채도를 일컬어 색의 3요소 또는 색의 3속성이라 하며 색채들은 이 3가지 요소를 주제로 해서 생겨난다.

1) 색의 3요소

(1) 색상

어느 하나의 색을 다른 색과 구별하는 질로서 색조라 말하기도 하며, 색명에 의해 구별되는 모든 색들이 감각으로 느껴질 수 있는 색의 속성을 말한다. 색상은 빨강, 주황, 초록, 파랑 등으로 색질의 차이를 나타내는 치수이다. 즉, 감각으로 구별되는 색의 속성을 색상이라 한다.

(2) 명도

같은 계통의 색상이라도 어두운 색과 밝은 색이 있다. 색의 밝음의 감각을 척도화한 것을 명도라고 한다. 빛이 반사하는 양의 다소를 나타내는 것으로 명도가 가장 높은 색은 백색이고 가장 낮은 색은 흑색이다. 또한 명도는 감각적인 차이를 나타내므로 색채의 명도를 판별할 수 있는 능력을 기르는 것이 바로 색을 감각하는 훈련에 가장 필요한 조건이 된다.

물체의 색을 표시하는 먼셀표색계에서는 흰색을 명도 10, 검정을 0으로 하고, 그 사이의 회색 단계를 10등분하여 차례로 번호를 매겨 유채색을 포함한 모든 색의 명도를 이것과 비교하여 정한다. 단, 색은 다른 색과의 대조에 의해 관찰하는 것이 보통이므로 상대 색에 따라 다르게 보이는 색이 있다.

(3) 채도

색이 순수하고 탁하거나 흐린 정도의 차를 채도라고 한다. 색이 순수할수록 채도가 높다고 하고 탁하거나 흐릴수록 채도가 낮다고 한다. 하나의 순색(무채색에서는 최고 채색에 가까운 색)의 채도를 점점 낮추어 가면 결국 무채색에 가까워질 것이다. 채도 0은 결국 무채색이 된다.

2) 색의 기본 감정

색에 관한 조사에 의하며 빨강, 주황, 노랑 등은 흥분감을 주며 초록, 파랑, 남색, 보라색 등은 가장 안정된 느낌을 준다.

(1) 색에 대한 일반적 감정

색에 대한 희로애락 등의 정서나 기타 일반적 감정을 보면 한 가지 색이 갖는 성질은 반드시 같은 종류나 같은 방향이 아니고 다양하다.

색의 일반 감정이 지닌 표정과 상징을 보면 색 자체가 갖는 표정이나 색 속에 내포된 강한 느낌으로서 일반적으로 밝은 색은 경쾌·명랑하고 현대적이며 어두운 색은 중후·둔중하고 고전적이다. 색의 일반적 감정과 표정 및 상징을 분류하면 다음과 같다.

■색의 일반 감정

색명	일반 감정	표정 및 상징
빨강	분노, 공포	정열적, 야망
주황	기쁨, 초조	활동적, 정의, 힘
노랑	기쁨, 희망, 유쾌	쾌활, 광명, 행복
초록	만족, 안심, 상쾌	신선, 젊음
파랑	상쾌, 비애, 불안	정적, 신비, 냉담
보라	고뇌, 불만족, 불안	고귀, 우아, 불명랑

(2) 색의 온도감

색은 여러 가지 색상에 따라서 온도감을 갖고 있다. 색의 세 가지 속성인 색상, 명도, 채도가 조화를 이루어 온도감을 나타내며, 이 중에서 색상에 가장 큰 영향을 받는다.

일반적으로 빨강은 따뜻하게 느껴지므로 이러한 색 계열을 난색이라 하며, 파랑은 차갑게 느껴지므로 이러한 색 계열을 한색이라 한다. 그리고 초록, 보라 등과 같이 따뜻하지도 차갑지도 않은 색을 중성색이라 한다. 그리고 같은 한 가지 색상일 경우 명도가 높으면 서늘한 느낌이, 명도가 낮으면 따뜻한 느낌이 난다.

(3) 색의 중량감

색의 명도에 따라 가볍게 혹은 무겁게 느껴진다. 같은 모양, 같은 크기, 같은 무게의 물체에 각기 다른 색을 칠해서 비교해 보면 중량이 다르게 느껴진다. 즉, 밝은 색은 가볍게, 어두운 색은 무겁게 느껴진다.

(4) 색의 전진감 · 후퇴감

색상에 있어서 빨강은 앞으로 튀어나와 보이며 노란색은 옆으로 확대되어 보이는 대표적인 색이다. 그 예로써 회색 배경 위에 같은 모양의 빨간색과 파란색 종이를 놓고 보면 빨간색(따뜻한 색)은 앞으로 튀어나와 보이고 파란색(찬 색)은 후퇴되어 보인다. 그리고 빨간색 종이는 파란색 종이보다 크게 느껴진다. 또한 전진감 · 후퇴감은 명도에 따라서도 달리 나타나는데, 같은 색이라도 밝은 색은 앞으로 나와 보이며 커 보이고, 어두운 색은 후퇴해 보이며 작아 보인다.

(5) 색의 경시감

인간은 색에 따라 시간을 느낄 수 있다. 찬 색 계통은 시간의 경과가 짧게 느껴지고 따뜻한 색 계통은 반대로 시간의 경과가 지루하게 느껴진다.

3) 색채심리

색의 감각은 시각을 통해 인간에게 영향을 주며 시각은 심리적 반응을 일으킨다.

색은 크게 나누어 한색(청색계)와 난색(적색계)이 있다. 색에 대한 우리의 감정을 고찰해 보면 색의 환경에 따라 크게 달라지는 것을 알 수 있다. 예를 들어 여름에는 청색이 시원한 느낌을, 적색은 덥고 불쾌한 느낌을 주는 것이다. 이것은 물리적인 온도에 의한 것은 아니고 색채에 반응하는 인간의 심리적인 작용이다. 한색은 진정적인 효과를 나타내며 난색은 적극적인 효과를 준다. 이와 같이 색채는 우리들의 본능에 호소하는 힘을 가진다. 따라서 직접적인 시각적 충격을 통해 감정에 즉각적인 반응을 일으키고 심리적 연상작용에 의해 매우 다양한 분위기를 창조해 낼 수 있다. 또한 색은 보는 사람에게 여러 가지 감정효과를 주므로 색의 감정은 어떤 종류에 있어서는 개인적이나 일반적으로 공통된 감정효과를 가진다.

(1) 색의 연상 · 심리작용

우리가 색을 대했을 때나 색명을 들었을 때, 또는 색을 설명하는 순간 어떤 물체가 계절, 혹은 자연의 풍경, 과일 등에 대한 연상작용이 일어난다. 즉, 빨강을 보면 피, 파랑을 보면 바다, 흰색을 보면 눈을 연상한다거나 그와 반대로 '피' 하면 빨강, '물' 하면 파랑, '눈' 하면 흰색을 상기하는 것은 대부분의 사람에게 공통된 것이다. 이것을 색채연상이라고 하는데 색채

연상에 있어서 색에 대해 생각나는 물체나 물질은 대부분의 경우 개인에 따라서 여러 가지로 다르다. 그것은 사람의 성질 · 성별 · 연령 · 교양 · 기호 · 직업 · 경험에 따른 것이다.

그 내용을 보면 공통된 경향을 갖게 되는데 분류하면 다음과 같다.

■색의 상징 효과

빨강	구상성	피, 심장, 장미꽃, 입술, 소방차, 와인, 토마토, 딸기, 램프, 립스틱
	추상성	정열, 위험, 혁명, 폭발, 분노, 과격, 흥분, 투쟁, 감동, 사랑, 생명, 광기
주황	구상성	태양, 감, 귤, 가을, 등대, 불꽃, 당근, 아침노을, 터널, 전구, 가로등
	추상성	명랑, 즐거움, 희망, 신선, 광기, 행운, 우정, 진심, 허용
노랑	구상성	레몬, 참외, 안전모자, 별, 달, 해바라기, 바나나, 오리 입, 태양, 금, 벼
	추상성	기쁨, 활발, 명랑, 화려, 환희, 주의, 팽창, 질투, 경박, 천박, 불안, 미숙
녹색	구상성	초원, 산, 숲, 공원, 잔디, 나뭇잎, 오아시스, 교통신호, 호수, 해초
	추상성	상쾌, 평화, 안정, 안전, 중성, 이상, 지성, 건실, 소박, 신비, 건강
파랑	구상성	하늘, 바다, 물, 해저, 지중해, 칵테일, 파랑새, 여름
	추상성	희망, 청춘, 이성, 청결, 슬픔, 침묵, 고독, 영원, 추위, 냉혹, 시원함
보라	구상성	와인, 포도, 가지, 보석, 멍, 병자, 귀부인, 등나무 꽃, 라일락
	추상성	고귀, 추함, 창조, 신비, 우아, 숭고, 위엄, 격식, 신상, 신성, 적막감
흰색	구상성	구름, 토끼, 안개, 눈, 간호사, 병원, 백합, 국화, 소복, 승무, 비둘기
	추상성	청결, 순결, 순수, 소박, 신성, 정직, 시작, 허무, 평화, 냉기, 미래, 결백
검정	구상성	밤, 상복, 연탄, 목탄, 비구름, 그림자, 눈동자, 기관차, 피아노
	추상성	죽음, 공포, 악마, 침묵, 고급, 엄숙, 정지, 폐쇄, 후회, 고통, 절망, 부정

■심리적 연상

색(color)	심리적 연상
red	사랑, 열정, 힘, 유기, 원시적인 것, 흥분, 위험, 죄, 맹렬, 희생, 생명력
red-orange	정신, 정력, 유쾌함, 충동, 흥분, 화려함
orange	따뜻함, 즐거움, 젊음, 흥분, 극단적인 것, 원기 왕성함, 화려함
yellow-orange	행복, 번성, 유쾌, 환대, 개방, 낙천적
yellow	밝음, 지혜, 밝게 하는 것, 행복, 비겁, 배신, 허약함

색(color)	심리적 연상
yellow-green	우정, 젊음, 따뜻함, 새로움, 생기, 침착하지 못함
green	젊음, 무경험, 성장, 질투, 건강, 새로움, 휴식, 조용함
blue-green	조용함, 이완, 부드러움, 믿음, 자제
blue	자유, 충성, 억제, 성실, 보호, 우울, 신사적인 것, 명예, 수동적인 것
blue-violet	평온, 신성함, 정숙, 반성, 성숙, 우울함, 무관심, 권위, 약화, 피로
violet	위엄, 왕위, 존귀, 신비, 압도, 우울, 조용함, 형식적인 것, 우월
red-violet	혼란, 당황, 수수께끼, 모호함, 긴장, 멀리 떨어져 있음
brown	편함, 따뜻함, 평온, 자연스런, 친근함, 겸손, 세속적인 것
black	권위, 장례, 형식, 죽음, 궤변, 침울, 의심, 슬픔
grey	조용함, 은퇴, 후퇴, 권위, 후회, 다재다능함, 청량
white	즐거움, 희망, 순결, 무구함, 깨끗함, 영적인 것, 용서, 사랑, 밝음, 섬세

일반적으로는 무대조명은 '전기공학, 조명공학 + 빛의 효과 = 무대조명'이라는 의미로 해석되는 경향이 있으며, 무대상에 있어서 나타나는 모든 빛의 효과를 일컫는다.

인간이 발명한 인공광선으로 피사체로 하여금 그 선과 색 및 덩어리와 움직임을 그 자체가 지닌 가치 이상으로 돋보이도록 조작하는 메커니즘의 한 방법이다.

1) 빛의 특성

(1) 강도(Intensity)

무대 위에 비추어진 빛의 양, 밝기의 정도를 말한다. 빛의 강조를 조절하는 방법에는 여러 가지가 있으나 디머(Dimmer)에 의한 조절이 가장 필수적인 방법이라 할 수 있다. 각 디머에 연결된 조명기에서 나오는 빛의 밝기는 0~100%까지 각각 조절 할 수 있다. 필터를 사용하는 것도 빛의 강도를 조절하는 방법의 하나인데, 강도조절필터를 사용하면 빛의 색에는 영향을 주지 않으면서 빛의 강도만 떨어뜨릴 수 있다. 조명기의 올바른 선택 또한 빛의 강도에 영향을 미치게 되는 요소이다. 램프의 용량이 큰 조명기를 사용하고, 사용하는 조명기의 수량을 늘이게 되면 보다 밝은 빛을 얻을 수 있다.

(2) 색(Color)

색은 조명에서 가장 중요한 요소 중 하나라 할 수 있다. 빛의 여러 다른 특성과 조화를 이루며 극의 분위기를 만드는 데 가장 효과적으로 영향을 미친다. 빛을 만들어 내는 방식(광원)에 따라 램프의 종류별로도 빛의 색이 서로 다른데, 특히 백열등은 디머에 의해 빛의 밝기가 줄어들게 되면 점점 더 노랑을 띠게 되는 앰버 드리프트(amber drift) 현상을 나타낸다. 빛의 색에 대한 인식 역시 상대적인 것으로 빛이 비추어진 사물의 색에 의해서 또한 둘러싸고 있는 주변의 색에 의해서 영향을 받는다.

2) 방향(direction)에 따른 조명

(1) 두광/탑 조명(top light)

무용수의 머리 위에서 비추어지는 빛을 말한다. 무용수의 얼굴을 그늘져 보이게 하므로 얼굴 윤곽은 제대로 볼 수 없으나 공간적으로 독립시키는 효과를 주고, 무용수의 키가 작아보이게 한다.

(2) 후광(back light)

무용수의 뒤에서 오는 빛을 말한다. 무용수의 얼굴은 볼 수 없고 실루엣만 보여준다. 무용수를 무대 배경으로부터 분리시키는 효과가 있다.

(3) 측광(side light)

무대의 왼쪽 또는 오른쪽에서 들어오며 무용수의 옆면을 비추는 빛을 말한다. 무용수를 중심으로 45도 위치에서 들어오는 상측광(high side light)은 가장 자연스럽게 배우를 입체적으로 보이도록 해주며, 배우의 키 높이에서 들어오는 중측광(mid-high side light)은 배우를 어느 정도 추상적으로 입체화시키고, 바닥으로부터 1미터가 넘지 않는 낮은 높이에서 들어오는 하측광(low side light)은 부자연스럽긴 하나 매우 강하게 배우를 입체화 시킨다.

(4) 전광(front light)

무용수의 정면에서 비추어지는 빛을 말한다. 무용수의 얼굴을 가장 뚜렷하게 보여주기는 하지만 평면적으로 보이게 하며, 무용수를 무대 배경으로 밀어내는 단점이 있으므로 다른 방향에서 들어오는 빛과 잘 혼합하여 사용할 때보다 효과적이라고 할 수 있다.

- 각광(foot light)

    무대 앞 쪽 바닥으로부터 배우의 얼굴을 향해 위쪽으로 비추어지는 빛을 말한다. 부자연스러운 느낌을 주고 커다란 그림자를 무대 배경에 만들지만 극적인 효과를 위해 적절하게 사용될 수 있다.

(5) 움직임(Movement)

정지된 화면이 아닌 움직이는 빛의 그림을 관객에게 보여주는 것은 무대조명 작업이 갖는 또 하나의 흥미진진한 매력이라 할 수 있다. 빛의 움직임을 크게 두 가지로 나누어 생각해 볼 수 있는데, 첫 번째는 여러 개의 조명기를 사용하여 무대 위의 서로 다른 여러 곳에 초점을 맞춤으로써 얻어지는 효과이다. 켜져 있는 조명기의 빛의 밝기를 줄이면서 다른 조명기의 빛을 불러오게 되면 빛이 움직이는 것과 같은 느낌을 줄 수 있는데 이를 크로스 페이드(cross fade)라고 한다. 두 번째는 팔로우 스폿이나 무빙라이트를 사용하여 얻어지는 것이다.

3) 무대조명의 기능

무대조명의 기능은 '무용수에게 주어진 환경에 어떠한가, 그러한 환경에 처하게 된 동기는 무엇인가?'를 설정해주며 주어진 상황 속에서 그가 할 바를 논리적으로 전개할 수 있도록 분위기를 조성하는 데 있으며 동시에 작가의 의도와 감정과 전체적인 의미를 관객에게 전달해 주는 동작에 어울리게 분위기를 조성해 주는 보조역할을 담당한다.

조명이 가지는 기능은 다음과 같다.

첫째, 동작의 설정(Plancing the acting) 기능

동작에는 정적이고 대사중심의 심리적인 것에서부터 템포가 빠른 희극, 풍자극, 또는 강렬한 살인극에 이르기까지 여러 가지 유형이 있다. 무대 위에서 움직이는 동작은 조명 설계자에게는 매우 중요한 부분이며 이러한 동작선에 따라 조명의 배치, 명암을 조절해 주어야 한다. 이때 주의할 것은 동작이 눈에 띄게 해야 한다는 것이며 보여 준다는 것은 조명에 있어 가장 뚜렷한 목적이자 기능이라는 것이다.

둘째, 시각화(Visibility) 기능

빛의 강도에 있어서의 양이나 기재의 배치 각도를 일정하게 규정시킬 수는 없으나 작품이 요구하는 동작에 필요하다고 인정되는 순간에 소용되는 빛의 양을 말한다. 말하는 것으로 보여줘야 될 것을 보인다는 것은 희미한 영상일 수도 있고 무대 전체를 입체감이 드러나게 보여줄 수도 있으며 무대표면에 나타나는 질감이나 장치의 세세한 면까지를 일목요연하게 드러내 보일 수도 있음을 말한다.

셋째, 분위기를 설정하는 기능

작품 전체 또는 장면 장면에 필요한 분위기를 설정해 주는 기능을 가지고 있다.

넷째, 주제 강조(Reinforcing the theme)의 기능

작가가 의도하는 주제를 시각적으로 표현하는 것이 무대 장치라면 이 무대 장치를 보여주는 것이 바로 조명이다.

다섯째, 이야기 내용의 무대화 기능

작품 내용에 따라 장면마다의 변화나 동작 범위의 변화는 무대 장치가의 판단에 따라 설정되는 것이며 조명 설계자에게는 이러한 경우의 정확한 판단에 따라 설정되는 것이며 조명 설계자에게는 이러한 경우의 정확한 기재 배치와 섬세한 빛의 강조를 조정하여 작품의 내용에 적절한 주위 환경을 만들어야 한다.

비록 조명설계가 무대 장치의 도안에 앞서 구상될 수 없다고 하더라도 무대 장치가와 마찬가지로 작품 형태의 일관된 기본적인 요소들을 토대로 작업을 진행해야 할 것이다.

4) 무대조명의 구성요소

(1) 시각

시각을 얻기 위해 고려되는 것은 빛의 양과 빛의 질을 들 수 있다. 무대 조명에 있어서 빛의 양은 실리적인 일반조명(주택, 공장, 가로등 등)과는 다르므로 '00' 의 제 0막의 어느 장면에 몇 Lux라고 수량적으로 말할 수 없는 일이며, 이것은 무대예술을 구성하는 기타의 부분(정치, 연기, 음악, 음향효과 등)과 같이 연출이 요구함에 따라 그 '밝기' 가 결정된다. 따라서 조명가가 연출을 충분히 소화시키는 것이 근본문제가 된다.

빛의 질에 있어서는 연출전반에 있어서의 적당한 빛의 분포 및 색채 등을 고려해야 한다. 이것을 눈의 피로를 일으키는 원인과 결부시켜 생각해보면 다음과 같다.

① 밝은 경우

면적이 넓고 밝은 경우 관객이 직접 면하고 있는 경우로 넓은 배경에 극도로 밝은 조명이 비쳤을 때, 그것이 연기면과 같은 밝기라 해도 면적이 넓은 만큼 반사하여 오는 빛이 많아서 배경 쪽이 더 밝은 느낌을 주는, 즉 역광의 효과를 일으켜 전면의 연기면이 오히려 어둡게 느껴진다. 이런 상태의 무대를 오래 보고 있으면 눈이 피로해진다.

이 경우엔 배경에 적당한 색광을 비추어 밝기를 조절함으로써 전체의 조화를 이룩하여 보기 좋은 밝기를 유지해야 한다.

② 장치나 사물 등에 광택이 있는 경우

장치나 사물 등에 광택이 있는 경우는 설계를 잘못했을 때, 물건의 광택이 눈에 피로를 준다. 이 경우는 빛의 양, 질보다 더 주의가 필요하다. 또 설비에 있어서도 마찬가지이다.

③ 강한 대비가 있는 경우

강한 대비가 있는 경우는 대비의 문제인데, 이것은 장치에 있어서나 화장에 있어서 마찬가지이다. 화장의 경우에 있어서 흑인과 백인의 얼굴화장은 갈색과 백색이다. 이 경우 양쪽에 똑같은 양의 빛을 비친다 해도 백인의 얼굴이 더 잘 보이는 것은 당연하다. 갈색의 얼굴을 본 다음에 백색의 얼굴을 보면 보다 희고, 흰 얼굴을 본 다음에 갈색의 얼굴을 보면 한결 더 검게 보일 것이다.

이것은 단순히 화장의 한 예에 불과하지만 화장이나 장치에 있어서와 마찬가지로 무대에 비쳐지는 빛에는 비쳐주는 빛의 양의 조정에 항상 주의해야 한다.

④ 어두운 경우

연출의 요구에 의해 무대를 어둡게 한다는 것은 무대를 밝게 하는 것과 똑같이 어려운 일이다. 필요 이상으로 어두운 무대는 시신경을 흥분시켜 피로의 원인이 된다. 어둡게 느끼게 하는 점을 자연적으로 충분히 보이게끔 하는 것이 조명디자이너의 기술이다. 그러나 이들 명암의 정도는 극장의 크기에 비례하여 좌우되므로 조명디자이너는 무대연습에 있어 한 관객의 입장이 되어 관객석의 여러 곳으로부터 그 무대를 보아 둘 필요가 있다. 그 무대의 명암을 결정하는 장소는 항상 중앙부보다 약간 뒤쪽에서 결정되어야 한다.

⑤ 직접현휘의 경우

무대에 눈부신 광원이 직접 비춰질 때 눈에 피로를 준다. 무대에 직접 전구를 사용할 경우에는 전구에 풀을 칠한다든가 또는 색지 등으로 싸서 광도를 없애야 되며 낮은 촉광의 전구를 사용하면 된다.

현휘는 직접적인 경우, 반사에 의한 경우 무대상의 조명기구, 혹은 무대에 투광하기 위해서 관객석이나 다른 곳에 배치된 기구 등에서 빛이 새는 경우 등이 있으므로 주의해야 한다.

(2) 사실

무대에 있어서 사실이라는 것은 무대를 현실과 같이 관객에게 보이는 것을 말하며 이것은 연출의 한 방법이다. 사실이 무대와 밀접하게 결부된 것은 19세기의 자연주의 사조의 부흥에서 비롯되었다. 여기에서 말하는 사실은 연극·무용에 필요한 범위 내의 사실인 것으로 현실과 같이 표현함으로써 관객에게 공감할 수 있도록 전달되기만 한다면 그것으로 충분하다. '현실과 같은'의 의미, 즉 현실에 대한 가상성을 말하며 예술에서의 사실, 무대상의 사실은 현실세계의 정확한 투영을 목표로 하는 것이 아니라 어디까지 그 유사성 혹은 환상(illusion)을 만들어 내는 것의 의미를 잘 검토하여 충분히 그 본의를 알아둔다는 것은 사실적 효과를 얻는 데 대단히 중요하다. 조명으로 사실적인 것을 표출할 수 있는 것은 시, 천후, 기타 사물의 묘사 등이다.

① 시

무대에 시기를 주는 요소로서 조명만큼 절대적인 것은 없다. 사계절의 변화, 하루의 변화, 밤에는 어둡고 낮에는 밝은 단순한 장면에서부터 동이 트면서 아침이 되는 동안, 저녁노을에서 밤에 이르는 순간 등 극히 자연적으로 서서히 변화해가는 복잡한 장면에 이르기까지 조명에 의한 시기의 변화는 실로 자유롭다.

② 천후

맑은 날, 흐린 날, 비오는 날, 태양, 달, 별, 구름, 번개, 비, 눈, 파도, 무지개 등 갖가지 자연형상 혹은 현상을 묘사할 수 있다.

③ 기타 사물의 묘사

새, 나비, 비행기 등 나는 물건, 물고기 같은 물속의 것, 기차, 기선 등 달리는 물건, 또는 화염, 연기 등에 이르기까지 여러 가지를 묘사할 수 있다.

(3) 심미

아무리 아름답고 훌륭한 장치나 의상을 사용했다 하더라도 조명 여하에 따라서 이를 파괴할 수 있으며 또 보기에 좋지 않은 것일지라도 조명에 의해 아름답게 할 수 있다. 이와 같이 빛은 사물을 아름답게 할 수 있는 능력을 갖고 있다. 무대에 있어서 빛에 의해 아름다움을 조성한다는 것은 중요한 일이며 또 그것은 무대조명에 있어 제일의 목표이기도 하다. 이러한 미적효과는 조명 디자이너의 심미관에 의해서 좌우되리만큼 담당하는 사람의 예술적 재능이나 미학적 지식을 필요로 한다.

음영의 문제는 중요해서 빛을 여러모로 조작하는 것에 의해 조작적인 아름다움을 발휘할 수 있으며 일반적으로 표정이라 하는 것은 빛과 그림자에 의해 조작되는 것이다.

균등조명, 즉 빛을 비추는 각도가 조금이라도 달라지면 조작적인 아름다움, 입체감을 잃어버린다. 이것은 입체적 심리효과의 한 예이나 아름다움이란 사물의 조립, 색의 배합, 조절, 균등 등에서 생기는 것이다. 무대에 색광을 비친다는 것은 무대 조명 전체 요소 중의 일부분에 지나지 않는다.

(4) 표현

무대예술이 심리적인 요소를 중심으로 하여 단순히 감각적인 요소를 주로 하지 않았다는 것은 상식으로 되어 있다. 무대예술과 조명은 불가분의 관계에 있는 만큼 당연히 무대조명은 그 한 요소로서 심리적인 표현능력을 포함하고 있다. 조명의 요소 중 시각·사실적인 작용은 감각요소이나 이 표현작용은 연출이 말하는 심리적인 면을 표현해 낼 수 있는 만큼 조명의 요소 중에서도 가장 중요시할 부분이다.

빛의 여러 가지 상태 및 변화·색채에 한 여러 가지 감정의 야기 등 조명이 관객에게 주는 심리적인 표현은 대단히 많다. 색채가 여러 가지 감정적 가치를 가지고 있다는 것은 주지하는 바이지만 보통 빛의 파장에 의해 색의 느낌이 달라진다는 것이 색채 상식이다. 특히 단순한 물리적 현상으로 볼 때 빛이 시각을 통한 감각적 반응을 일으키면 이 감각을 머리로 판단하므로 해서 처음으로 색채를 느끼게 되는 것이며 이것이 여기서 말하는 생리적인 현상인 것이다. 그러나 그 반응양상에 대해서는 많은 사람들의 의견이 대체적으로 일치하고 있다.

5) 조명작업 참가인원

(1) 조명 디자이너(lighting designer)

조명 디자이너는 무대미술가, 의상디자이너와 더불어 무대 위의 시각적인 부분을 책임지게 된다. 무대장치와 의상 그리고 움직이는 배우 위에 빛의 특성을 활용하여 조명 디자인을 하게 되며, 디자인 실현을 위한 조명 계획도와 관련 자료 등을 완성해야 한다.

(2) 조명 디자이너보(assistant lighting designer)

조명 디자이너보는 조명 디자이너를 도와서 극장, 또는 조명기에 관한 자료 조사를 하며,

경우에 따라서는 디자이너를 대신해서 디자이너의 요구대로 조명 계획도의 제도를 하기도 한다. 기술 연습 동안에는 조명기의 포커스를 확인하며 자료의 내용을 갱신한다.

(3) 조명감독(master electrician)

조명감독은 조명기술 분야의 책임자로서 전기, 설비, 조명기 등 기술적인 부분의 설치와 관리를 책임짐으로써 조명디자이너의 디자인이 실현 가능하도록 뒷받침해준다. 조명디자이너가 넘겨준 조명 계획도를 바탕으로 필요한 조명기, 필터, 부속품 등을 미리 준비하여 극장 작업 시 조명스태프들이 조명기를 제 위치에 걸고 연결하는 일을 지휘하게 된다.

(4) 조명스태프(electrician)

조명스태프는 사다리를 타거나 캣워크로 올라가서 조명디자이너의 요구대로 조명기의 포커스를 맞추는 일을 한다. 빛이 들어오게 되는 장치나 소품의 연결과 포그 머신이나 드라이아이스 머신을 작동시키는 일 또한 담당하게 되며, 기술 연습이나 공연 중에는 콘솔 또는 팔로우 스폿 오퍼레이터의 임무를 맡기도 한다. 오퍼레이터는 조명디자이너가 넘겨준 큐시트(cue sheet)나, 무대감독의 큐 신호에만 의존하지 않고 나름대로 공연의 흐름을 읽을 수 있는 감각을 가지고 있어야 한다. 수명이 다한 램프를 갈아주는 일, 색이 바랜 필터를 교체하는 일, 무대감독의 큐 라이트(cue light)를 설치하는 일 또한 조명 스태프가 담당하여야 할 부분이다.

6) 조명기기의 종류와 역할

(1) 엘립소이달 리플렉터 스포트라이트(ellipsokdal reflector spotlight; ERS)

가장 유용하게 널리 쓰이는 조명기로 유럽에서는 프로파일스포트(profilespot)라고도 부른다. 이 조명기에서 나오는 빛은 폭이 좁은 대신 아주 멀리 나간다. 또한 빛이 퍼지지 않고 명확한 테두리를 가졌다는 것이 특징이다. 여러 가지 액세서리를 갖는 조명기로 보통 조명기가 한두 개의 액세서리를 갖는 데 비해 엘립소이달은 문양(Gobo), 자르개(Cutter), 조리개(Lris)와 같은 다양한

액세서리를 가질 수 있다.

(2) 프레즈넬 스포트라이트(Fresnel Spotlight)

'퍼짐이 있는 부드러운 빛' 이라는 말로 표현할 수 있는
자연스러운 느낌을 주는 조명이다.

램프와 반사경을 함께 움직일 수 있는 조명기 외부에 달
린 포커서 조절 나사를 통해 램프/반사경과 렌즈 사이의
거리를 조절함으로써 프러드(flood), 또는 스폿(spot)의
빛을 만들어 낼 수 있다. 램프/반사경이 렌즈와 가장 가까
운 위치에 놓이게 되면 전체적으로 고르고 넓게 퍼지는
부드러운 빛을 내게 되는데, 이를 프러드라고 하고, 램프/반사경이 렌즈와 가장 먼 위치에 놓
이게 되면 강하고 밝은 중심을 가지면서 그 주변은 부드럽게 퍼지는 빛을 얻게 되는데 이를
스폿이라고 한다.

(3) 팔로우 핀 스포트라이트(follow spot light)

무대조명에서 지휘봉 역할을 하는 조명기로 타의추종을
불허할 정도로 밝아야 하고, 빛을 멀리 보낼 수가 있어야 하
고, 다른 빛과 느낌의 차이가 나야 하고, 움직이는 것을 따
라다닐 수 있어야 하는 등의 여러 가지 요소를 만족시켜야
한다. 이런 점들이 팔로우 핀 스포트라이트가 다른 스포트
라이트와 다른 점이다. 팔로우 핀 스포트라이트는 무엇보다
도 빛을 멀리 보낼 수 있어야 하는 투사거리가 중요하다.

(4) 파 라이트(PAR light)

파 라이트(PAR light)는 자동차 헤드라이트로 개발되었던 실드 빔 램프를 사용한다. 여타
램프에 비해 밝을 뿐만 아니라 아주 치밀한 밀도를 가진 빛을 만들어 낸다.

PAR은 거칠고 강한 반면 테두리 선이 분명하지 않은 타원형의 빛을 내므로 조절이 쉽지

않지만 단순히 램프를 본체 안으로 돌려줌으로써 타원형의 빛이 가로, 또는 세로 방향으로 갈 수 있도록 조절할 수 있다.

(5) 빔 프로젝트 라이트(beam projector/beam light)

빔 프로젝트 라이트(beam projector/beam light)는 줄여서 빔 라이트로도 불린다. 빛은 강력한 견고성을 지니고, 거침없이 쏘아지는 퍼짐이 없는 빛이라서 빛줄기까지 눈으로 볼 수 있다.

(6) 무빙 라이트(Moving light)

자동조절조명기(automated light) 또는 인텔리전트 라이트(intelligent light)라고도 불리는 무빙라이트는 빛의 움직임, 크기, 밝기, 포커스 및 다양한 색, 고보 등을 컴퓨터에 의해 조절할 수 있는 조명기다.

무빙라이트는 무빙요크(moving yoke)와 무빙 미러(moving mirror) 두 가지 종류로 구별된다. 무빙 요크는 자동으로 조절되는 요크에 조명기가 달려 있어 조명기의

가로 방향 움직임은 약 270도까지, 조명기의 세로방향 움직임은 약 360도까지 조절할 수 있는 조명기이다.

거울에 의해서 반사되는 빛이 아닌 조명기에서 나오는 빛을 그대로 사용하는데, 조명기 전체가 움직이기 때문에 넓은 공간을 필요로 하며 움직이는 속도 조절면에서 무빙 미러보다 다소 느린 단점을 가시고 있다. 무빙 미러는 자동으로 조절되는 거울을 시용해 일정 방향으로 나오는 빛을 반사시킴으로써 빛의 움직임을 조절할 수 있는 조명기이다. 무빙 미러는 무빙 요크에 비해 움직임의 조절범위가 작아서 약 110도까지의 가로방향 움직임과 약 170도까지의 세로방향 움직임만을 조절할 수 있으나 속도면에서는 무빙 요크보다 훨씬 빠르게 조절할 수 있다.

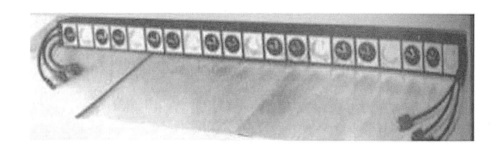

(7) 스트립라이트(striplight)

사이크로라마(cyclorama)나 배경막과 같은 무대장치나 무대 위의 넓은 부분을 비출 때 주로 사용하는 조명이다. 스트립라이트는 조명기 내에서 3회로 혹은 4회로로 나뉘어 연결되어 있어 세 개 또는 네 개의 서로 다른 종류의 색을 회로에 맞추어 한 조명기 안에서 각각 따로 조절함으로써 다양한 색 혼합의 효과를 낼 수 있다.

음향을 제외하고 전기와 관련되는 모든 것이 조명의 일이다. 여기에 두 가지 예외가 있다. 하나는 통로등이라고 불리는 주로 파란색의 작은 등으로, 스태프와 배우들이 어둠 속에서도 무대 뒤를 잘 보고 다니도록 하기 위해 사용하는 조명이다. 또 하나는 도깨비불이라는 것이다. 모두가 퇴근한 후 무대가 비어 있는 상태에서 무대장치를 장치제작소에서 무대로 옮길 때 사용하는 알전구를 말하는데, 스태프들이 어둠 속에서 다치는 것을 방지한다. 이 두 가지 조명은 무대감독이 관장한다. 조명은 조명디자이너가 디자인하고 조명 스태프가 시설하고 조명감독이 설치 책임을 진다. 조명은 공연 중 콘솔 오퍼레이터가 조작하며, 팔로우 스폿은 팔로우 스폿 오퍼레이터가 조작한다.

조명 디자이너는 조명 큐를 만들 때 언제 조명이 들어오며 얼마나 밝아야 하는 것과 조명이 바뀌는 시간이 얼마나 오래 걸리는가를 결정한다.

공연 중에는 무대감독이 언제 조명이 바뀌고 조절하는가를 지시한다. 만약 새로운 큐를 원한다면 무대감독에게 미리 말하고, 그 조명이 다른 느낌으로 보이게 하려면 디자이너의 허락을 받는다.

무대의상이란 작품 전체를 해석하고 인물을 표현하여 극의 스타일을 창조함으로써 무대예술로서의 완성도에 기여하는 전문분야이다. 무대 의상 조합으로써 무대예술로서의 완성도에 기여하는 전문분야이다. 무대 의상을 입은 배우의 몸은 무대 현실 속에서 살아 움직이는 디자이너의 섬유조각품이다. 무대 의상의 한 분야인 무용의상은 신체를 도구로 하는 무용수 개개인에게 입혀져 무용수와 의상이 동일시되는 효과가 있기도 하기 때문에 무대 위에서의 모든 다양한 시각적인 효과 중에서 가장 개인적이라고 할 수 있다.

1) 무용의상의 원칙

디자인은 안무를 향상시키고 뒷받침해야 한다. 안무에 대한 주의를 분산시키는 것이 아니라 안무를 보완해야 하며 동작을 감추어서는 안 된다. 디자인은 전체 무용구상의 한 부분으로서 균형을 이루어야 하는데 디자인의 색상, 크기나 형태 때문에 무용동작과 무용수가 압도되거나 지배를 받아서는 안 된다. 또한 시대적 배경이나 민속적인 멋을 잘 살려내는 것도 디자이너에게 중요하다. 그러나 무대장치가 너무 복잡하면 무용수들의 라인을 모호하게 하므로 주의해야 한다. 의상 디자이너는 디자인도 하고 가끔은 의상제작도 한다. 색깔과 옷감이 조명을 잘 받는지, 반사하는지 디자인의 기술적 고려도 분명히 할 필요가 있다. 또한 이들 기본요소는 세트나 조명디자인과의 관계도 염두에 두어야 하며 제작을 하기 전에 모든 디자이너 사이에 정보교환을 해야 한다.

의상과 무대구성요소 사이에는 통일성이 있어야 하며, 디자인은 자금과 시간, 전문기술 한도 내에서 만들어져야 한다. 무용수는 의상을 포함해 이러한 시각적인 요소들과 함께 무대 위에서 하나의 이미지로 용해되어 감정표출 및 상징을 이루고 의상은 그 속에서 색채, 질감, 형태 그리고 그 밖의 모든 효과를 통하여 상징성의 역할을 돕는 중요한 가치를 가지게 된다.

무용의상은 무용이란 표현성에 중점을 둔 무대효과를 본위로 제작되므로 무용수를 드러나게 하고 각각의 무용수들에게 최상의 효과를 줄 수 있도록 하기 위해서 정확한 선과 색채가 요구되며 무대장치, 조명, 분장 등과도 조화를 이루어야 한다.

좋은 무용의상에 대한 논의 혹은 논쟁은 계속적으로 이루어져야 하며 인간성을 창조할 수 있는 것으로 무용의상이 지향할 수 있는 것들과 부합하는 것들만 있다고 볼 수는 없지만 최소한 의상이 추구해야 할 요소로서의 문제성을 제시하는 것과 의상을 통해 혹은 의상의 도움을 받아 인간성의 여러 면모를 구축할 수 있다는 것은 의상의 생산적·윤리적 관점에서 좋은 지적이라 할 수 있겠다.

2) 의상의 역할

롤랑 바르트(Roland Barthes)의 이야기를 중점으로 의상의 역할은 다음과 같다.

첫째, 생각과 정보와 감정을 전달하여 공연을 '읽게' 해주는 것이다.

둘째, 인간성의 구현의 측면에서 공연자(배우, 무용수)의 신체적 조건의 여러 요소들(신장·얼굴·용모)을 분명하고 자연스럽게 또 매력 있게 구축해주는 것으로 보았다.

위의 두 가지의 역할로 볼 때 의상은 단순히 보이기 위한 것뿐 아니라 하나의 예술로서 그 의미를 부여하며 하나하나의 의미를 담아 표현되는 것이라고 정리할 수 있겠다.

1950년대 이후 널리 알려진 안무가 월윈 니콜라이(Alwin Nikolais)는 작품이 만족스러운 이유를 개념의 수립과 수행이 모두 같은 사람에 의해 이루어진다고 하였는데, 모두 같은 사람이란 안무가, 작곡가, 세트, 조명, 의상 디자이너를 포함하고 있다. 이는 다른 듯 보이는 이 작업들이 결국은 한 사람의 개념을 작품화하여 공연에 그 결과가 드러나게 된다는 것이다. 만약 서로 다른 개념으로 안무가의 이미지가 디자인된다면 작품의 성공률은 떨어지게 될 것이다.

안무가의 생각을 디자이너에게 전달하는 방법에는 춤 그 자체를 통하여 보여주거나 안무가가 조명 디자이너나 세트 디자이너, 작곡가, 의상디자이너에게 말로 설명하는 방법이 있으나 두 번째 방법은 안무가가 디자인에 대해 예술적으로나 실제적으로 잘 알고 있으면서 디자이너를 이해시켜, 작업할 수 있도록 하는 경우에만 가능하다. 그렇게 되면 디자이너의 작업도 보다 예술적으로 이루어지게 될 것이다.

3) 무용의상의 구성요소

의상의 구성요소는 크게 실루엣, 소재, 색채로 나눌 수 있다. 디자인의 요소들은 서로 연관성을 가지고 있으며 어느 한 가지라도 빠지게 된다면 완전히 구성되지 못한다. 본 장에서는 기본적인 세 가지 구성요소 외에 죠안 슐레이크와 베티듀퐁의 실루엣, 부피, 장식, 확장의 네 가지 연구를 더하여 실루엣, 소재, 색채, 부피, 확장으로 분류하여 살펴보겠다.

(1) 실루엣

물체를 공간에서 독립시켜 존재를 뚜렷하게 하는 최고의 외형선은 그 형을 대표하는 가장 확실한 수단이며 이 외형선을 실루엣이라고 한다. 실루엣은 몸의 방향을 바꾼다든가 움직임을 가지면 거기에 따라서 다른 모양으로 변화된다. 실루엣은 인체를 바탕으로 하여 그 인체 위에서 표현되어야 하므로 인체의 전체적인 비율에 근거를 두어 그 인체가 자연스럽게 움직일 수 있도록 그 행동범위를 막지 않는 범위 내에서 디자인해야 한다.

무용의상에서 실루엣은 무용수가 공간에서 드러내는 윤곽 또는 무용수가 공간에서 차지하는 부분으로 인지하는 사람의 창의성에 따라 여러 형태를 취한다. 실루엣은 관객에게 가장 강렬하고 유일한 시각 요소로서 의상디자이너는 디자인하는 과정에서 특히 무용수가 차지하지 않는 공간에 관해 세심한 주의와 계산이 반드시 필요하다. 안무가가 몸 주변의 이러한 빈 공간까지 이미 디자인해서 그 공간을 그대로 놔두기로 했다면 의상도 이에 따라 디자인되어야 하는 것이다.

(2) 소재

일반적인 무용의상의 경우에는 무용수의 동작에 따른 기능적인 소재를 선택해서 사용해야 한다. 특별한 이미지창조를 위한 작업을 위해 딱딱한 소재를 사용하는 경우를 제외하곤 기본적으로 무용수의 움직임이 자연스럽게 드러나게 되는 신축성과 드레이프성이 좋은 소재가 효과적이다. 이사도라 덩컨의 튜닉형태의 의상을 디자인한다면 자연스런 드레이프가 형성되는 부드러운 소재가 적절할 것이다. 후기 현대무용으로 옮겨가면서 무대 디자인에서의 다양한 시도와 함께 무용의상의 소재도 많은 변화를 보여주는데, 다양한 소재의 사용은 무용수의 바디라인을 표현할 뿐만 아니라 무대 공간과도 조화를 이루어 새로운 공간 디자인까지 참여하고 있다.

또한 의상의 소재는 표현의 질감이나 장식을 통하여 추상적 이미지를 부가할 수 있는데, 염색이나 실크 스크린, 턱, 파이핑, 아플리케 등의 방법을 이용한다. 이러한 직품의 가공을 통해 새로운 직물을 창조하여 관객으로 하여금 고정관념에서 탈피하여 새로운 무용에 집중하게 할 수도 있다. 그러나 장식기법을 사용함에 있어 디자이너가 주의해야 할 점은 지나친 작은 형태의 표현이다. 관객은 무대에서 움직이는 무용수들의 동작에서 크고 대담한 형태만을 인지할 수 있기 때문에 미묘한 색상의 차이나 디테일한 장식들은 무용의상에 있어서 비경제적이기 때문이다.

(3) 색채

의상에 있어 색은 가장 강렬한 표현요소 중에 하나로서 색이 사용된 부위와 색상은 관객에게 시각적 정서적 영향을 끼치기 때문에 스타일과 분위기와 힘을 나타내어 강약을 표현하는 중요한 요소이다. 조명으로 색상이 가해지면 전체 기획 중에서 가장 강력한 시각적인 효과를 낼 수 있다. 디자이너들은 이러한 사실을 잘 알고 있지만, 무용수들은 자신에게 어울리는 색상에 대한 고정관념이 있기 때문에 색상에 대해 매우 까다롭다. 따라서 의상을 만들 때, 상상력을 얼마나 발휘하고 의상이 전체 효과에 미치는 영향을 따지기보다는, 무용수가 날씬해 보이기 위한 색채가 우선이 되기도 한다.

색상을 선택할 때는 조명도 고려해야 하는데, 흰색의 의상에 유채색의 조명을 비춤으로써 새로운 의상의 색깔을 표현할 수도 있으며, 빨간색의 의상에 파랑색의 조명을 비춤으로써 보라색의 중간색을 만들어 낼 수도 있다.

(4) 부피

부피란 몸에 연결된 위치와 사용된 물질의 부피와 양을 말하는 것으로 특정 대상에 사용된 물질 전체를 포함한다. 기본적으로 무용수의 동작을 위해서 현대무용의상에서 요구되는 직물을 가볍고 신축성이 좋아야 한다. 무용수가 역동적인 동작을 함에 있어 의상에 대한 제재를 받으면 안 되기 때문이다. 그러나 무용에서 요구되는 부가적인 기법을 통해 무대에서의 볼륨감을 창조하기도 한다. 예를 들면, 천 조각을 움직여 인물 사이에 떠다니게 하거나 옷자락의 일부를 확장하여 뒤집어씌우기도 하고 물건을 망가뜨려서 얻는 창의성으로 역동적인 효과를 낼 수도 있다. 또한 몸 위에 걸친 것이나 아니면 따로 떨어져 있는 것을 찢거나, 태우거나 실오라기를 풀거나 자르거나 찢거나 표백하는 방법도 있으며, 이것저것 조합하는 방법도 있다.

(5) 확장

무용의상에 있어서 몸통부분에 걸쳐지는 의상에 대한 부가적인 요소로서 신체의 각 부분을 인위적인 수단을 통해 확장될 수 있다. 확장의 방법에는 얼굴에 가면이나 안경을 쓰는 방법과 머리에는 가발, 모자와 같은 장식물을 비롯한 소도구를 통해 의상에서 확장된 의미를 줄 수 있다.

예술이 표현할 수 있는 새로운 요소를 추구하는 얼윈 니콜라이를 예로 들어 설명하자면 순수하고 추상적인 운동 그 자체를 중심주의로 하여 다양한 무대구성을 시도한 그는 무대를 구성하는 전체적인 요소에 추상적인 요소를 사용하였으며, 이를 위하여 마스크와 소도구를 이용했다. 마스크는 댄서들이 다른 역할이 되도록 사용했고 소도구는 공간에서 자신의 육체적인 크기를 확장하기 위하여 사용하였다.

4) 현대무용의상의 표현적 특성

무용예술에 있어서 의상은 종합예술무대로서 다른 요소와의 관련성을 고려해야 하므로 일상복과는 다른 목적성을 갖는다. 무대에서 무용수의 동작과 작품의 주제에 위배되지 않기 위한 바람직한 무용의상은 무용에 조화를 이루어 자연스러운 표현을 도와야 하며, 의상이 갖는 중요한 요소인 실루엣에 있어서도 무한한 공간과 자유로운 신체의 움직임을 도울 수 있도록 디자인되고 제작되어야 한다.

현대의 무용의상은 각각의 안무에 맞추어 주제를 시각화하는 중요한 요소로 인물의 성격 표현을 주로 하는 연극의상과는 달리 상징적인 성격을 띠게 된다.

본 장에서는 김영미의 《무용에 있어서 의상의 역할과 표현성에 관한 연구》에서 나타나는 표현적 특성을 자연주의 및 인상적, 표현주의적, 장식적 기능, 상징주의적, 일상복 형태의 의상과 나체의 상태로 나누어 살펴보도록 하겠다.

(1) 자연주의 및 인상주의적 경향의 의상

자연스러운 의상을 통해 신체의 율동과 표현을 자유롭게 드러나게 하는 자연주의 의상은 대개 부드럽고 가벼운 직물을 사용하여 신체의 형태나 율동을 보다 명확하게 드러내거나, 피부색 타이즈와 같은 것을 착용함으로써 신체의 동작을 시각적으로 강조하게 된다. 자연주의적인 경향의 대표적인 무용수로서는 이사도라 덩컨을 들 수 있으며 그녀의 야외춤이나 실내

춤에서 그리스풍의 자연스러운 드레이퍼형의 의상을 볼 수 있다. 바리 뷔그만의 댄스사이클 《작별과 감사의 기도》에 등장한 의상도 이러한 경향이라고 볼 수 있으며 마사 그라함(Matha Graham)《원시의 신비》와 같은 공연에서 장식 없고 몸에 꼭 맞는 의상을 착용, 과감한 신체의 동작을 표현하였다.

(2) 표현주의적 무용의상

표현주의적인 무용의상의 특징은 강한 조형적 형태를 띤다거나 회화성을 갖기도 하는 것으로 의상을 통해 신체의 형태를 왜곡시키거나 변형시키는 표현주의적 기법을 사용한다. 무용과 타 예술과의 관계를 재통합시킨 오스카 슐렘머(Oskar Schlemer)는 《Triadic》에서 무용과 음악과 의상의 세 가지 요소를 하나로 융합하여 표현하였다. 3부작으로 이루어진 이 작품은 1부에서의 무대는 레몬 빛 노랑 휘장이 드리워져 있었고 무용은 희극적이며 익살스럽다. 2부는 붉은 장밋빛으로 물들인 무대 위에서 예의바르고 엄숙하게 진행되며, 3부는 검은 막을 배경으로 하여 그 앞에서 신비로운 환상을 보여준다. 모두 12가지의 춤으로 두 명의 남자 무용수와 한 명의 여자 무용수가 18벌의 의상을 교대로 갈아입고 춘다. 이러한 의상의 변화를 통해 기계화와 물질화에 대한 염려와 불안을 그는 희극적인 유머로 상쇄시키고 있다.

적절한 조명의 사용을 통한 놀라운 효과로 주목을 받은 로이 풀러의 경우는 실크 의상의 헐렁헐렁한 주름들과 그 위에 비춰지는 색깔 있는 극장조명의 사용을 극대화하였으며, 몇 가지 동작으로만 이루어진 무용에서 실크 스카프가 조명을 받으면서 만든 움직임은 경탄할 만한 효과를 가져왔다.

(3) 장식주의적인 무용의상

초기의 현대무용에서 많이 나타나는 특징으로 오리엔탈풍의 춤과 현대 발레의 시기에 많이 나타나는 형태이다. 예술사적으로 20세기 초 아르누보식 장식예술의 영향을 받게 뜻하게 되고 서구세계가 여러 지역과 문화에 대한 강한 호기심을 표출했을 때 많이 나타난 것으로 마사 그라함의 고대 그리스 여왕의 삶에 대한 회상인 《클리템네스트라》, 르네상스 시대의 의상을 입고 시작하는 호세 리몽(Hose Limon)의 안무 《무어족의 파반》에서 민속적인 춤의 의상과 역사와 지역성에 따른 장식적 형태를 찾을 수 있다.

(4) 상징주의적 무용의상

상징적 의미로서의 무용의상은 장식성이나 직접 표현하는 기능을 하지 않는다. 의상의 색상, 형태 등 누구나 알기 쉬운 상징적 기호로 상징된다. 의상을 이용해 강한 풍자성을 띠게 되고 의상은 소도구화되는 경향이 있다. 피나 바우쉬의 《콘탁코프》, 《푸른수염》과 같은 작품에서 무용수들이 입었던 파티복이나 남성정장은 특별한 극적 기능 없이 부르주아 문화의 상징적 기능을 한다

도리스 험프리의 《세이커교도》에서도 마찬가지로 의상은 퀘이커 교중에서도 극렬한 종파인 음침한 세이커(Shaker)복장을 하고 있다. 여성들은 보네트 모자를 얌전히 썼고 목까지 올라오는 웃옷과 긴 치마를 입었고, 남성들은 어두운 빛깔의 프록코트를 입고서 챙이 넓은 모자를 쓰고 있다.

(5) 의상을 걸치지 않은 나체의 상태

모든 구속이나 억압의 상태로부터의 해방이라는 특성을 극대화한 의상이 나체로서의 의상이다. 카롤린과 칼송(우리나라 홍신자의 《제례》(1973)와 같은) 작품에서 육체는 해방적 욕구뿐 아니라 실험적 예술욕구의 상징임을 보여주고 있다. 최근 들어 대중문화나 언더그라운드 문화가 추구하는 과시주의나 성정주의를 기묘하게 이용하면서 현대무용의 고답성을 탈피, 나체성을 현대무용의 미학적 대중주의의 전파를 위한 매개체로 이용하고 있다.

의상제작에 있어서 디자인 선택, 질감선택, 제작자 결정 및 의상제작경비 등 세심한 배려가 수반되어야 하는 분야이다. 의상을 통하여 무용의 효과를 높일 수 있으며 더불어 작품성을 높일 수 있는 중요한 부분이다.

(6) 기독교무용에서의 의상

기독교무용에서는 가급적 성도다운 자세로 세상적 기우에 빠지지 말고 예배적인 의상을 사용하는 것이 좋다.

효과적 의상 선택을 위하여 다음을 제시한다.

1. 고가품을 삼간다.
2. 지나치게 화려한 것은 삼간다.

3. 움직임에 불편함이 없는 것으로 한다.

4. 무용수의 몸이 지나치게 노출되는 것은 삼간다.

5. 작품과 무관한 액세서리 및 소품은 삼가며, 특히 움직임에 방해되는 것은 삼간다.

6. 작품에 걸맞은 색상과 디자인을 선택한다.

7. 공연 목적 및 환경에 걸맞은 색상과 디자인을 선택한다.

8. 무용수들의 능력, 신체적 조건, 건강에 맞는 질감, 디자인을 선택한다.

9. 무용수들은 자신의 자태의 관심에서 작품적 형상에 합당한 의상착용을 염두에 두어야한다.

10. 경우에 따라서 의상 제작소에 의뢰하지 않고 공동작업 및 개인적인 작업을 통하여 의상 제작을 해도 좋다.

11. 의상제작을 반드시 하지 않고 대량으로 제작된 것들을 선택, 사용하여 의상제작을 위한 재정과 시간에 낭비를 막을 수도 있다. 또 대량 제작된 의상들 가운데에는 때때로 개인이 창출해 내지 못하는 뛰어난 의상들이 있으므로 공연에 큰 효과를 줄 수 있다.

이상의 내용은 일반 예술무용, 교육무용, 기독교무용 등 기타 어떠한 무용에도 적용되어야한다. 개인적 취향과 유행에 따라 경제성과 목적을 무시하고 연령과 성별을 고려하지 않는의상으로부터 탈피해야 한다.

5 분장

무용에 있어 어느 한 구성요소 분야가 작품 전체로부터 두드러져서는 안 된다.

분장도 예외는 아니다. 그러나 분장은 예술 혹은 개성을 창조하는 도구로 여겨지지 않는다.

분장은 무용수가 창출해 내는 성격을 드러내는 데 도움을 주는 도구이며, 하나의 예술임을 이해해야 한다. '분장'은 자의식을 중화시킴으로써 무용수에게 분명히 있을 법한 가치가 있다.

강인월 씨의 연구논문에서 무용수가 의상을 갖추고 분장을 한 연습 때 효과가 훨씬 크다는말을 증명해준다. 즉, 분장을 했을 때에야 자신의 개성을 잃어버리고 작품 속에 임할 수 있기 때문이 아닌가 싶다. 또한 이를 강인월 씨의 《안티고네 무대의상에 대한 연구》에서 이렇게 표현했다. "메이크업을 했을 때 배우의 얼굴은 박탈된다."고 말이다.

분장의 가능성은 끝이 없다.

그러나 단지 연습에 의해서만이 좋은 결과를 가져오는 것이 아닐는지 그러므로 무용수는 자신의 분장법을 알아두는 것도 중요한 작업의 일원이 될 것이다. 분장 연습을 통하여 요령을 터득하고, 자신의 얼굴을 파악할 수 있어야 자신의 분장법을 배울 수 있다. 이러한 과정을 통하여 작품에서 요구되는 성격분장이 이루어질 수 있다. 그러나 여기서 주의할 것은 윗글로 인해 자칫 분장을 화장으로 잘못 인식할 수 있으므로 화장과 분장의 뜻을 분석해 보기로 한다.

A 분장	(1) 몸을 매만져 가꿈. 몸치장 (2) 무대에 출연하는 배우가 등장인물로 꾸미기 위하여 그 인물의 특징, 성격, 나이 따위에 어울리도록 '얼굴', '몸', '옷' 등을 꾸미어 차림. 또는 그런 차림새.
B 분장	(1) 분, 연지 따위를 발라 얼굴을 곱게 매만짐(MAKE-UP) (2) 머리나 옷의 매무새를 매만져 맵시를 냄, 단장(Dressing)

위에서 보듯 분장의 개념은 화장과 전혀 다름으로 이해하는 데 더욱 도움이 될 것이다.

그럼 이제 분장의 종류에 대해서 알아보기로 하자.

김성희씨는 그의 논문에서 'Jesus christ super star에서의 성격 분석 고찰'을 통해 두 종류를 설명하고 있다.

1) 직선적 분장(straight make-up)

조명을 받아도 얼굴의 자연색을 잃지 않도록 보호하고 아울러 매력 있는 표정을 유지시키기 위한 단순한 방법이다.

2) 성격 분장(character make-up)

한 인물의 특수한 모습을 만들기 위해 배우의 표정을 거의 완전히 변화시키는 분장을 말한다.

특히 성격분장의 경우는 한 인물의 전체적인 면을 잘 파악하는 것이 중요하며, 그 면을 최대한으로 이용, 가치 있는 분장이 되기 위한 연구가 필요하다. 이제 구체적으로 무대 분장 전문화를 위한 방안이 필요하므로 김성희 씨 이론을 바탕으로 다음과 같은 내용을 제시하고자 한다.

A. 무대 예술의 상호보완적, 유기적 연결의 필요성
B. 분장기술과 분장도구의 과학화
C. 무용수의 역할 분석, 등장인물의 성격분석, 분장기술 습득의 필요성
D. 분장관계 습득의 필요성
E. 무용수와 무용예술 종사자들의 분장에 대한 중요성 인식
F. 무대 예술지원센터의 강화와 분장스튜디오 설치의 필요성
G. 무용수와 무용예술 종사자들의 분장에 대한 중요성 인식
H. 무대 예술 지원 센터의 강화와 분장 스튜디오 설치의 필요성

무용이 종합예술이요, 공동작업의 결실이란 점은 인정하고 있으나, 공동 작업인 무대 예술의 형상화 과정은 무대분장이 무용공연에 있어 보조적 수단이라는 인식과 특별한 작품이 아니면 무대 분장이 중요시됨이 소홀해지는 인식부터 고려되어야 하며 분장에 대한 특강이나, 교육프로그램 설치 또한 활성화 방향에 큰 도움이 될 것이다.

그리하여 무용의 모든 분야와 상호 보완적 의미에서 유기적으로 연결되어야만 총체적 시각예술을 위한 한 분야로서 분장은 발전, 활성화될 수 있을 것이다.

3) 무용연출을 위한 분장

(1) 공연 전 고려사항

무용극에서는 성격분장이 주로 쓰이며 분장의 기본 목적은 공연자의 신체적 외형에 알맞은 변화를 주는 등장인물을 창조해내는 데 조력해 주는 것이다.

때문에 분장은 극중 인물을 분석하는 것이 우선이며, 분장의 극적 의지와 성격 표현에 대한 연구가 되어야 한다.

그 방법으로는 첫째, 인종적인 연구가 있어야 한다. 프란시스 보드(Francis Baud)에 의하

면 골격 구조 및 그 윤곽에 따라 의지형, 무력형, 대담형 등으로 구별하여 심리 형태학상으로 분석 연구한 것과 인종의 신체상 특징을 피부색, 두발, 눈, 코, 머리 등으로 나누어 분석할 수 있다. 둘째, 시대성 연구로 그 시대의 유형에 따라 머리 모양, 수염, 눈썹 등을 분장재료로 삼는다. 셋째, 성격의 연구로서 그 성격에 따른 표정을 연구하고, 넷째, 인물 자체의 직업에 관하여 연구하고, 다섯째, 연륜으로 피부와 근육의 표현을 위해 분석해야 한다.

(2) 분장 계획서 작성

상기의 내용을 토대로 분장 계획서가 작성된다.

또한 무대분장은 일반화장과는 다르다.

일반 화장은 얼굴을 다른 사람에게 아름답게 보이는 효과를 주며, 무대 화장은 사람의 얼굴을 다른 사람으로 만드는 효과를 준다.

분장은 의상과도 밀접한 관계가 있다. 이처럼 무대공연 시 필요한 요소이며, 표정의 자연스러움을 조명으로부터 보호하고자 하는 데서 분장이 필요로 하는 것이다.

이상과 같이 공연에 필요한 요소는 무용이 가지는 독특한 움직임을 나타내기 위해 사용되어야 한다. 무용수가 무대 위에서 공연할 때 도구를 사용함으로써, 무용수의 테크닉과 작품의 내용이 좀 더 좋은 방법으로 관객에게 전달되며, 시각적 효과를 충분히 낼 수도 있는 것으로서 종합 예술로서 무용극이 성립될 수 있는 것이다.

6 무대장치

무대장치는 대본, 조명, 음악, 연기, 효과, 연출 등과 함께 종합예술의 성분요소로서 하나의 작품 목적에 대하여 상호관련을 맺으면서 예술의 요소가 되었다.

무대장치는 가장 광범위하고 확실한 시각효과로서 작품의 내용을 보조하여 주며, 표현방법에 제한이 없으며 가상의 세계, 관념의 표현도 가능하며 독립된 가치를 지닐 수 없으며 제한된 공간에서의 예술이다. 무대장치는 무대를 구성하고 제작하고 조명하는 것으로 대도구, 소도구, 조명, 의상까지 모두 포함한다. 그러므로 의상과 조명등이 다른 사람의 손에 맡겨져 있더라도 그들 관계자들 간의 협력이 없이는 불가능하다.

무대장치의 발달은 극장의 출연에 의하며 무용의 무대디자인은 루이 16세부터 본격적으로 이루어졌다. 특히 궁정발레의 출현과 동시에 급진적인 발전의 계기가 마련되었다. 무대 장치는 그 시대적 사조의 흐름과 무용작품 내용에 따라 달라지지만 무용수의 움직임을 이해하는 데 도움을 주는 장치여야만 한다.

현대 무대장치는 기술이 다양해지고 고도화됨으로써 안무가가 무용수를 통해 관객에게 의미를 보다 정확하고 호소력 있게 전달할 수 있도록 효율적인 시스템이 제시되어야 할 것이다.

1) 무대장치의 목적

무대장치의 목적은 관객의 지적, 정서적 반응을 일으키는 것으로 장치의 요소가 감각적이면 감정이 흥분되고 장치의 요소가 섬세하면 지적반응이 일어난다. 좋은 장치는 상상력과 직관뿐 아니라 논리성도 있어야 하는 것이다.

무대장치는 먼저 안무가의 의도를 중시하여 객관성을 가지고 사실적, 초현실적, 상징적 등의 표현하여 관객들에게 작품의 이해도를 높이는 데 기여한다.

오늘날 무대장치는 먼저 대본을 파악하여 작품의 성격을 이해하고 안무가의 의견을 존중하여 전체적 시각효과의 각 요소와 결합하여 배경과 예술 공간을 창조한다.

2) 무대장치 요소

무대장치를 위한 필수요소는 무용공연을 위해서는 무용수가 움직이는 공간과 그것을 보여주기 위한 공간, 즉 극장이 그 기본적이며 필수적인 요소이다. 이러한 무대는 무대장치와 함께 시대에 따라 변화하고 사회적 배경에 따라 변천하여 왔는데, 그것은 무용 무대장치의 사적 고찰을 통해 살펴볼 수 있다.

■시대별 무용장치

구분	장치
고대	상징성을 구체적으로 표현 / 소도구를 사용
중세	이동 가능하게 작게 만들어짐 / 사실적으로 강조
근대	병렬식 무대장치로 무대 안, 좌·우로 꾸며 무대 깊이를 강조 19세기 화가들에 의해 만들어 환상적인 성격을 억제 사실적 특색을 나타냄
현대	장식성에서 벗어남 무용 작품의 이미지 강하게 표현

무용의 무대장치에 있어서는 그리스, 로마시대부터 무대배경, 무대조명, 무대조각가가 생겨나 장면의 변화와 설명이 가능하게 되었으며 루이 14세의 궁중발레가 출연되면서 무용을 위한 무대장치로 무대표현을 의식하고 감상을 위한 장치가 생겨났다.

무대장치의 변천은 고도의 제작술을 요구하게 되면서 기술화, 과학화를 이루면서 환등기, 슬라이드, 컴퓨터 등을 사용한 무대장치를 구사하고 있다.

3) 무대장치의 역할

무대장치는 공연예술에 시각적 도움을 주고 있는 한 부분으로 안무자가 구상하는 표현을 장치로서 제시한다. 무대 장치역할은 무용자체의 극적인 형태를 살펴봄으로써 더욱 분명히 나타나며 여기에 무용의 동작에 대한 무대장치의 관계, 즉 동작의 구성과 지배적인 분위기 조성, 주제의 재강조 및 줄거리의 무대화 등에 대한 무대장치의 시각적 효과를 엿볼 수 있게 되는 것이다. 이러한 장치는 어떠한 예술 창작품을 형상화하는 극작가, 연출가 및 안무가의 창작의도를 표현하는 데 관객들의 이해를 도와주게 되는 것이다.

무대장치의 역할을 정리하면 다음과 같다.

첫째, 무대장치는 장소와 시간을 규정하고 줄거리의 무대화로 작품의 분위기를 나타냄으로써 줄거리의 전개가 용이해진다.

둘째, 동작의 구성과 인물의 행동을 도와 무대공간에 변화와 강조를 나타낸다.

셋째, 작품의 독특한 예술성을 시각적으로 구체화시킴으로써 추상적인 분위기를 무대 위에 제시하여 상징적으로 작품의 줄거리와 주제를 표현한다.

근대까지의 무대장치는 배경과 분위기를 중요시하였으나 현대에 와서는 표현형식이 다양화되고 무용예술에 전반적으로 참여함으로써 예술작품과 합일체가 되어 그 효과를 상승시키는 것으로 변화하였으며 무대장치역할은 안무가의 표현의도를 시각적인 효과로써 관객에게 전달시켜 주는 것이다.

현대에 와서 무용을 위한 무대장치는 단순화되고 상징화되는 경향이 있는데, 이것은 작품의 주제를 함축 시켜 무용형식과 조화를 이루어 작품의 독특한 이미지를 부각시키는 것이다. 움직임의 표현에 시각적 아름다움을 상승시킬 수 있어야 한다는 것이다. 그러한 무대 장치의 요건은 먼저 작품내용을 충분히 파악하고 움직임의 특징과 움직임의 이동 및 배치를 고려하여 적절한 곳에 장치를 하여야 한다.

무대장치는 무대를 장치하는 것으로만 끝나는 것이 아니라 예술미를 보다 부각시킬 수 있어야 하므로 대본, 연출, 연기, 조명, 음악, 장치, 소품 등과 함께 하나의 공연을 목적으로 상호 협력하여야만 한다.

4) 무대 설치의 실제

(1) 무대상부

① 달기

무대에 사용할 장치나 사람을 필요에 따라 케이블이나 로프를 이용하여 무대 위로 들어 올리는 작업을 말하며 그에 필요한 시설들을 일컫는다. 헴프방식이 가장 오래된 방식인데, 외국에서는 오늘날에도 사용되고 있으며 점차 새로운 방식으로 바뀌어가고 있다. 헴프 방식은 3/4인치의 천연 마닐라로프를 사용하여 장치를 들어 올리는 방식이다. 이 경우 로프를 묶어 두는 것이 필수인데, 이를 핀레일이라고 부른다. 이곳에서 장치전환수는 장치를 들어 올리고 내린다. 이때 오직 하나의 로프만으로 연결되어 있다면 이것을 단선방식이라고 부른다. 장치가 크고 무거울 경우엔 다선의 헴프 방식을 사용한다. 이 경우 쇠파이프로 만들어진 장치봉을 사용하는 것이 일반적이다. 무게가 무거워서 장치전환수 혼자의 힘으로 작동이 불가능한 경우 모래주머니를 로프에 달아서 사용하는데, 이를 좀 더 발전시킨 것이 평형추 방식이다.

이 방식에는 천연 로프 대신 와이어를 사용하는 것이 일반적이다. 장치가 원하는 곳에 이르렀을 때 고정하고 이를 지탱해주는 것을 평행추라고 하는데, 필요한 무게만큼 더하고 뺄 수 있다. 보통 극장에는 세 가지 정도 다른 무게를 가진 평형추가 있다.

– 무대천장

장치와 조명 시설을 포함한 무대 상부의 모든 요소를 보관할 수 있는 무대 위의 공간을 말한다.

– 전동식달기

무대기술을 더욱 현대화시킨 발명 중 하나가 평형추와 힘센 장치전환수를 대체하게 되었다. 이는 평형추 대신 전기 윈치를 사용하여 조정선을 움직이는 것이다. 윈치는 여러 개의 부품으로 구성되며, 움직이는 속도를 일정하게 맞추어 사용함으로써 장치를 올리고 내릴 때 사전에 시간을 계산할 수 있다. 오늘날에는 컴퓨터와 연결하여 그 오차를 줄이고 사용 영역을 확대하고 있다.

– 그리드

무대 위 프로시니엄보다 위에 위치하며 무대장치와 무대장치를 들어 올리는 데 필요한 기계장비 그리고 조명기들을 지지하는 용도로 사용된다.

공연에 따라서는 여기에 특수 장치를 달아서 사용하기도 한다.

– 장치봉

쇠파이프나 트러스를 사용하며 무대장치나 조명기를 다는 데 사용한다.

– 핀레일

로프시스템에서 사용하는 수평의 파이프를 지탱하기 위한 로프를 묶어두는 장치로서, 딱딱한 나무나 쇠로 만들어지며 가로 버팀대와 핀으로 이루어져 줄들을 묶기가 쉽다.

– 상부작업통로

주 무대와 객석 위에 설치된 작업 통로로, 갤러리에서 양쪽 사이드를 연결하여 만든 좁은 통로다. 이곳에서 무대장치 및 조명을 설치하거나 조명의 초점을 맞추는 작업을 한다.

(2) 무대하부

① 회전이동

– 회전무대

무대 중앙에 원형의 기계장치를 설치하고 그 축을 중심으로 하여 수평으로 회전 장면의 빠른 전환을 가능하게 하는 장치이다.

– 쌍회전무대

2개의 독립적인 회전무대가 무대 중앙에서 만나는 시스템. 2개를 각각 또는 동시에 회전시켜 장면을 전환한다.

– 이중회전무대

프로시니엄 폭보다 큰 반지 형태의 무대를 회전시켜 장치를 전환하는 시스템. 환형무대 가운데 객석이 있는 경우도 있고 객석이 환형으로 돌아가는 경우도 있다.

② 수직이동

– 트랩

주무대 바닥에 설치된 등장, 퇴장로로, 무대 밑으로 통하게 되어 있으며 계단이나 엘리베이터 슬라이드 장치를 사용한다. 갑자기 사라진다거나 혹은 갑자기 등장하는 등 관객이 예기치 못한 배우의 등장, 퇴장에 주로 사용한다.

– 아스팔레이안 시스템

비엔나 오페라 하우스에서 처음으로 사용되었으며, 주요동력으로는 수력을 이용한다. 아스팔레이안이라는 사람이 발명하였으며, 무대를 여러 개의 다리 모양 위에 설치하고 수력에 의한 유압 펌프로 작동하게 만들었다. 이 무대는 각각 혹은 조합으로 높낮이가 조절되며, 여러 각도로 방향을 바꿀 수도 있고 경사를 조절할 수도 있다.

– 바둑판 무대

무대 바닥을 적당한 크기로 나누어 각각의 바닥을 쉽게 제거하거나 승강할 수 있는 무대 시스템.

③ 승강무대

무대 리프트 또는 엘리베이터 무대라고도 부른다. 승강무대는 기본적으로 입체적인 무대장치를 상하로 움직여 전환하는 전환상의 목적, 입체적인 무대장치를 상하에 배치하거나 공연 중 관객의 눈앞에서 무대장치나 배우의 승강을 보여주려는 연출상의 목적, 시즌 중 레퍼토리 공연의 수많은 무대장치를 수납하는 목적, 입체적인 무대장치를 덧마루의 사용을 줄이고 쉽게 높이려는 목적 등을 가지고 있다. 이러한 승강무대는 무대의 지하 깊이와 직접적인 관계를 가지고 있으며, 전체면 승강무대, 이중면 승강무대, 경사면 승강무대, 내장형 승강무대, 소형 승강무대, 모듈 승강무대, 침하무대, 오케스트라 승강기, 배경막 수납 승상기 등이 있다.

■ 수평이동

– 무대 왜건

무대 전체를 다 덮을 수 있을 정도의 바퀴가 달린 이동 바닥에 장치를 실어 장면을 전환하는 방식. 사용하지 않는 경우에는 윙 뒤에 보관한다.

- 잭나이프무대

바퀴가 달린 직사각형 무대의 한쪽 꼭짓점을 축으로 90도 회전하여 장면을 전환하는 시스템이다.

5) 극장유형

(1) 프로시니엄 무대

프로시니엄 무대는 프로시니엄 아치에서 비롯된 것으로서, 고대 그리스의 프로스케니엄과 스케네에서 유래되었다.

■프로시니엄 무대

프로시니엄 아치는 객석과 무대를 분리하며, 이를 조절하여 무대의 넓이와 높이를 여러 가지로 조절할 수 있다. 프로시니엄 아치 뒷부분을 무대라 부르는데, 무대의 바닥은 작화가 가능해야 하고 딱딱하고 미끄럽지 않으며 탄력이 있어야 한다. 프로시니엄 무대는 무대 양쪽에 위치하여 창고의 역할을 하는 윙과 무대의 앞부분인 에이프런, 그리고 오케스트라가 위치하는 무대 앞부분의 오케스트라 피트로 구성된다.

(2) 돌출무대

돌출무대는 중세의 마차무대에서 관객이 극을 삼면에서 보던 것에서 유래하였으며, 셰익스피어 시대의 지구극장도 돌출무대의 형식을 하고 있었다. 돌출무대는 프로시니엄 극장 구조에서 무대를 객석 중앙으로 길게 확장시킨 형태라고 할 수 있다. 20세기에 접어들면서 객석과 무대를 분리하는 프로시니엄 무대의 한계를 극복하려는 현대 연출가들에 의해 돌출무대가 재등장하였다. 돌출무대는

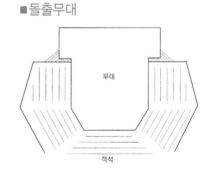

■돌출무대

삼면에 관객이 자리를 잡고 있기 때문에 막이나 벽 혹은 두꺼운 기둥은 피해야 한다. 큰 장치가 필요한 경우 무대의 뒤편 공간을 활용한다.

(3) 원형무대

원형무대는 관객과 배우의 관계를 보다 가깝게 하고자
할 때 주로 사용하는 것으로, 관객이 무대를 둘러싸고 착
석하며 무대는 최소한으로 구성된다. 객석과의 거리가 가
까우므로 의상, 분장, 소품 등에 특별히 주의를 기울여야
한다. 무대 위에는 조명을 매달 수 있는 그리드가 있는데,
그리드는 무대 위뿐만 아니라 객석 위에도 존재한다.

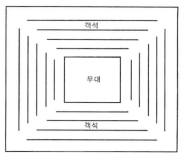
■원형무대

이러한 원형 무대는 프로시니엄 무대와는 달리 유연성
과 가변성이 있으나 벽과 기둥 같은 대형장치의 설치가 매우 까다롭다. 대신 무대와 객석의
거리가 가깝기 때문에 친근감을 쉽게 유발할 수 있으며, 경제성을 바탕으로 한 실험적인 작
품이 선호된다.

(4) 상자형 무대

상자형 무대는 극장의 벽이 주로 검은색으로 칠해져 있
고 사각형의 상자처럼 생긴 것에서 이름을 따왔다. 객석
은 연출자의 목적에 따라 프로시니엄, 돌출무대, 원형 극
장 등 어떠한 모양으로도 변형할 수 있게 되어 있다. 블랙
박스 무대는 프로시니엄의 형식적인 양식에 반대하여 나
타났는데, 여러 가지 무대 기술의 발전이 그 발생을 가능
하게 하였다. 극장 천장 전체에 그리드가 있어 자유로운
조명이 가능하다.

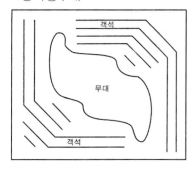
■상자형무대

(5) 창조 및 발견 공간무대

공간의 본래 목적은 다른 데 있었으나 공연을 하기 위한 목적으로 개조한 공간을 말한다.
슈퍼마켓이나 영화관, 목재소, 사무실, 식당 등 어떠한 공간도 이에 해당할 수 있다.
어떤 공연은 이러한 공간에서 공연을 함으로써 대관료를 절약함과 동시에 관객과의 특별한
관계를 더욱 강조할 수 있다.

6) 소품

배우가 무대에 가지고 나오는 모든 것을 소품이라 하며, 벽에 걸린 그림 등 배우가 움직일 수 있는 것도 소품으로 분류한다. 예를 들어 부엌에 걸려 있는 싱크대의 윗부분은 소품이라 하지 않는데, 이는 배우가 그것을 움직이거나 옮길 수 없기 때문이다. 때로 무대장치와 소품 간의 경계가 불확실한 경우에는 누가 만드느냐에 따라 책임 구분을 한다. 소품은 소품 디자이너가 디자인하고 소품실장이 운용한다. 소품은 소품 제작팀이 만들고 소품 크루가 공연 중 보관하고 준비한다.

정열, 위엄 그리고 악이 위대한 무용, 위대한 업적, 위대한 예술을 만드는 요소

−마사 그래함(Martha Graham)

*마사 그래함(1894~1991) 미국 무용가

VII. 워크숍

1 워크숍 준비

무대라는 공간은 안무가가 작품을 무용수에게 넘겨주는 공간이며 무용수와 관객이 교류하는 절대적인 핵심의 공간이다. 연습의 과정 속에서 기술적인 부분이 개발되어야 하고 작품에 대한 책임이 지어져야 하지만 그 책임의 결실이 가장 크게 지워지는 공간이 무대인 것이다.

안무가는 최종 리허설 중간에 수정을 하기보다는 무대 위에서 무용수들이 전체에 대한 감각을 가지도록 도와주어야 하며 그들이 작품에 대한 책임을 지도록 하고, 일어날 수 있는 일들에 대하여 대응할 수 있는 기회를 주는 등 마치 실제 공연처럼 대응해 나가도록 해야 한다.

무용수는 거듭되는 연습을 통하여 작품 속의 인물로 몰입할 수 있어야 하며 안무가로부터 떨어져 나오는 것이 반드시 필요하다.

공연은 똑같은 무용을 각기 다른 사람들에게 다르게 보이면서 보는 사람들에게 여러 가지 암시와 생각을 불러일으킨다. 관객의 생각이 공연 예술로서의 무용이 갖는 생명의 일부가 되는 것이다.

신체라는 매개체를 통한 움직임의 상징과 추상, 보편성과 개별성을 통한 스토리 혹은 메시지를 일반화하여 느낌과 생각을 전달하는 것이다.

2 워크숍의 실제

무용인에게 무용창작이란 작품을 만들어서 세상에서 공연을 하기 때문에 일하는 상점, 즉 공장사장이라고 볼 수 있다. 무용작품을 만들어 내는데 어느 정도의 정성을 쏟아야 하는가에 대하여 동기부여를 받기 위해 타 분야가 형성되는 과정을 무용워크숍 시간에 관찰하도록 하였다. 제출된 자료 중 두 편을 소개한다.

<h1 align="center">"공장견학"</h1>

용산역에서 두계역으로 내려오는 무궁화호 기차 안에서 문득 잊고 있던 '공장견학' 과제가 떠올랐다. 내일이 제출하라고 한 날짜인데 전날에서야 기억이 난 것이다.

'공장견학' 말이 거창하다고 해야 할까? 공장이라는 단어 하나라도 쉽게 생각하지 못하고 쉽게 접하기 어려운 곳이라는 생각이 들었다. 집까지는 2시간 30분이 걸리고 그 시간이 지나 집에 도착하면 저녁이 된다. 오늘 하루 안에 공장견학을 어떻게 해야 하나 고민하던 중, 어디에 공장이 있지? 무슨 공장을 가야 하나? 하는 걱정 반 염려 반의 생각이 들었다.

호남선 목포방면으로 기차레일을 따라 가는 차창 밖으로 늘 보이던 풍경은 안 보이고 커다란 공장들만 보이기 시작했다. 고려개발, 광진엔지니어링, 성은붙박이장, 세림플러스 등등 무작정 수첩을 꺼내서 적어보았던 공장이름들이다. 저곳은 무엇을 만드는 곳이며 무지 크다, 이런 정도의 간단한 생각들과 함께 세상에 공장이 참 많구나 하는 생각이 들었다. 그 생각이 발단이었다.

계속 그 발단에 생각이 보태지고 더해져서 '세상에 있는 내 주변의 모든 것들이 다 공장이 될 수 있구나!' 라는 생각이 들었다. 내 주변에 있는 모든 것은 공장이었다. 심지어 나조차도 말이다. 많은 것들에 적용시켜서 생각해보니 공장은 말이 거창했을 뿐 '학교 앞의 와플가게도 계란빵 트럭도 델리 만쥬를 하는 작은 빵집도 심지어 차창 밖으로 보이는 비닐하우스까지도 공장이 될 수 있다.' 라는 걸 나름대로 발견해 보았다.

수업시간 뜬금없이 제시된 공장견학 과제도 무엇인가 교수님의 요구하는 사항이 있을 것 같다는 생각이 들었다. 저번 시간의 자유 시간 속에서 아무 조건 없이 주어진 작품을 짤 때 나름대로 갑작스러워서 당황도 했지만 작품을 짜는 내 능력을 시험해 볼 수 있는 좋은 기회여서 좋았다. 이번 공장 견학도 왠지 그런 예감이 든다. 오늘 하루밖에 시간이 남지 않은 덕에 큰 공장을 견학하지는 못하겠지만 작은 곳을 두 군데 정해서 가기로 결정했다.

내가 결정한 두 곳은 김밥천국이라는 김밥공장과 어머니가 계시는 미용실 파마공장이다.

어머니가 계시는 미용실은 어렸을 적부터 질리도록 봐온 경험으로 그리고 김밥천국은 9시가 넘어서나 저녁을 먹는 우리 식구들을 위해 견학 후에 김밥을 사와야겠다는 생각을 가지고 나의 공장견학은 그렇게 시작되었다.

*공장이란? 많은 사람들의 협동 작업에 의해 계속적으로 상품을 생산하기 위하여 일정한 고정적인 시설을 설치한 장소를 말한다.

-출처: 네이버 백과사전

먼저 내가 견학한 두 곳을 비교해보고 차이점과 유사점 그리고 느낀 점들을 나눠보자. 그리고 그곳에서 보고 느꼈던 재미난 이야기들을 적어 보아야겠다.

김밥공장		파마공장	
완성상품	김밥	완성상품	파마머리
가격	1000원	가격	2만 원부터 10만 원대까지 다양
재료	김, 밥, 햄, 단무지, 계란, 맛살, 깨, 참기름	재료	파마약, 중화제, 세트, 파지, 고무줄
총 인원	아주머니 2분, 종업원 1명, 배달 1명	총 인원	원장님, 실장님, 언니1명, 보조1명
만드는 데 필요한 인원	아주머니 2분, 종업원 1명 총 3명	만드는 데 필요한 인원	기술자 1명, 보조1명 총 2명
일정한 순서와 시설 그리고 작업 모습	김밥천국의 천원김밥을 하나 만드는 데에는 제법 큰 공장 같은 체계적인 순서와 제각자의 역할을 맞고 있었다. 말이개에 김을 올리고 그 위에 반만 밥을 깐다. 그 중간에 각종 준비된 재료를 넣고 돌돌 말아 풀리지 않게 하기 위해서 마지막 끝부분에 기름을 발라준다. 만들기까지의 과정은 이렇다. 두 분은 앉아서 이 과정을 거쳐 김밥을 만들고만 계시고 다른 여종업원 1명은 다른 한 켠에 많이 쌓아져 있는 1000원 김밥을 보기 좋게 잘라서 포장하는 것이나 가게 내 주문을 받는다. 제법 공장 같은 체계적인 움직임이다.	일정한 순서와 시설 그리고 작업 모습	머리 전체를 나눈다. 총 3등분 그리고 나눠진 1/3을 또 세트 1개에 말릴 수 있을 정도의 머리로 나누면서 일을 한다. (전문직 기술이 필요) 약간의 머리 위에 파지를 올리고 세트를 끝부분에서부터 돌돌 만다. 파지를 올리는 것은 머리끼리의 엉킴을 방지하고 세트에 머리가 붙지 않게 하기 위해서이다. 마지막 고무줄로 세트를 고정시킨다. 김밥을 마는 마지막에 순서에 기름을 발라 풀리지 않게 하는 원리와 비슷하다.
발견한 점 느낀 점	김밥 한 가지를 만드는 일에도 체계적인 순서가 존재한다. 또한 그것들을 더욱 쉽고 정확하게 또한 실수가 생기지 않게 하기 위하여 오랜 시간을 통해 얻는 노하우, 지혜가 담긴 것을 엿볼 수 있었다. 1000원이면 이제는 과자 1개의 값이 되어버린 액수의 김밥을 만들기 위해 그리고 그 싼 김밥을 만들기 위해 그리고 그 싼 김밥을 단시간에 더 많이 팔기 위해 저런 모습이 존재하는구나를 알게 되었다. 매우 작은 공장, 어찌 보면 나름대로 공장견학에 많은 것을 깨달을 수 있었던 좋은 경험이었다.	발견한 점 느낀 점	머리모양을 만드는 것에도 체계적인 순서가 존재했다. 또한 그 속에도 오랜 시간이 걸려 터득할 수 있는 노력과 노하우가 존재한다. 단순히 따지면 김밥공장과 파마공장은 제법 비슷했다. 단지 미용공장이 좀 더 고도의 기술력을 필요로 하고 손님의 취향과 기분을 맞춰주어야 하는 직업이란 것을 빼고는 말이다. 보조언니 또한 일의 능률을 높이고 시간절약을 위해 순서대로 세트를 집어주고 손님의 머리를 감기는 잔일을 맡는다. 김밥천국의 종업원과 같다. 이 두 공장을 보며 많은 것을 깨달았다. 그런데 갑자기 내 머릿속에 궁금증이 하나 생겼다. 교수님이 공장견학을 왜 하라고 하셨을까? 내가 얻은 이 깨달음을 얻게 하기 위해? 무엇인가 더 있는 것 같은데, 그게 무엇일까? 하는 의문이 생기기 시작했다.

적용하기

생각이 생각에 꼬리를 물고 늘어지는 끊임없는 의문에 내 나름대로의 적용을 시켜본다. 예전 교회에서 Q.T를 하던 시간에 '성경말씀을 읽음으로 끝나는 것이 아니라 내 삶에 적용시켜라' 하는 선생님의 말씀을 떠올리며 무용워크숍2 과목에 공장견학 후 느끼고 배운 점을 적용시켜 보았다. 너무 오버한다는 생각이 들기도 하지만 적용까지 시켜서 더 많은걸 얻고 싶은 욕심이 든다.

'공장은 결국 체계적 순서로 제품을 만들어 내는 곳'이란 내 나름대로의 간단한 정의를 내렸다. 나는 여기저기 적용을 시켜보다가 문득 책꽂이에 꽂혀 있는 《안무란 무엇인가?》 워크숍의 교과서 책 제목에서 아이디어를 얻어 작품을 만들어 내는 안무가도 '내 자신 또한 작품을 만드는 공장'이라는 적용을 시키게 되었다.

I 〈나〉 ⊃ 포함관계 공장	• 지혜 wisdom • 생각 idea • 움직임 movement 일정한 고정적인 순서를 만들기 위한 내가 가진 시설	+ 	경험, 물건, 자연 소재가 될 수 있는 것들 상품생산을 위한 재료	→ 	작품 생산된 작품

무용 워크숍 수업에 적용시켜서 내 나름대로 만들어 본 표이다. 신기하고 재미있다. 생각을 해서 그 생각에 꼬리를 물고 또 그 생각을 바탕으로 깨달음을 얻고 또 그 깨달음을 얻기까지의 과정과 경험을 통해 즐거움과 지혜가 쌓인다. 또한 이렇게 얻은 지혜와 지식은 평생 내 머릿속에 남아 있게 되는 것을 생각하니 뿌듯하고 기쁘기까지 하다. 무용워크숍 수업이 진행된 지 이제 겨우 2시간, 첫 번째 시간의 FREE TIME을 통한 작품자기 활동을 하면서 시간활용, 그리고 내 능력을 평가해보는 좋은 시간의 결실을 얻었다. 아직 2번째 수업을 시작하지 않은 오늘 '공장견학을 통해서 작은 공장이라도 체계적인 순서와 많은 이들의 땀, 노력이 필요하다는 것 또한 그러한 일들을 좀 더 빨리 첫 시간의 시간활용을 연관 지어 생각해 볼 수 있는 능률을 높이게 하기 위한 여러 가지 요령과 노하우가 있다는 것을 깨달았다. 또한 내 나름대로의 적용을 통해 표를 만들어보고 그리고 나만의 지혜로 만들어 냈다.

내일은 많은 친구들의 발표가 있을 것이고 교수님께서 내어주신 공장견학 과제의 의도를 알게 된다.

다른 친구들의 느낀 점을 들으며 더 많은 지혜를 얻을 수 있을 것이고 교수님의 의도를 통해 새로운 깨달음을 얻을 것이다. 공장 견학에서 느낌을 적어보는 이 순간까지 매우 재미있는 작업이라는 생각밖에 들지 않는다. 교수님이 이번 학기 실기를 통해 얻고자 하심은 대충 조금씩 알아가는 것 같다. 이제 두 번째 시간, 교수님도 그러고 보니 공장이시다. 우리들 한 명 한 명을 만들고 키워내는 공장. 내일 수업이 무척이나 기대된다.

또한 기회가 된다면 정말 큰 공장 아까 기차 차창 너머로 보이던 공장들은 시간 내서 다녀와야겠다. 작은 공장에서 얻은 이 정도의 깨달음이 큰 공장에서는 더 많은 깨달음을 얻을 것임을 분명하니까…….

나는 공장이다. 나는 지금 훌륭한 공장이 되기 위해 양육되는 중이다.

난 이 양육이 끝나면 큰 공장이 될 것임을 믿는다.

많은 것을 만들어 내는 공장, 내 제품 밑에는 made in ○○○??

* 창작발표회 때의 경험 * 2−1학기 안무란 무엇인가 1.	김밥천국(김밥공장) 목적 및 내용
− 내가 만든 작품(made in J . H) − 안무를 함에 있어서도 순서가 존재한다. 　(창작발표회 때의 경험을 바탕으로 정리) 1) 주제선정 　(전달하고자 하는 의미, 내용 포함) 2) 주제에 어울리는 음악선정 3) 동작구성−옳은 동작을 찾는 과정 　− 형태 기교 　− 무대 공간 활용 　− 시간 4) 충분한 연습(땀과 노력이 필요) 5) 발표	− 김밥 − 견학 후 깨달은 점 　체계적인 순서와 요령 노하우가 존재한다. 1) 김을 말이개 위에 올린다. 2) 밥 3) 속의 재료(단무지, 오이 등…….) 4) 돌돌 말아서 말이개를 편다. 5) 김이 풀리지 않게 기름을 끝에 묻혀준다. 6) 입에 넣은 만큼의 크기로 보기 좋게 썬다. 7) 예쁘게 포장하거나 그릇에 담는다. 8) 맛있게 먹는다.

제목:생각하는 새

내용:머리가 커질수록 날개가 작아지는 우리들의 그림자 같은 존재에 대한 이야기

안무:박호빈

머리가 커질수록 작아지는 것을 과연 무엇일까의 물음에 대한 생각을 골똘히 하고 있다. 이 작품을 보면서 박호빈이란 사람이 새에 대해서 얼마만큼의 연구를 했나 느낄 수 있었다. 이 동작에서 보듯 팔꿈치 하나로 자신의 몸을 지탱하고 있다. 보는 사람은 쉽게 보일지 몰라도 결코 쉬운 동작은 아닐 것이다. 얼마만큼의 자기 훈련이 있었는가를 짐작 할 수 있다. 팔은 마치 새의 다리 같고, 발끝은 새의 꼬리와도 같다. 몸의 정교한. 의상도 별 것 없이 몸을 그대로 드러내고 있다.

*새가 땅으로 착지 하는 것과 같은 모습이다. 팔과 다리선의 조화로 인하여 새가 날개를 펴고있는 모습을 완벽하게 표현해내고 있다. 손끝, 발끝, 심지어 머리카락 한올 조차에도 흐트러짐 하나 없다.

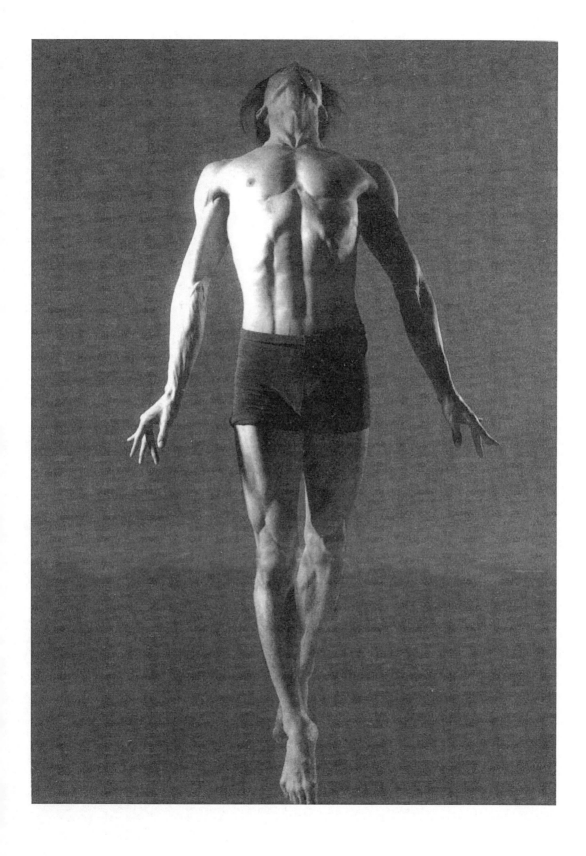

안무에서는 동작, 의상, 무대, 연기 등 무대에 필요한 모든 것들이 다 중요하지만 그중에서도 안무가와 무용수의 관계
가 가장 중요하다   −이리 킬리안

*이리 킬리안 1948년생. 네덜란드 댄스 시어터 예술감독이며 모던 발레 안무가

VIII. 창작자의 자세

어떤 이들에 의하면 안무가들은 '하늘에서 만들어진다'고 말한다. 달리 말하자면 타고난다는 것이다. 그런 직업의 형성은 타고난 재능을 소유하게 되는 순간부터 무의미해진다는 것이 증명된다. 물론 화가나 작곡가에 대해서도 동일한 사실이 이야기될 수 있을 것이다.

안무가의 성향은 그 고유의 종목에서 어떤 다른 창작자와 마찬가지로 특별한 소질과 타고난 재능을 전제한다는 것은 분명하다. 그런 소질들을 열거할 필요가 있을까?

안무가 역시 본래 무용수일 것이다. 다시 말해 안무가 자신의 육체를 통해 체험하고 느끼고 표현하는 것을 의미한다. 안무가는 무용극이라는 특별한 영역에서 건축가요, 음악가요, 시인이다. 안무가는 타인들의 말에 귀를 기울인다. 안무가는 인간 행위의 아름다움과 기묘함을 관찰할 뿐만 아니라 공동 작업하고 해설자들을 최대한 끌어낼 수 있다. 그래도 할 말이 있다면 그것이 바로 안무가의 이상화된 모습이다.

안무가 자신의 환각과 견해를 제어하고 정리하기 위해 물러서는 것과 마찬가지로 그런 용기를 갖는 것과 시각화하고 현실화하는 능력을 갖는 그런 용기를 갖는 그런 모든 것은 분명히 타고난 재능일 것이다. 하지만 타고난 재능의 측면에는 구성의 기술적인 수완, 획득해야 할 여러 가지 양상의 문제와의 친숙함이 필요하다. 단순한 경험과 아주 단순하게 이루어진 겸손하고 정직하고 콤플렉스가 없는 장인의 작업이 있다. 결국 그것은 거의 시간과 에너지 절약의 문제이다. 실패의 위험 때문에 달리 여러 가지로 희생이 따르는 활동을 시작하는 것보다는 대단한 것을 시작하지 않는 학교에서 첫발을 내딛는 편이 낫다.

안무자들을 위해서 다음과 같은 조언을 하고자 한다.

1) 구습에서 탈피하여야 한다.

"안무가란 이미 존재해 있는 양식을 과감히 깨뜨려버리고 자기만의 형식을 창안해내야 한다."라고 하였듯이 항상 고정적인 관념, 습관적, 관습적인 기준에서 벗어나지 못하면 창작을 할 수가 없다. 그대로 하는 것은 답습이며 보존이다. 창작은 당연히 새로운 것으로 만든다고 하였듯이 과거의 습관, 관념에서 벗어나야 하겠다.

2) 자신에 대하여 용기를 가져야 한다.

자신에 대하여 용기를 갖는다는 것은 자신의 내면에서 일어나는 창작 욕구를 신뢰하며, 깊은 관심을 가지고 창작해 보려고 노력을 기울이는 것이다. 자신에게서 일어나는 온갖 현상을 귀중히 여기며 사랑해야 한다. 그리하여 과감하면서도 진실하며 과욕을 삼간 진정한 요기를 길러야 한다.

3) 표현하고자 하는 세계를 솔직 담백하게 사교해야 한다.

마음의 망설임, 두려움, 나약함에 뒤따라서는 안 된다. "예술가가 진지하게 생각해야만 된다는 문제에 대하여 말해야 할 때다. 그리고 그가 제일 먼저 배려하지 않으면 안 되는 것이 무엇인가 하면 그것은 자신에 있어서 진리이며 현상이며 음과 선과 색채와 언어인 것이다. 우리도 이처럼 신중하고 건전하며 근원적인 단순성에 머물러 있고자 하는 것이다."라는 말과 같이 분명하게 신중하게 그리고 창작하고자 하는 세계를 자기의 견해대로 분석, 연구, 모색, 보충하여 남의 가치 기준에 망설임 없이 표현하려고 노력할 때 창작은 잘 이루어질 것이다.

4) 구상을 시작한다.

창작 동기에 의해 신중을 기하고 창작 세계를 검토한 후, 전체적 면을 상상해 보아야 할 것이다. 나아가 표현하고자 하는 세계에 대하여 간결하고 분명한 의도가 형성되도록 불필요한 구상을 제거하는 시간을 충분히 갖는다.

5) 재구상을 한다.

일차적으로 끝난 구상을 재점검하고 실수나 미흡한 점이 없도록 재구상을 해야 한다. 너무 많은 생각을 할 경우에는 오히려 작품의 이미지와 본래의 의도가 퇴색되어 버릴 우려가 있다. 그러므로 평소에 잘 훈련된 이성적, 주관적 태도에 의하여 표현되어야 할 중요 부분을 우선 조건으로 놓고 그 외의 부분을 재구상해야 한다. 결과적으로 마음에 흡족하지 않은 부분과 합리성이 부족한 점에 대하여 올바른 수정을 가하면서 완벽한 구상에 임할 수 있는 것이다.

6) 자신이 표현하고자 하는 세계에 부합하는 것이라면 타인의 의견도 선택하여야 한다.

무용은 종합 예술이기에 자신의 작업을 협조하고 도와주는 동반자들이 많기 마련이다. 이러한 필수 조건에서 많은 도움말을 받게 되는데 무조건 좋은 견해를 수렴하였을 경우 결과적으로 자기의 작품이 아니며 자기가 의도하는 작품 역시 형성이 안 된다. 자신의 세계와 합당한 협응되는 의견일 때는 주저함 없이 받아들여도 좋을 것이다. 일례로 훌륭한 한 폭의 동양화가 있다면 그 그림만 보고 사들이지 않는다. 집안 분위기에 어울리는가, 분수에 맞는가, 그림을 붙일 만한 공간이 있는가 등등, 여러 가지 환경적 제반 요소에 대하여 숙고한 끝에 구입하게 된다. 이렇듯 훌륭한 이론과 견해 역시 적재적소에 적용이 되어야 바람직할 것이다.

7) 좋고 나쁜 것에 귀결하지 말고 자아의 세계를 집중적으로 표현하는 데 협응하는 개념으로 귀결하여야 한다.

평소에 체험하고, 경험하고, 수집하여 온 좋은 아이디어, 좋은 동작, 좋은 음악, 좋은 공간 형성, 좋은 미술, 장치, 조명 등 좋은 것에만 치중을 하면 그것은 주제와 내용을 생각지 않고 좋은 요소로만 형성되어 있는 일련의 퍼레이드와 같으며 상점 진열장에 배열된 보석과 같은 것이다. 반드시 자기의 작품 세계에 부합되는 것을 선정하여 작품이 돋보이게 하는 것이 슬기로운 방법이 될 것이다.

8) 준거를 충분히 준비해야 한다.

자신의 창작품에 필요한 공급원이 되는, 영양분이 되는 이론적, 체험적, 경험적 요소를 많이 수집하여야 한다. 내면에 흐르는 영감을 자신이 알고 있는 지적 수준으로만 유도할 것이 아니라 그 세계를 좀 더 깊이 있게 분석하여야 하며 진정한 미를 표출하려면 종합적인 작업이 필요하다. 특히 종합 예술이기에 준거를 준비하는 작업은 무척 힘들기는 하나 많은 준거를 갖추고 작업에 임하면 반드시 큰 성과를 거둘 수가 있을 것이다.

예술은 쾌락도 오락도 위안도 아니다. 예술은 위대한 사업이다. —톨스토이

9) 출연자를 잘 선정해야 한다.

작품에 맞는 출연자, 이 말은 공연을 할 장소와 주최 측에서 제시하는 조건 등과 그에 따른 설비 및 구조에 맞는 우수한 테크닉을 소유한 무용수, 작품 성격에 부합되는 무용수를 숙고한 후에 선정하여야 하겠다.

일반적으로 무용수로서의 기능인을 선택하여서 기술적인 면만을 치중하여 안무를 하게 되는데 "인간이 창작해내는 예술들이 예에 이르지 못하고 술에 그치는 경우는 예에 대한 인식이나 이해 부족과 예에 대한 지극한 마음의 결여 탓일 것이다."라고 하였으며 "무용은 결국 뭔가를 표현해야만 한다. 발만으로 어떤 동작을 한다는 건 충분치 않다. 온몸으로 해야 한다. 존재 전체가 어떤 동작을 한다는 건 충분치 않다. 온몸으로 해야 한다. 존재 전체가 어떤 감정을 표현해야만 되는 것이다."라고 하였다. 또 "무용은 단지 체조적인 기교나 아리따운 일련의 동작이 아니라 생명의 표현이어야 한다."라고 하였듯이 기술만으로는 예술의 경지에 오를 수도 없으며 관객 역시 공감하지 못할 것이다. 이러한 경우에는 보고난 후에도 허무함을 느끼게 된다.

이와 같이 상기의 요소를 전혀 고려하지 않으면 창작품을 발표하기 위한, 행사를 치르기 위한 수단과 방법에 불과할 뿐 그 작품은 창작품으로써의 생명을 잃는 것이다.

10) 스태프를 잘 선정해야 한다.

스태프를 엄선하는 것은 무용수를 엄선하는 것과 같은 비중을 두게 되는 일이다. 창작자의 세계를 이해하고 혹 이해하지 못했더라도 창작자의 의도를 수용하고 적극적 보조 역할을 수행해 나갈 때 의도하는 창작자의 세계가 한층 돋보이게 될 것이다. 어떤 경우에는 스태프들이 각각 작품 세계를 유도함으로써 희비의 쌍곡선을 그려내는 듯한 불협화음적 작업 세계를 표출해 내는 때도 있다. 물론 엄선한 결과에서도 그러한 일은 있을 수 있겠으나 좀 더 숙고한 후에 작업에 동반자적 대열에 동참하게끔 하는 것이 최종적 정리 단계에 있어서 혼선을 방지하고 결정적 작업에 효율성을 부각시키는 지름길이 될 것이다.

11) 대중성을 고려한 작품 세계로 유도해야 한다.

이 세상에 존재하는 온갖 창작품들은 대부분의 사람들을 공감대가 형성되도록 해야 한다는 말이다. 대중성이 있는 창작의 결과는 그들에게 무엇을 던져주고 있다는 말인데, 과연 무엇을 던져주고 있는 것일까? 그것은 건전하며 바람직한 그리고 생의 욕구를 불러 넣어줌과 동시에 기분 전환을 시켜주는 것이다.

또한 사고의 기회를 주는 것이다. 그러므로 동경의 대상이 되며 기대하는 희망적 요소로써 사람들이 의지하게 되며 누적된 감정을 해소시켜 주게 되니 즐거울 수밖에 없는 좋은 의미가 포함된 대중적인 것으로 느껴지게 되는 것이다. 이러한 대중성은 창작의 중요한 생명의 요소가 되기도 한다.

2 무용수

안무가에 의해 탄생된 무용작품은 무용수의 움직임 표현을 통해 관객에게 전달된다. 이때 안무가가 창작한 작품을 무용수가 얼마나 이해하고 자신의 것으로 만들어 표현하느냐에 따라 공연의 전달 및 효과가 결정된다 해도 과언이 아닐 만큼 무용수는 곧 무용이며 잠재된 제2의 창작자라고도 할 수 있다.

안무가가 두뇌의 생각을 발현한다면 무용수는 생각을 육체로 표현하기 때문에 둘의 관계는 더욱 더 친밀하여야 한다. 무용수는 표현을 위한 상상력과 작품의 이해를 높이기 위해 안무가와 끊임없는 대화가 필요하다. 그러므로 안무가에 의해 창작된 작품이 좋은 기량의 무용수에 의해 훌륭한 테크닉으로 표현되고 더 깊은 감정으로 표현하여 작품의 완성도를 높일 수도 있기 때문이다.

일반적으로 무용수는 질적 요인과 양적 요인으로 분류?선정할 수 있다. 질적 요인은 성별, 연령, 테크닉 등과 같은 합당한 표현을 위한 요인으로 움직임 표현, 근력, 체력 등의 조화로움을 말한다. 양적요인은 무용수의 수를 가리키는 것으로 솔로, 듀엣, 트리오, 군무 등이다.

보통 무용수의 선정은 작품성격 또는 공연 목적에 따라서 기량이 좋은 무용수를 선정하거나 공개 오디션, 비공개 오디션 등을 통하여 작품과 공연을 위한 특정한 무용수를 선발하는 과정을 거치게 된다. 이때 실력과 더불어 외관을 많이 고려하기도 한다. 그러나 경우에 따라서는 가능성을 보고 무용수들을 뽑아서 훈련, 교육 양성을 시키는 것도 중요하다.

무용은 표현하고 보이는 예술이기 때문에 결코 아름다운 신체적 요인을 무시할 수 없으며 본질적 가치를 상실하고 때로는 비교의식과 쇠퇴적인 기준에 따라 스스로를 사랑할 수 없게 된다. 그로 인해 무시된 상태에서 본질적 가치를 상실한 아름다움의 추종은 어느 사회에서건 자리매김할 수 없다. 따라서 무용수 스스로 자신을 사랑하고 자신의 신체를 아끼고 존중해야 하는 것이다.

하나님의 형상으로 지음 빋은 우리는 우리의 몸이 성전임을 기억하고 몸을 더욱 아끼고 사랑해야 한다. 현대무용가 도리스 험프리(Doris Humphrey)는 언어, 그림, 조각상 또는 그 밖의 인간적 표현 형태는 마음만 먹으면 은폐하고 본래와 다른 모습으로 보이게 할 수 있지만 움직임과 몸짓은 사람의 내면을 더 정확하고 필연적으로 드러내 보여주는 것이기 때문에 움직이는 그 순간, 좋든 싫든 우리의 모습이 드러나게 된다고 하였다. 이는 무용수가 외적으로 표현하는 신체만큼이나 그 속에 있는 자신의 내면의 감정을 내포하여 그 움직임의 표현을 더욱 확고히 하는 것이기 때문이다. 그러므로 무용수는 기능적 신체훈련도 중요하지만 자신의 마음을 다스릴 수도 있어야 하는 것이다.

무용은 신체의 표현을 통하여 사람에게 감동을 주어서 심령을 회복시키고 삶을 기쁘고 건강하게 하는 예술장르이다. 또한 세상은 변화의 홍수 속에서 쉴 새 없이 바뀌어가고 인간의 삶을 편리하게 한다는 이유로 많은 것들이 소외돼가고 왜곡되어 간다. 이러한 세상 속에서 우리는 요한일서의 2장 16절 "이는 세상에 있는 모든 것이 육신의 정욕과 안목의 정욕과 이생의 자랑이니 아버지께로 좇아온 것이 아니요 세상으로 좇아 온 것이라."는 말씀처럼 무용수는 육체와 생각과 욕심을 버리고 선과 악을 분별하여 말씀에 순종함으로 사람들과의 관계와 표현을 함에 있어 거스름이 없어야 할 것이다. 더불어 자신의 이름이나 모습을 부인하고 작품 속에서 표현되어야 하는 인물 속에서 재탄생되어야 하며 전달하고자 하는 메시지에 집중하여 정확히 전달되도록 해야 한다.

나는 내 춤이 삶의 드라마에 공헌할 수 있기를 원한다.

－도리스 험프리

*도리스 험프리(1895~1958) 미국의 현대무용가겸 안무가

참·고·문·헌

단행본

고바야시 신지/김경자 옮김(2000), 《무용미학》(현대미학사)

김태원(1991), 《춤문화론》, (서울:현대미학사)

김현숙(1995), 《무대의상디자인의 세계》, (서울 :고려원)

르네위그/김화영 옮김 (1991), 《예술과영혼》, (열화당)

멜빈 레이더, 베트럼 제섭/김광명 옮김(2004), 《예술과 인간가치》, (까치)

문영(1999), 《무용심리학》, (보경문화사)

박순자(2001), 《좋은 춤 만들기》, (프레이즈)

박순자(2001), 《좋은 춤 추기》, (프레이즈)

박순자(2004), 《21세기의 기독교적 무용의 접근》, (도서출판 금광)

박병동 저(2007), 《대학음악이론》, 현대음악출판사

송수남 저(2008), 《무용창작론》, S&D

신일수(2005), 《무대기술》, (교보문고)

이경옥(1992), 《안무란 무엇인가1, 2》, (현대미학사)

이종록 지음(2004), 《성서로 읽는 디지털 시대의 몸 이야기》, (책세상)

진 에드워드 비이스 2세/ 오현미 옮김(1994), 《그리스도인에게 예술의 역할은 무엇인가》, (나침반사)

짐 테일러/ 김정수 역(2008), 《무용심리학》, (S&D)

조안슐레이크, 베티듀퐁(1995), 《무용공연제작》, (서울: 당그래출판사)

톨스토이/ 이철 옮김(2005), 《예술이란 무엇인가》, (범우사)

프란시스쉐퍼/ 김진선옮김(2002), 《예술과 성경》, IVP

힐러리브랜드, 아드리앤느/ 김유리,오윤성 옮김(2004), 《예술과 영혼》, IVP

논문

강인월(1988), 《"안티고네"의 무대의상디자인연구》, 이화여자대학교 석사논문.

김귀자(1985), 《무용미의 연구 : 내면적 구조를 중심으로》, 이화여자대학교 석사논문.

김성미(1995), 《무용미의 현상학적 분석연구》, 무용학회 논문집 Vol. 7 No. –

김영미(1992), 《무용에 있어서 의상의 역할과 표현성에 관한 연구》, 경희대학교대학원 석사논문.

김인숙(1997), 《무용미의 본질에 관한 연구》, 무용학회 논문집 Vol. 4 No. –

박순자(2009), 《무용의 미적가치관 변화의 필요성》, 무용예술학연구 제28집 2009

이선미(2001), 《기독교 무용의 본질에 관한 연구》, 숙명여자대학교 석사논문.

정용화(2000), 《무용미의 내면적 구조에 관한 연구》, 원광대학교 석사논문.

조선하(2010), 《톨스토이의 예술사상과 무용예술과의 관계》, 숙명여자대학교 석사논문.

한윤희(1987), 《무용의 본질과 무용미의 구조적 접근》, 용인대학교 논문집 Vol. 3 No. –

부록

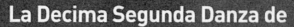

La Decima Segunda Danza de
Soonja Park
"El Amor"

Cordinadora : Soon Ja Park

Y en esto que os escribo, he aqui delante de Dios, que no miento.
(G latas 2:20)

제12회 정기공연
박순자의 춤 "사랑"

구성 • 안무 : 박순자

Fecha
July 26, 2011. 7:00pm
Jockey Plaza[Centro Comedoren Lamolina, Centro Comreclal]
Lugar
Centro Cultural Coreano-Peruano
Patrocinador
Universidad Femenil de Sookmyung

일시 : 2011. 7. 26 오후 7시 • 장소 : 페루 재키 플라자

주최 : 숙명여자대학교 무용과

This Research was supported by the Sookmyung Women's University Research Grants 2011

제11회

박순자의 춤
춤으로 받으로서

" 마리아들의 노래 "

"내가 주는 물을 마시는 자는 영원히 목마르지 아니하리니
내가 주는 물은 그 속에서 영생하도록 솟아나는 샘물이 되리라"

[요한복음 4장 14절]

일 시 : 2010. 11. 26. 금 오후 7시

장 소 : 나루아트센터

주 최 : 숙명여자대학교 무용과

● 구 성 , 안 무 : 박 순 자
● 총 감 독 : 박 순 자 ● 연 출 : 박 미 자
● 조 명 : 강 승 조 ● 의 상 : 선미의상실

"본 공연은 숙명여자대학교 2010년 교내 연구비 지원으로 수행되었습니다."

제10회
박순자의 춤

그런즉 이제는 내가 산 것이 아니요
이제 내가 육체 가운데 사는 것은
님의 아들을 믿는 믿음 안에서 사는 것이라.

【갈라디아서 2 : 20】

9th. Korean Dance of
Soonja Park

organization and choreograhy : Soon Ja Park

"for such a time as this"

I will make you into a great nation and I will bless you.
I will make your name great, and you will be a blessing.(Genesis 12: 2)

Date
August 22, 2009. 7:00pm

Venue
Hilton D Bell Intermediate School auditorium
(12345 Springdale St, Garden Grove, CA)

Sponsorship
Department of Dance, Sookmyung Women's University, Republic of Korea

" This Research was supported by
the Sookmyung Women's University Research Grants 2009"

"본 공연은 숙명여자대학교 2009년 교내 연구비 지원으로 수행되었습니다."

"춤으로 받으소서"
"踊りを通して納めたまえ"

"私は、あなたを慕います。"
"내가 주를 사랑하나이다."

あなたがたは、惠みのゆえに、信仰によって救われたのです。
それは、自分自身から出たことではなく、神からの賜物です。
(エペソ人への手紙 2章 8節)

너희가 그 은혜를 인하여 믿음으로 말미암아 구원을 얻었나니
이것이 너희에게서 난 것이 아니요 하나님의 선물이라.
(에베소서 2장 8절)

第8回
バク・スンザ 教授の 舞
제8회 박순자의 춤
構成・振り付け｜バク・スンザ
구성·안무｜박순자

2008.7.10 午前 10時30分
カリスチャペル(京都中央教会 カリスチャペル)
2008.7.10 오전 10시 30분
교토중앙교회 카리스챠펠

主催：淑明女子大学 舞踊学科
주최：숙명여자대학교 무용학과

"本公演は淑明女子大学 2008年校 内研 究費支援によって行われました。"
"본 공연은 숙명여자대학교 2008년 교내 연구비 지원으로 수행되었습니다."

제7회 박순자의 춤

구성·안무 | 박순자

거룩한 땅으로...

"춤으로 받으소서"

더러는 좋은 땅에 떨어지매 어떤 것은 백 배,
어떤 것은 육십 배, 어떤 것은 삼십 배의
결실을 하였느니라.
(마태복음 13장 8절)

2008. **2.26** |화| 오후 **4**시 / **7**시30분
숙명여대 르네상스 플라자 4F, 임마누엘 홀

주최 : 숙명여자대학교 무용학과

"본 공연은 숙명여자대학교 2007년 교내 연구비 지원으로 수행되었습니다."

제6회 박순자의 춤 (구성, 안무 | 박순자)
(합창지휘 | 전현욱)
만리현성결교회

" 웨딩세레모니 "

춤으로 받으소서

"룻이 가로되... 어머니의 백성이 나의 백성이 되고
어머니의 하나님이 나의 하나님이 되시리니" (룻기 1장 16절)

2007년 2월 27일(화) 오후 4시 / 7시 30분
숙명여자대학교 임마누엘 홀

주최 : 숙명여자대학교 무용학과
후원 : 만리현 성결 교회, (사)솔트팬, 비전예술신학교, 한국 선교예술원

"본 공연은 숙명여자대학교 2006년 교내 연구비 지원으로 수행되었습니다."

"イスラエルの王である主，これを・う方，万軍の主はこう仰せられる．
「わたしは 初めであり，わたしは 終わりである．わたしのほかに 神はない．」 (Isaiah 44:6)

제5회 박순자 의 춤
バクスンザの踊り

"춤으로 받으소서"

일시 : 2006年 2月 1日
장소 : 埼玉縣川越市下小阪 キングス・ガーデン

주최 : 韓國宣教藝術院 韓國宣敎舞踊團
협찬 : 淑明女子大學校
후원 : 淑明女子大學校 舞踊學科, 淑明宣教會(社) Salt-pan,
萬里縣 聖潔教會, 東京 純福音教會

"본 공연은 숙명여자대학교 2006년 교내 연구비 지원으로 수행되었습니다."

이스라엘의 왕인 여호와가 말하노라. 이스라엘의 구속자인 만군의 여호와가 말하노라. 나는 처음이요 나는 마지막이라 나 외에 다른 신이 없노라 (사 44 : 6)

"춤으로 받으소서"

제4회
박순자의 춤

구성 · 안무 | 박순자

2005년 2월 25일 오후 7시 | 국립국악원 예악당

주최 : 한국선교예술원 한국선교무용단   협찬 : 숙명여자대학교
후원 : 숙명여자대학교 무용학과, 숙명선교회(사)Salt-pan, 숙명여자대학교 평생교육원, 만리현 성결교회, CBS, 서울비전예술신학교

■ 본 공연은 숙명여자대학교 2004년 교내연구비 지원으로 수행되었습니다.

제3회 박순자의 춤

■ 일시 : 1991. 8. 13 (화) 19:30분
　　　　 1991. 8. 14 (수) 16:30분, 19:30분
■ 장소 : 문예회관대극장
■ 주관 : 박순자 무용단
■ 후원 : 숙명선교회
　　　　 숙명여대동창회
　　　　 숙명여대무용과

1부 : 먼길, "CARACOLES", "SEVILLA", 당신으로 인하여
2부 : 행복을 찾는 여자
　　　　이 물을 먹는자마다 다시 목마르려니와 내가 주는 물을 먹는자는
　　　　영원히 목마르지 아니하거니…(요한4 : 13 − 14)

제 2 회 박순자의 춤

일시 : 1990. 8. 21 (화)
　　　 PM. 4 : 30, 7 : 30
장소 : 문예회관 대극장
주관 : 박순자 무용단
후원 : 숙명선교회
　　　 숙명여대 동창회
　　　 숙명여대 무용과

제1회

박은자의 춤

'85 · 12 · 1 (日) 4시 · 7시

동숭동 문예회관대극장

인천교육대학후원

제1회 정기공연

雪舞里

일시 : 1985년 2월 26일 (화) 저녁 7시
장소 : 문예회관대극장

제5회 대한민국무용제 안무상 수상작

제6회 대한민국무용제 출품작

KOREAN DANCE

PARK, Soon-Ja
박순자의 한국춤

Date:

Place:

「오직 성령이 너희에게 임하시면 너희가 권능을 받고 예루살렘과 온 유대와 사마리아와
땅 끝까지 이르러 내 증인이 되리라」 사도행전 1장 8절

한국 선교 무용단 창단공연
Korean Missionary Dance Company

수고하신 분들

구성 · 안무 : 박순자
음   악 : 정연옥, 주찬양7,
            늘소리 국악단, 곽은석外
의   상 : 주성민, 이선아
촬영 · 제작 : 이경문
조   명 : 김종호

특별출연

주리 (플라멩꼬 무용가)
호세리 (플라멩꼬 기타리스트)

주최 : 한국 선교 무용회
       (Korean Missionary Dance Association)
후원 : 숙명선교회, 기독교 TV방송국 영상 사업단
일시 : 1998년 9월 5일 (토) 오후 5:00
장소 : 숙명여자 대학교 대강당

기쁨의
산
제사

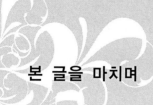

본 글을 마치며

무용이 무용답게, 그리고 좋은 무용이며 인기가 높고, 대중성이 많은, 의사소통이 잘 이루어지고, 서로의 삶과 생명에 대한 이야기를 나눌 수 있는 무용이 되기까지 무용인은 부단히 생각하고 노력해야 한다. 좋은 예술, 좋은 인생은 형식과 내용이 일치해야 하며, 삶과 격리되어서는 아니 됨을 알 수 있다.

또한 What is good? 무엇이 좋은 것인가에 대한 자문자답이 개별성과 보편성의 조화를 이룬 상태에서 공의로운 답변이 무용으로 표출되어야 한다.

일반적으로 대부분의 사람들은 감정에 치우쳐서 살기가 쉽다.

What I like? 내가 무엇을 좋아하지?

그래서 절대적인 가치관과 자신과 타인이 함께 공통적으로 공감할 수 있는 것들에 대한 관심이 필요하며 그 관심이 절대적 가치관을 갖는다면 다양성 속에서도 진실함은 많은 이들의 삶의 소망을 줄 수 있다고 본다.

늘 우리는 좋은 것을 추구한다.

남에게는 늘 좋은 것을 줄 수 있으면 좋다.

형식만이 아닌 내용으로 내용만이 아닌 형식까지 갖추어진 마음에 드는 옷, 가구, 집, 음식, 기호품 등과 같이…….

너희가 대접을 받고자 하는 대로 남을 대접하라 하는 말씀과 네 이웃을 네 몸과 같이 사랑하라 하신 하나님의 말씀이 무용창작을 통한 작품과 무용인으로부터 향기로 발산되기를 기대해본다.

*본서에 기재된 사진은 필자의 《박순자의 춤, "춤으로 받으소서"》에서 발췌하였다.

●●저자소개

박순자 숙명여자대학교 무용학과

성서에 의한
무용창작의 완성과 조건

초판 인쇄 2021년 5월 10일
초판 발행 2021년 5월 15일

지은이　　박순자
펴낸이　　진수진
펴낸곳　　청풍출판사
주소　　　경기도 고양시 일산서구 덕이로 276번길 26-18
출판등록　2019년 10월 10일 제2019-000159호
전화　　　031-911-3416
팩스　　　031-911-3417
전자우편　meko7@paran.com